21世纪职业教育规划教材·汽车系列

# 汽车使用与技术管理
## （第三版）

主　编　王建东　代丽丽
副主编　王　娜　丁　玎　王立新　高淑娟
参　编　李　莹　郭　旭　曹乃悦　刘剑峰　夏艳娟
主　审　杨柏青　李亚莉

# 图书在版编目(CIP)数据

汽车使用与技术管理 / 王建东,代丽丽主编. 3版. -- 北京:北京大学出版社,2025.8. -- (21世纪职业教育规划教材). -- ISBN 978-7-301-35802-3

Ⅰ. U471.2;U472

中国国家版本馆CIP数据核字第2025CD4877号

| | |
|---|---|
| 书　　　名 | 汽车使用与技术管理(第三版) |
| | QICHE SHIYONG YU JISHU GUANLI (DI-SAN BAN) |
| 著作责任者 | 王建东　代丽丽　主编 |
| 责 任 编 辑 | 张玮琪　王　璠 |
| 标 准 书 号 | ISBN 978-7-301-35802-3 |
| 出 版 发 行 | 北京大学出版社 |
| 地　　　址 | 北京市海淀区成府路205号　100871 |
| 网　　　址 | http://www.pup.cn　新浪微博:@北京大学出版社 |
| 电 子 邮 箱 | 编辑部 zyjy@pup.cn　总编室 zpup@pup.cn |
| 电　　　话 | 邮购部 010-62752015　发行部 010-62750672　编辑部 010-62754934 |
| 印 刷 者 | 天津和萱印刷有限公司 |
| 经 销 者 | 新华书店 |
| | 787毫米×1092毫米　16开本　13.5印张　358千字 |
| | 2005年8月第1版　2012年3月第2版 |
| | 2025年8月第3版　2025年8月第1次印刷(总第12次印刷) |
| 定　　　价 | 49.00元 |

未经许可,不得以任何方式复制或抄袭本书之部分或全部内容。
**版权所有,侵权必究**
举报电话:010-62752024　电子邮箱:fd@pup.cn
图书如有印装质量问题,请与出版部联系,电话:010-62756370

# 第三版前言

"汽车使用与技术管理"是用科学的方法对汽车使用的全过程进行有效的、综合性管理的应用型课程。随着汽车工业的飞速发展和汽车保有量的逐年增加,新技术、新工艺得到大量应用。一方面,汽车后服务技能型人才的需求量迅速增长;另一方面,汽车作为高科技产品,对后服务技能型人才的规格提出了更高的要求。教材作为课程建设的重要资源,必须及时得到补充和更新。《汽车使用与技术管理》自2005年出版以来,经过多次修订并已再版两次。第三版根据教学改革需求进行全面修订,主要特点如下:

(1) 贯彻党的二十大精神,落实科教兴国战略、人才强国战略要求,不断塑造发展新动能新优势,培育新时代汽车后服务技能型人才。以产教融合、科教融汇为指导思想,推动汽车后服务技能教育改革与发展。

(2) 开发设计融入行业企业元素,职业针对性强。本书编审组由职业院校专业带头人、黑龙江省汽车维修与检测行业协会的技术专家及企业技术总监组成,三方共同参与前期策划和编写方案设计,并由汽车服务企业技术专家审定。

(3) 以汽车使用与技术管理工作中的任务为基本单元,以完成岗位典型任务为目标,将知识点和技能点有机结合。通过完成学习性工作任务,实现专业知识学习、实践技能训练和职业素质培养。

(4) 适应职业教育双证书人才培养需求,将行业职业认证内容及新标准融入教材,增设真实案例、课后学习训练及1+X对接训练内容,帮助学生更好地理解和掌握所学知识。

本书由黑龙江省汽车维修与检测行业协会常务副会长王建东、黑龙江农业工程职业学院代丽丽担任主编,黑龙江农业工程职业学院王娜、丁玎、王立新、高淑娟担任副主编,黑龙江农业工程职业学院李莹、郭旭、曹乃悦、刘剑峰、夏艳娟参与编写,黑龙江省汽车维修与检测行业协会常务副会长杨柏青、黑龙江林业职业技术学院汽车检测与维修技术专业主任李亚莉担任主审。

本书具体编写分工如下:王娜、高淑娟编写任务1,王建东编写任务2,郭旭编写任务3，夏艳娟编写任务4，代丽丽编写任务5，丁玎编写任务6，王立新编写任务7，曹乃悦、刘剑峰编写任务8，李莹编写任务9。

在本书的编写过程中，编者参考了相关文献资料，在此向原作者表示真诚的谢意。由于编者水平有限，书中难免存在疏漏和不足之处，恳请读者批评指正。

编　者

2025 年 7 月

本教材配有习题库、教案、教学大纲和教学课件等教学资源，如有老师需要，可扫描右侧二维码关注"北大出版社创新大学堂"(zyjy-pku)微信公众号索取。

- 课件申请
- 样书申请
- 教学服务
- 编读往来

# 目 录

任务1　汽车配置评价 ······················································ **1**
  1.1　汽车基本性能评价 ················································ 2
  1.2　汽车安全性能评价 ················································ 13

任务2　汽车运用评价 ······················································ **23**
  2.1　汽车选配 ·························································· 24
  2.2　汽车运用评价概述 ················································ 30

任务3　新车启用 ···························································· **56**
  3.1　新车落户手续的办理 ············································· 57
  3.2　车辆购置税的办理 ················································ 62
  3.3　汽车保险的办理 ··················································· 64
  3.4　车辆定损与理赔 ··················································· 68
  3.5　新车的验收 ························································ 69
  3.6　新车的启用 ························································ 72
  3.7　汽车召回制度 ····················································· 73

任务4　汽车运行材料的合理选用 ········································ **75**
  4.1　车用燃料的合理选用 ············································· 76
  4.2　车用润滑油料的选用 ············································· 96
  4.3　汽车油料管理及节油 ············································· 110
  4.4　汽车辅助工作液的选用 ·········································· 114
  4.5　汽车轮胎的合理选用 ············································· 119

任务5　汽车维修管理 ······················································ **129**
  5.1　汽车维修制度 ····················································· 130
  5.2　汽车维修制度的主要内容 ······································· 133
  5.3　汽车维修的组织方式 ············································· 137
  5.4　汽车维修质量管理体系 ·········································· 140

任务6　汽车在特殊条件下的合理使用 ·································· **144**
  6.1　汽车走合期的使用 ················································ 145

6.2　汽车在低温下的使用 …………………………………………………… 147
　　6.3　汽车在高温下的使用 …………………………………………………… 150
　　6.4　汽车在高原和山区的使用 ……………………………………………… 153
　　6.5　汽车在恶劣道路条件下的使用 ………………………………………… 156

**任务 7　汽车公害控制** ……………………………………………………………… **161**
　　7.1　汽车排放污染控制 ……………………………………………………… 162
　　7.2　汽车噪声污染控制 ……………………………………………………… 165
　　7.3　汽车电波污染控制 ……………………………………………………… 170

**任务 8　汽车安全使用** ……………………………………………………………… **172**
　　8.1　道路交通事故的危害及预防 …………………………………………… 173
　　8.2　机动车运行安全技术条件 ……………………………………………… 176
　　8.3　汽车安全行驶与日常维护 ……………………………………………… 182
　　8.4　高速公路的安全行驶 …………………………………………………… 185

**任务 9　车辆基础管理** ……………………………………………………………… **191**
　　9.1　车辆技术管理概述 ……………………………………………………… 192
　　9.2　车辆技术档案的管理 …………………………………………………… 195
　　9.3　车辆技术状况分级与评定 ……………………………………………… 196
　　9.4　车辆停驶、封存与租赁 ………………………………………………… 202
　　9.5　车辆的改装与改造 ……………………………………………………… 203
　　9.6　车辆的折旧、更新与报废 ……………………………………………… 204

**参考文献** …………………………………………………………………………… **210**

## 任务1
# 汽车配置评价

## 学习目标

在汽车选购过程中，消费者往往十分关注汽车的使用性能。他们不仅会频繁查阅各类车型资料，还会观看大量汽车测试视频。然而，许多消费者对官方公布的车型资料和测试数据感到困惑，希望能向专业人士咨询，以便深入了解具体车型的各项性能评价，从而更科学、准确地评估目标汽车，最终选择符合自身需求的车型。

基于这一情况，消费者有必要系统学习汽车基本性能和安全性能的评价标准，并掌握相关的评价方法。

## 知识目标

（1）熟知汽车的基本性能。
（2）掌握汽车的安全性能。
（3）掌握汽车各项性能评价指标。

## 能力目标

（1）能够对汽车及其技术状况进行科学的判断和评价。
（2）能够对汽车安全性能进行科学的判断和评价。
（3）能够根据参数配置表分析车辆各项性能。

## 素质目标

（1）培养学生严谨、精益求精的工作态度。
（2）培养学生的服务意识。

## 1.1 汽车基本性能评价

### 1.1.1 汽车结构参数

汽车的基础数据是全面了解汽车性能、特性以及实际使用表现的重要依据，它涵盖能够准确反映汽车总体尺寸、具体形状、质量、内部空间特征以及一系列关键技术参数的信息。这些数据主要包括外廓尺寸、轮距、轴距、整备质量、最小离地间隙、纵向通过半径、横向通过半径、最小转向半径以及风阻系数等。汽车整车尺寸参数如图1-1所示。

**1. 整车尺寸**

整车尺寸是汽车基础数据的关键部分，主要包括外廓尺寸（车长、车宽、车高），以及轴距、轮距、前悬和后悬等参数。这些参数直接影响汽车的外观造型、内部空间布局和行驶稳定性。

（1）车长。车长是指垂直于汽车纵向对称平面，并分别抵靠汽车前后最外端突出部位的两平面之间的距离。

（2）车宽。车宽是指平行于汽车纵向对称平面，并分别与汽车两侧最外突出部分（不包括后视镜和示位灯等的伸出宽度）的两平面之间的距离。

（3）车高。车高是指汽车在无装载量时，其最高点与汽车支承平面之间的距离。

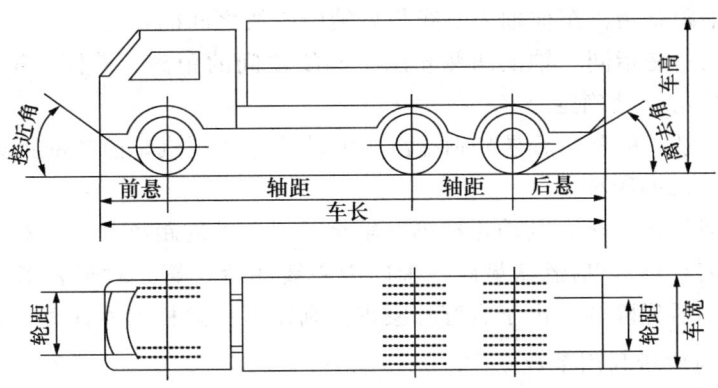

图 1-1 汽车整车尺寸参数

汽车超长、超宽或超高均会对行驶安全构成潜在威胁。例如，超高汽车在通过立交桥洞或涵洞时，可能因顶部与桥梁碰撞引发严重事故，甚至造成车毁人亡。因此，汽车外廓尺寸必须严格执行《汽车、挂车及汽车列车外廓尺寸、轴荷及质量限值》（GB 1589—2016）的标准限值，如表 1-1 所示。

表 1-1 汽车、挂车和汽车列车外廓尺寸限值表　　　　　　单位：mm

| 车辆类型 | | | 长度 | 宽度 | 高度 |
|---|---|---|---|---|---|
| 汽车 | 三轮汽车① | | 4600 | 1600 | 2000 |
| | 低速货车 | | 6000 | 2000 | 2500 |
| | 货车及半挂牵引车 | | 12 000② | 2550③ | 4000 |
| | 乘用车及客车 | 乘用车及二轴客车 | 12 000 | 2550 | 4000④ |
| | | 三轴客车 | 13 700 | | |
| | | 单铰接客车 | 18 000 | | |
| 挂车 | 半挂车 | | 13 750⑤ | 2550③ | 4000 |
| | 中置轴、牵引杆挂车 | | 12 000⑥ | | |
| 汽车列车 | 乘用车列车 | | 14 500 | 2550③ | 4000 |
| | 铰接列车 | | 17 100⑦ | | |
| | 货车列车 | | 20 000⑧ | | |

① 当采用转向盘转向，由传动轴传递动力，具有驾驶室且驾驶员座椅后设计有物品放置空间时，长度、宽度、高度的限值分别为 5200 mm、1800 mm、2200 mm。
② 专用作业车车辆长度限值要求不适用，但应符合相关标准要求。
③ 冷藏车宽度最大限值为 2600 mm。
④ 定线行驶的双层城市客车高度最大限值为 4200 mm。
⑤ 运送 45 ft 集装箱的半挂车长度最大限值为 13 950 mm。
⑥ 车厢长度限值为 8000 mm（中置轴车辆运输挂车除外）。
⑦ 长头铰接列车长度限值为 18 100 mm。
⑧ 中置轴车辆运输列车长度最大限值为 22 000 mm。

（4）轴距。轴距是指汽车前轴中心线与后轴中心线之间的距离。

（5）轮距。轮距是指同一轴上两侧轮胎中心线之间的距离。若同一轴上有多个车轮，则轮距按各车轮中心点处确定。

（6）前悬与后悬。前悬与后悬分别指汽车前轴中心线到汽车前端的距离，以及汽车后轴中心线到汽车后端的距离。

注意：对于多轴机动车，其轴距按第一轴至最后一轴的距离计算（对铰接客车按第一轴至第二轴的距离计算），后悬从最后一轴的中心线往后计算。对于客车，后悬以车身外蒙皮尺寸计算，如后保险杠突出于后背外蒙皮，则以后保险杠尺寸计算，不计后尾梯。

**2. 汽车质量与质量利用系数**

汽车质量是衡量汽车自身重量和承载能力的关键指标，在汽车设计与使用过程中占据重要地位。它不仅可用于评估汽车轻量化水平，还是确定汽车核载的重要依据。

（1）质量参数。

① 整备质量：指汽车装备齐全（包括燃料、润滑油、冷却水、备用胎和随车工具等）时的总质量。

② 最大总质量：指汽车满载时的总质量。

③ 最大载质量：通过最大总质量与整备质量相减得出。

④ 最大轴载质量：指汽车单轴所承受的最大总质量。

⑤ 最大轮胎载质量：指汽车单只轮胎所承受的最大总质量。

（2）质心参数。

① 质心水平位置：指汽车质心相对前后轴的位置。

② 质心高度位置：指汽车质心相对汽车支承平面的位置。

（3）质量利用系数。

载货汽车的质量利用系数是指汽车最大设计载质量与汽车整备质量之比。一般来说，轻型货车的质量利用系数为 0.8～1.1；中型货车的质量利用系数约为 1.35；轿车的质量利用系数通常以人均承载质量衡量，约为 180～240 kg/人；一般客车的质量利用系数为 65～160 kg/人。例如，东风 EQ1092 型载货汽车的整备质量为 4100 kg，最大设计载质量为 5000 kg，则：东风 EQ1092 型载货汽车的质量利用系数 = 5000/4100 = 1.22。

研究表明，汽车的整备质量每减少 100 kg，可节省燃料 0.2～0.3 L/100 km。为深入推进节能减排，21 世纪汽车轻量化技术将持续发展，其主要实现途径是扩大超轻高强度钢板、铝合金、镁合金、塑料和陶瓷等轻质材料的应用范围。

**3. 汽车通过性参数**

① 最小离地间隙：指汽车除车轮外的最低点与路面之间的距离 $C$（mm）。

② 接近角：指汽车前端下部最低点向前轮外缘引出的切线与地面的夹角 $\alpha$（°）。

③ 离去角：指汽车后端下部最低点向后轮外缘引出的切线与地面的夹角 $\gamma$（°）。

④ 纵向通过半径：指在汽车侧视图上作出的与前、后车轮及两轴间中间轮廓线相切的圆的半径 $R_1$（mm）。纵向通过半径表示汽车能够无碰撞地越过小丘、拱桥等障碍物的轮廓尺寸，纵向通过半径越小，汽车的通过性越好

⑤ 横向通过半径：指在汽车后视图上作出与左、右车轮轮胎内侧及底盘最低处相切

的圆的半径 $R_2$（mm）。

⑥ 最小转向半径：指转向盘转到极限位置时，外侧车轮轨迹上的切点到转向中心的距离。最小转向半径是汽车机动性的重要指标，它表征汽车在最小面积内的回转能力和通过狭窄地带或绕过障碍物的能力。

汽车通过性参数如图 1-2 所示。

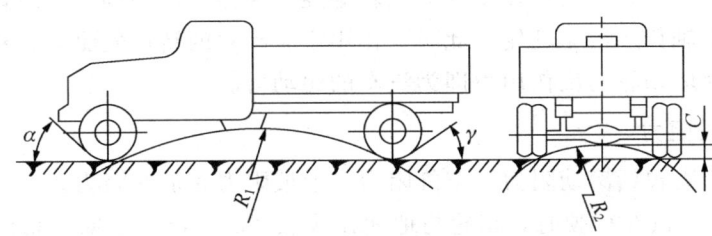

图 1-2　汽车通过性参数

4. 风阻系数

风阻系数是指空气以一定速度流过车身表面时，汽车所受阻力的度量。风阻系数越小，汽车行驶时的空气阻力就越小。风阻系数是汽车设计，特别是轿车外形及相关结构设计的重要依据。

5. 汽车容载质量及其评价指标

(1) 汽车容载质量。

汽车容载质量是指汽车一次能够运载的货物数量或乘客人数。载货汽车的容载质量是指其最大设计载质量。载客汽车乘坐人数的核定方法有以下几种。

① 车辆乘坐人数的核定。汽车乘坐人数可根据汽车的载质量、坐垫长度和站立面积进行核定。按载质量核定时，汽车按 1 t 折合 15 人计算；长途客车允许每位乘客携带 10 kg 行李，按 1 t 折合 13 人计算。按坐垫长度核定时，根据人体工程学标准，每 400 mm 核定 1 人。按站立面积核定时，城市公共汽车及无轨电车按 0.125 $m^2$ 核定 1 人，其他允许有站立乘客的客车按 0.15 $m^2$ 核定 1 人，卧铺客车则按每个铺位核定 1 人。

② 驾驶室乘坐人数的核定。驾驶室仅设单排座位时，若其宽度大于或等于 1.2 m 则核定 2 人，若其宽度大于或等于 1.65 m 则核定 3 人；车长小于或等于 6 m 的机动车驾驶室，若其内部宽度大于或等于 1.55 m 则核定 3 人。驾驶室设双排座位时，前排座位按单排座位标准核定，后排座位按每 400 mm 核定 1 人。

(2) 容载质量利用率和单位容积载质量。

载货汽车通常采用容载质量利用率作为评价容载质量利用程度的指标，其计算公式为：容载质量利用率 = 实际载质量 / 最大设计载质量。实际载质量取决于国家相关法规对汽车装载的规定以及货物种类和特性。为确保运输安全可靠，散装货物在车厢内的装载高度应低于栏板高度约 50 mm，成包货物则允许高出栏板高度约 100 mm。

汽车的最大设计载质量与车厢有效容积之比称为载货汽车的单位容积载质量，单位为 t/$m^3$。该指标反映了在充分利用汽车最大设计载质量时，货物应具备的最小密度。当运输货物密度大于载货汽车的单位容积载质量时，实际载质量可达到最大设计载质量。

### 1.1.2 汽车动力性

汽车的动力性是指汽车在良好路面上直线行驶时,由汽车受到的纵向外力决定的最高行驶速度、加速能力和最大爬坡度。汽车是一种高效率的运输工具,其运输效率在很大程度上取决于动力性。因此,动力性是汽车各种性能中最重要的性能之一。

在汽车行驶过程中,发动机输出的有效转矩经变速器、传动轴、主减速器等传动部件传递,最终通过半轴传递给驱动轮。此时,作用于驱动轮的转矩使驱动轮对地面施加一个圆周力,而地面对驱动轮的反作用力即为汽车的驱动力。

1. 汽车的行驶阻力

汽车的行驶阻力包括滚动阻力、空气阻力、上坡阻力和加速阻力。

(1) 滚动阻力。汽车行驶时,车轮与地面在接触区域会产生径向、切向和侧向的相互作用力,同时轮胎与地面也会发生相应的变形。无论是轮胎还是地面,其变形过程都会伴随能量损失,这些能量损失是滚动阻力产生的根本原因。

(2) 空气阻力。汽车直线行驶时受到的空气作用力在行驶方向上的分力统称为空气阻力,其构成主要包括形状阻力、干扰阻力、内循环阻力、诱导阻力和摩擦阻力五类。形状阻力与车身主体形状密切相关,采用流线形设计可显著降低形状阻力;干扰阻力主要由车身表面凸起部件(如后视镜、门把手、车灯等)引起;内循环阻力是指空气流经车体内部时形成的阻力;诱导阻力是指空气升力在行驶方向上的分力。

普通轿车的空气阻力构成比例大致为:形状阻力占58%、干扰阻力占14%、内循环阻力占12%、诱导阻力占7%、摩擦阻力占9%(总量误差±2%)。其中,形状阻力占比最大,因此,优化车身气动造型是降低空气阻力的关键措施。

(3) 上坡阻力。当汽车沿坡道向上行驶时,其重力沿坡道斜面的分力会形成行驶阻力,这种阻力被称为上坡阻力。由于上坡阻力与滚动阻力均属于与道路相关的阻力,因此将二者合称为道路阻力。

(4) 加速阻力。汽车在加速行驶时需要克服质量惯性作用,这部分阻力被称为加速阻力。汽车的质量可分为平移质量和旋转质量(如飞轮、车轮等)两类。加速时,平移质量会产生惯性力;旋转质量的惯性效应则主要取决于飞轮、车轮的转动惯量及传动比。在实际计算中,需将旋转质量的惯性力偶矩等效转换为平移质量的惯性力。

2. 直接评价指标

汽车动力性评价采用发动机在额定转矩(最大转矩)和额定功率(最大功率)工况下的驱动轮输出功率(单位:kW)作为评价指标,测试方法依据《汽车动力性台架试验方法和评价指标》(GB/T 18276—2017)执行。

3. 间接评价指标

(1) 比功率。汽车的比功率是指汽车发动机的标定功率与汽车总质量之比,即单位质量汽车所对应的发动机标定功率。对于汽车列车,其比功率为牵引车发动机的标定功率与列车总质量之比。

《机动车运行安全技术条件》(GB 7258—2017)规定:低速汽车及拖拉机运输机组的比功率应大于或等于4.0 kW/t,除无轨电车、纯电动汽车外的其他机动车的比功率应大于或等于 5.0 kW/t。

（2）汽车最高车速。汽车最高车速是指汽车在水平混凝土路面或沥青路面上行驶所能达到的最高车速。设计确定的汽车最高车速受汽车用途和道路状况的限制，一般高于道路上允许的最高车速。实际能否达到设计的最高车速，与汽车的技术状况有关。

（3）加速时间。汽车的加速性能通常用原地起步加速时间和超车加速时间来评价。原地起步加速时间是指汽车由 1 挡或 2 挡起步，以最大加速度行驶并在最佳换挡时机逐步换至最高挡后，加速至某一预定速度或通过某一预定距离所需的时间。超车加速时间是指汽车以最高挡或次高挡行驶时，加速至某一预定速度或通过某一预定距离所需的时间。由于超车加速通常采用直接挡完成，因此超车加速时间也称为直接挡加速时间。加速时间越短，表明汽车的加速性能越好。

（4）汽车的最大爬坡能力。汽车的最大爬坡能力包括爬陡坡的能力和爬长坡的能力两种。

汽车爬陡坡的能力是指汽车满载时，在良好的路面上以 1 挡行驶所能克服的最大坡度。在山区普通坡度路段可用 2 挡通过，最大坡度路段可用 1 挡起步。载货汽车一般要求具备 30% 坡度的爬坡能力；越野汽车在坏路或无路地带行驶，一般要求具备 60% 坡度的爬坡能力；轿车通常在良好的路面上行驶，一般不要求其爬坡能力，但轿车的发动机功率大，加速性能好，其爬坡能力也较好。

汽车爬长坡能力是指汽车在表面平整、坚硬、干燥、连续坡长为 8~10 km、上坡路段占 90%、最大坡度不小于 8% 的坡道上的通过能力。汽车爬长坡能力可以通过测试汽车动力性、发动机和传动系统的热状态以及燃料消耗等方面的性能来评价。

### 1.1.3 汽车燃料经济性

石油是现代工业和交通运输的重要能源。汽车的燃料在当前及未来相当长时期内仍将主要依赖石油产品。随着工业的发展和汽车保有量的增加，石油产品的消耗量持续增长。因此，世界各国都将节约汽车用油作为汽车制造业和汽车运输业面临的重要课题。

**1. 评价指标**

汽车燃料经济性是汽车的一个重要评价指标，它直接反映燃料消耗情况，是评价汽车运输成本的重要因素。

（1）单位里程的燃料消耗量。评价汽车燃料经济性的主要指标是一定行驶里程的燃料消耗量，或一定燃料量能使汽车行驶的里程。在我国和欧洲，燃料经济性指标的单位为 L/100 km，即汽车行驶 100 km 所消耗的燃料的升数，该数值越大，表明汽车燃料经济性越差。

（2）单位运输工作量的燃料消耗量。该指标又称比燃料消耗量，通过单位里程的燃料消耗量除以汽车满载行驶的总质量得出，单位为 L/(100 t·km)。

（3）消耗单位燃料所行驶的里程。该指标主要在美国使用，单位为 MPG，表示每消耗 1 加仑 (UKgal)[①] 燃料可行驶的英里 (mi)[②] 数。

**2. 测定方法**

测定燃料经济性的方法包括：不控制条件的道路试验、控制使用因素的道路试验、道

---

① 1 UKgal=4.546 09 L

② 1 mi=1.609 344 km

路循环试验和台架循环试验（在底盘测功机上进行）。其中，单位里程的燃料消耗量的测定主要有四种方法：直接挡加速燃料消耗量试验、等速行驶燃料消耗量试验、多工况燃料消耗量试验和限定条件下的燃料消耗量试验。由于汽车运行和使用状况存在差异，通常需要采用不同的测定方法进行燃料消耗量测试，并结合使用条件的特殊性进行综合评估。

3. 汽车燃料经济性的计算

在汽车设计阶段，通常需要在制造实际试验样车前，先基于发动机台架试验得到的燃料消耗量特性曲线和汽车功率平衡图，对汽车燃料经济性进行计算。

(1) 汽车等速行驶的百公里燃料消耗量计算。

当汽车以等速$U_a$在路上行驶时，发动机相应工况的有效燃料消耗率为$b$ [g/kW·h]，而此时汽车行驶100 km所消耗的功率为$P_e$ (kW)，则汽车等速行驶的百公里燃料消耗量$Q_v$ (L/100 km) 为：

$$Q_v = \frac{P_e b}{7.26 \rho v} \tag{1-1}$$

式中　$\rho$ ——燃料密度（kg/L）；

　　　$v$ ——实际车速修正系数。

(2) 汽车等加速行驶的燃料消耗量计算。

在分析汽车燃料经济性时，除等速行驶的百公里燃料消耗量外，还常用计算法确定特定试验循环下的总平均百公里燃料消耗量。为此，需要分别计算加速、减速及停车怠速的燃料消耗量。其中，减速和停车怠速的燃料消耗量可根据试验得到的怠速燃料消耗量进行估算。

### 1.1.4　汽车使用方便性

汽车使用方便性是一项综合使用性能，它是指汽车在结构设计上为使用者提供的各种条件的方便性。

1. 操纵轻便性

操纵轻便性是指驾驶员在操作过程中劳动强度较小，包括操纵力和操作频度等。

当汽车列车和轮式拖拉机运输机组在平坦、干燥的路面上以30 km/h的速度直线行驶时，挂车后轴中心相对于牵引车前轴中心的最大摆动幅度应符合以下要求：铰接列车、乘用车列车和中置轴挂车列车应小于或等于110 mm，牵引杆挂车列车和轮式拖拉机运输机组应小于或等于20 mm。

从汽车结构角度考虑，在离合器、转向系统和制动系统中配备助力装置，可显著降低驾驶员操纵力。当汽车转向桥轴载质量超过4000 kg时，必须配备转向助力装置。

2. 最大续驶里程

最大续驶里程是指汽车在最大总质量状态下保持经济车速行驶（下坡时禁止空挡滑行），直至燃料箱中的燃料耗尽所能行驶的最大里程，单位为km。例如，东风EQ1092型汽车的最大续驶里程为600 km。

3. 维修性

维修性是指产品（如汽车、总成等）在规定使用条件下，按照规定的程序和方式，在规定时间内保持或恢复其规定功能的能力。汽车维修性的常用评价指标包括维修度、平均修复时间和修复率等。

### 1.1.5 汽车机动性

通常将汽车机动性纳入通过性范畴。汽车机动性是指汽车在最小空间范围内活动的能力，它决定了驾驶员为装卸货物而移动汽车，或在停车场和维修车间内移动汽车时所需的场地面积、通道宽度以及驾驶员的劳动强度。汽车机动性还影响汽车通过狭小弯曲地带或绕开不可越过的障碍物的能力。评定汽车机动性的指标包括最小转弯直径、通道宽度和内轮差等，如图 1-3 所示。

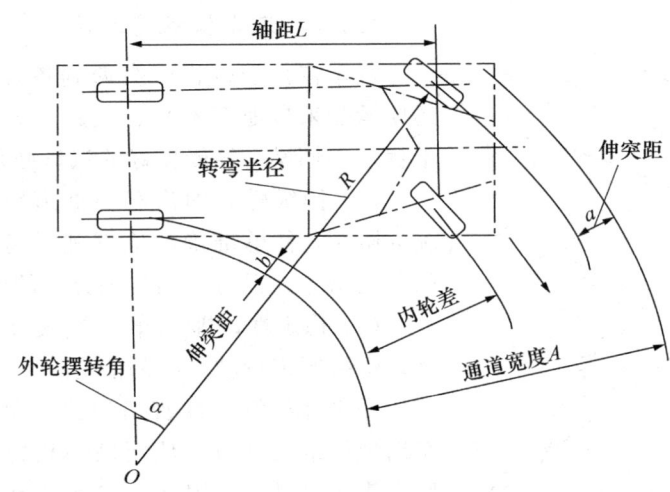

**图 1-3 汽车转向时的转弯直径、通道宽度和内轮差**

**1. 最小转弯直径**

分析汽车机动性时，以假设刚性车轮为前提，该假设完全能够满足汽车实际运行的要求。汽车转向时，从瞬时转向中心到前外轮轨迹中心线的距离称为车轮的转弯半径，两倍的转弯半径即为转弯直径（用 $D$ 表示）。对于一定形式的汽车，轴距 $L$ 是一个固定值。因此，当外轮摆转角 $\alpha$ 达到最大值（$\alpha = \alpha_{max}$）时，转弯直径（用 $D_{min}$ 表示）最小，称为最小转弯直径，也就是转向盘转到极限位置时，前外轮中心平面运动轨迹圆的直径。即：

$$D_{min} = \frac{2L}{\sin \alpha_{max}} \tag{1-2}$$

式中　$D_{min}$——汽车最小转弯直径；

　　　$L$——汽车轴距；

　　　$\alpha_{max}$——汽车转向时外轮最大摆转角。

汽车转弯直径越小，汽车转向时所需的场地面积越小，汽车机动性越好。机动车的最小转弯直径以前外轮轨迹中心为基线测量，其值不得大于 24 m。

**2. 通道宽度**

如图 1-3 所示，通道宽度（$A$）是指汽车外廓最外点的转弯半径与外廓最内点的转弯半径的差值，也就是汽车转弯时最小转弯半径减去后内轮轨迹中心线至转向中心的距离，再加上前外轮和后内轮的伸突距（$a$ 和 $b$）。

汽车通道宽度的大小决定了汽车在一定转向角下转弯时所需的最小自由空间。汽车的最小转弯直径越小，在转向轮以最大摆转角转弯时所需的通道宽度也越小。

3. 内轮差

内轮差是指汽车转弯时前内轮转弯半径与后内轮转弯半径的差值。若拖带挂车，则为牵引车前内轮与挂车后内轮转弯半径的差值。

如果转弯时只关注前内轮通过而忽视内轮差，可能导致后内轮撞击物体的情况（如图1-4所示），因此需对内轮差加以限制。

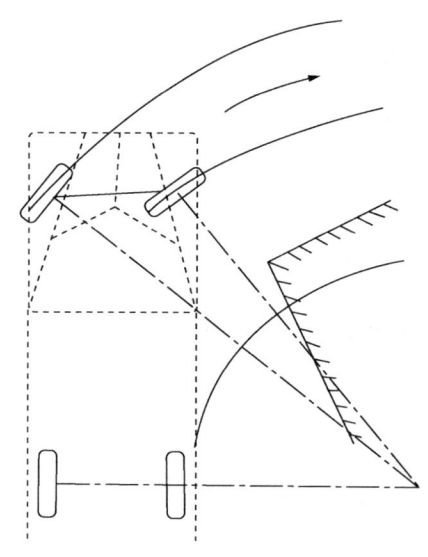

图1-4 忽视内轮差的情况

### 1.1.6 汽车操纵稳定性

汽车在行驶过程中会遇到各种复杂情况，同时还要承受来自地面不平、坡路、大风等外部因素的干扰。一辆操纵性能良好的汽车必须具备以下能力。

（1）操纵性，即汽车根据道路、地形和交通情况的限制，能够准确响应驾驶员通过操纵机构输入的方向指令并保持预期行驶方向的能力。

（2）稳定性，即汽车在行驶过程中抵抗外界干扰，保持既定行驶方向的能力。

操纵性与稳定性密切相关。操纵性差会导致汽车出现侧滑或倾覆，从而破坏稳定性；而稳定性差则会影响操纵性。因此，二者通常统称为汽车操纵稳定性。

汽车操纵稳定性是汽车的主要使用性能之一。随着汽车速度的提高，汽车操纵稳定性越来越显得重要。它不仅影响着汽车的行驶安全，而且与运输生产率及驾驶员的疲劳程度有关。

汽车操纵稳定性是评价汽车稳定行驶的重要指标，主要包括汽车转向回正性能、汽车纵向稳定性、汽车横向稳定性等。

1. 汽车转向回正性能

汽车转向回正性能是评价汽车自动回正能力的指标。在标准试验条件下，驾驶员以恒定角度转向后突然松开转向盘，测量汽车自动回正至直线行驶的能力。根据车型不同，通常需分别测试低速和高速两种工况下的回正性能。

2. 汽车纵向稳定性

汽车在坡道上行驶时，可能出现纵向倾覆问题，这与汽车纵向稳定性密切相关。汽车纵向稳定性主要取决于汽车纵向重心位置的配置。汽车重心离地高度越小，且重心至后轴的距离越大，汽车纵向稳定性越好，越不易发生上坡后翻。

若汽车上坡时未达到倾覆坡度角就开始打滑，虽然无法继续爬坡，但不会翻车，此时仍属于纵向稳定状态。不同驱动形式（前轮驱动、后轮驱动、全轮驱动）的汽车的纵向稳定性条件不同，其中前轮驱动的汽车的纵向稳定性通常优于后轮驱动的汽车和全轮驱动的汽车。

**3. 汽车横向稳定性**

汽车横向稳定性是指汽车抵抗侧翻或侧滑的能力。行驶过程中，汽车可能受到多种侧向力的作用，包括重力侧向分力、弯道离心力、侧向风力以及路面侧向冲击力等。当汽车受到的侧向力超过汽车与地面的横向附着力时，汽车可能发生侧滑；同时，侧向力将引起左右车轮径向反作用力的改变，当一侧的径向反作用力变为零时，汽车可能发生侧翻。汽车是否发生侧翻与汽车轮距、重心位置、弯道半径、道路横向坡度等因素有关。

### 1.1.7 汽车平顺性

汽车平顺性是指汽车在行驶过程中处于各种力的作用下产生振动时，保证乘员舒适和货物完好的性能。汽车平顺性主要取决于行驶系统中悬架装置的技术性能。良好的振动环境不仅在汽车行驶过程中很重要，而且能保证乘员到达目的地时，以良好的身体和心理状态进行工作。

**1. 汽车平顺性的评价指标**

汽车平顺性的评价方法通常是根据人体对振动的生理反应以及对货物完整性的影响来制定的，并以振动的物理量（如频率、振幅、加速度等）作为汽车平顺性的评价指标。

**2. 影响汽车平顺性的因素**

汽车是由多质量组成的复杂振动系统。为便于分析，需要进行简化处理。在研究振动时，通常将汽车视为由彼此关联的悬挂质量与非悬挂质量组成。汽车的悬挂质量包括车身、车架及其上的总成，该质量通过减振器和悬架弹簧与车轴、车轮相连。车轴和车轮构成非悬挂质量，车轮再通过具有一定弹性和阻尼的轮胎支承在路面上。影响汽车平顺性的重要因素主要包括以下几种。

（1）悬架系统。

悬架系统主要包括弹性元件、阻尼系统、导向装置和减振装置等，其中弹性元件和阻尼系统对汽车平顺性的影响较大。

① 弹性元件。当将汽车车身看作一个在弹性悬架上做单自由度振动的质量时，减小悬架刚度可降低车身的固有频率，从而提高汽车平顺性。然而，这会导致高频非悬挂质量的振动位移增大，可能引起大幅度的车轮振动，甚至使车轮离开地面。在紧急制动时，这种情况还会造成严重的汽车"点头"现象。为解决这一问题，可采取相应措施，如采用具有非线性特性的变刚度悬架。这种悬架的刚度随载荷变化，能在载荷改变时保持车身振动的固有频率不变，从而获得良好的平顺性。悬架的非线性弹性特性可通过以下方法实现。

A. 在线性悬架系统中加入辅助弹簧或复合弹簧，采用适当的导向机构或改变与车架的连接方式等。

B. 选用具有非线性特性的弹性元件，如空气弹簧、油气弹簧、橡胶弹簧、螺旋弹簧等。

② 阻尼系统。阻尼系统中的阻尼用于衰减车身自由振动和抑制车身与车轮的共振，从而减小车身的垂直振动加速度和车轮的振幅，因此悬架系统需要具备适当的阻尼。在悬架系统中，引起振动衰减的阻尼来源较多，如轮胎变形时橡胶分子间的摩擦，以及悬架系统中的减振器和钢板弹簧片间的摩擦等。其中，减振器的阻尼效果最为显著，不仅能提高汽车平顺性，还能改善车轮与路面的接触状况，防止车轮离开地面，从而进一步提升汽车

平顺性和行车安全性。此外,改进减振器性能对提高汽车在不平路面上的行驶速度具有重要作用。

(2)轮胎。

轮胎具有弹性,因此它能够在很大程度上吸收因路面不平而产生的振动,与悬架系统共同保障汽车平顺性。

轮胎性能的优劣通常通过标准气压和载荷下的压缩系数来评价。在最大允许载荷作用下,普通轮胎的压缩系数为10%~12%;而客车轮胎为提升乘坐舒适性,其压缩系数稍高,一般为12%~14%。

近年来,随着汽车速度的提高,人们对轮胎缓冲性能的要求日益提高。目前,提高轮胎缓冲性能的方法主要包括以下几种。

① 增大轮胎断面宽度和空气容积,同时适当降低轮胎气压。

② 改进轮胎结构,例如采用子午线轮胎。这种轮胎的径向弹性大,可以有效缓和不平路面的冲击,并吸收大部分冲击能量,使汽车平顺性得到改善。

③ 增强帘线和橡胶材料的弹性,采用较柔软的胎冠。

此外,车轮旋转质量的不平衡会影响汽车的平顺性和稳定性。为了避免转向轮不平衡引发的振动,必须对每个车轮进行静平衡和动平衡检测。汽车行驶速度越高,对车轮平衡性能的要求就越高。

(3)悬挂质量分配。

悬挂质量分配是评价汽车平顺性的关键参数之一,它取决于悬挂质量的分布情况。合理的悬挂质量分配应使前、后悬挂质量的振动彼此互不影响。

总之,影响汽车平顺性的结构参数众多,并且各参数之间的关系复杂。因此,必须进行综合分析,以合理匹配各项参数,从而提升汽车平顺性。

### 1.1.8 汽车其他性能

除上述性能外,汽车其他性能还包括汽车密封性、汽车采暖与冷气通风性、汽车可靠性、汽车耐久性等。

1. 汽车密封性

汽车密封性是汽车整车质量的一项重要指标,通常从防尘和防雨两方面进行评价。汽车防尘密封性主要用防尘密封度来评价,防尘密封度越高,密封性越好。汽车防雨密封性是指汽车处于静止状态时,在规定的人工淋雨试验条件下,关闭全部门、窗和孔口盖的情况下,防止雨水进入车内的能力。常用车内渗水、慢滴、快滴和连续流出的情况进行扣分评价:每出现一次渗水扣1分,每出现一次慢滴扣3分,每出现一次快滴扣6分,每出现一次连续流出扣14分。

2. 汽车采暖与冷气通风性

汽车采暖性是指在规定的试验条件下,汽车在按规定温度分布和规定时间内达到采暖要求的能力。在规定的试验条件下,试验40 min应达到以下要求:驾驶员、副驾驶员足部温度不低于15 ℃;乘客足部温度不低于12 ℃;头部温度比足部温度低2~5 ℃。汽车冷气通风性是指汽车冷气系统在炎热的夏天使车内降温、通风并维持舒适环境的能力,可采用相应的试验方法进行评价。

### 3. 汽车可靠性

汽车可靠性是评价汽车设计与制造质量的重要指标。汽车的可靠性是指人车系统、总成或零部件的功能在一定时间内的稳定程度。汽车可靠性与汽车的使用时间和行驶里程密切相关。汽车可靠性可以通过常规可靠性试验或快速可靠性试验进行测定,其评价指标包括平均首次故障里程、平均故障间隔里程、当量故障率、千米维修时间和千米维修费用等。

### 4. 汽车耐久性

汽车耐久性是指汽车在规定的使用和维修条件下,即使达到某种技术或经济指标极限时,仍能保持原设计功能的能力。通过汽车耐久性试验,对测试数据进行整理和统计分析,可以得出相应的评价指标值。

## 1.2 汽车安全性能评价

### 1.2.1 汽车制动性能

为了保障行驶安全和充分发挥汽车动力性能,汽车必须具有良好的制动性。汽车的制动性是指汽车在行驶时能在短距离内停车并保持行驶方向稳定,以及在下长坡时能维持较低车速的能力。汽车应配备完好的行车制动装置,并应具备应急制动功能(三轮汽车除外)和驻车制动装置。

#### 1. 汽车行车制动与应急制动评价指标

汽车行车制动是指汽车在行驶过程中,驾驶员能够控制行驶速度,实现有效减速、停车以及在下长坡时保持稳定车速的能力。应急制动是指在行车制动系统仅有一处管路失效的情况下,驾驶员通过应急操作实现制动,并在规定距离内停车的能力。汽车行车制动与应急制动性能均可通过制动效能、制动效能稳定性和制动方向稳定性等指标进行评价。

(1)制动效能。

制动效能是评价制动性能最基本的指标,指汽车迅速降低行驶速度直至停车的能力。评价制动效能的指标包括制动距离、充分发出的平均减速度和制动力。

① 制动距离。制动距离是指从驾驶员踏下制动踏板到汽车完全停止所驶过的距离。它能直观评价汽车制动性能,较好地反映整车制动效能,是最常用的评价指标之一。在实际应用中,也可用制动时间替代制动距离进行评价。

② 充分发出的平均减速度。充分发出的平均减速度是指汽车或汽车列车在规定的初速度下急踩制动时的平均减速度。它能反映制动过程中汽车速度下降的速率,是评价制动效能的重要参数。充分发出的平均减速度越大,制动效果越好。

③ 制动力。通过制动力评价汽车制动器性能,能揭示制动产生的本质原因,有效评估制动系统性能。可分别对汽车进行空载制动力和满载制动力测试,评估前后轴制动力的合理分配及同轴两轮制动力差,并借此分析制动系统的相关特性。

(2)制动效能稳定性。

制动效能稳定性是指汽车在高速行驶或下长坡时,经过连续或频繁制动后保持制动效能的能力。当汽车连续或频繁制动时,制动器温度常在 300 ℃ 以上,从而影响制动器摩擦副,导致摩擦系数下降,这种现象称为制动器的热衰退。制动器的热衰退是目前不可避免的问题,但可通过技术措施减轻。当汽车在雨天行驶或制动器沾有油污时,摩擦系数也会下降,这种现象称为制动器的水衰退。制动效能稳定性主要针对制动器的热衰退现象。目前,我国尚未制定此项指标的测试标准,根据国际标准草案,通常规定试验条件和制动强度,通过与相同制动强度下冷制动(制动器温度在100℃以下)效能的对比,以极限值进行评价。

(3)制动方向稳定性。

制动方向稳定性是指汽车在制动过程中保持直线行驶或按预定弯道行驶的能力。在制动过程中,汽车可能出现制动跑偏或制动侧滑两种情况,这些情况都会导致汽车部分或完全失去方向控制,极易引发交通事故。据统计,在与侧滑有关的交通事故中,有50%是由制动引起的。

① 制动跑偏。制动跑偏主要由同轴(特别是转向轴)车轮制动力不相等导致,评价这一性能的主要指标是同轴制动力差值。差值越小,制动稳定性越好。

② 制动侧滑。在制动时,若车轮处于抱死状态,即使很小的侧向力也会导致汽车侧滑。由于汽车行驶中侧向力难以避免,因此车轮抱死是侧滑的主要原因。车轮抱死与制动器性能及路面附着系数有关。通过合理的驾驶技术和辅助技术可减轻或避免制动侧滑。在制动时,驾驶员可采用适当频率的点刹方式避免车轮抱死,从而缓解或消除制动侧滑。安装制动力分配与调节装置可使汽车前后轴抱死时刻不同,加装防抱死装置能防止车轮抱死。这两种方法均可有效减轻或避免制动侧滑。

表1-2至表1-4所示为制动主要指标的检验标准,测试条件为:机动车在平坦、硬实、干燥、清洁且附着系数为0.7的水泥或沥青路面上进行试验。

表1-2 制动距离和制动稳定性要求

| 机动车类型 | 制动初速度(km/h) | 空载检验制动距离要求(m) | 满载检验制动距离要求(m) | 试验通道宽度(m) |
|---|---|---|---|---|
| 三轮汽车 | 20 | ≤5.0 | | 2.5 |
| 乘用车 | 50 | ≤19.0 | ≤20.0 | 2.5 |
| 总质量小于或等于3500 kg的低速货车 | 30 | ≤8.0 | ≤9.0 | 2.5 |
| 其他总质量小于或等于3500 kg的汽车 | 50 | ≤21.0 | ≤22.0 | 2.5 |
| 铰接客车、铰接式无轨电车、汽车列车(乘用车列车除外) | 30 | ≤9.5 | ≤10.5 | 3.0① |
| 其他汽车、乘用车列车 | 30 | ≤9.0 | ≤10.0 | 3.0① |
| 两轮普通摩托车 | 30 | ≤7.0 | | |
| 边三轮摩托车 | 30 | ≤8.0 | | 2.5 |
| 正三轮摩托车 | 30 | ≤7.5 | | 2.3 |
| 轻便摩托车 | 20 | ≤4.0 | | |

续表

| 机动车类型 | 制动初速度（km/h） | 空载检验制动距离要求（m） | 满载检验制动距离要求（m） | 试验通道宽度（m） |
|---|---|---|---|---|
| 轮式拖拉机运输机组 | 20 | ≤6.0 | ≤6.5 | 3.0 |
| 手扶变型运输机 | 20 | ≤6.5 | | 2.3 |

① 对车宽大于 2.55 m 的汽车和汽车列车，其试验通道宽度（单位：m）为"车宽（m）＋0.5"。

表 1-3  制动减速度和制动稳定性要求

| 机动车类型 | 制动初速度（km/h） | 空载检验充分发出的平均减速度（m/s²） | 满载检验充分发出的平均减速度（m/s²） | 试验通道宽度（m） |
|---|---|---|---|---|
| 三轮汽车 | 20 | ≥3.8 | | 2.5 |
| 乘用车 | 50 | ≥6.2 | ≥5.9 | 2.5 |
| 总质量小于或等于 3500 kg 的低速货车 | 30 | ≥5.6 | ≥5.2 | 2.5 |
| 其他总质量小于或等于 3500 kg 的汽车 | 50 | ≥5.8 | ≥5.4 | 2.5 |
| 铰接客车、铰接式无轨电车、汽车列车（乘用车列车除外） | 30 | ≥5.0 | ≥4.5 | 3.0① |
| 其他汽车、乘用车列车 | 30 | ≥5.4 | ≥5.0 | 3.0① |

① 对车宽大于 2.55 m 的汽车和汽车列车，其试验通道宽度（单位：m）为"车宽（m）＋0.5"。

表 1-4  台试检验制动力要求

| 机动车类型 | 制动力总和与整车重量的百分比 | | 轴制动力与轴荷①的百分比 | |
|---|---|---|---|---|
| | 空载 | 满载 | 前轴② | 后轴② |
| 三轮汽车 | — | — | — | ≥60③ |
| 乘用车、其他总质量小于或等于 3500 kg 的汽车 | ≥60 | ≥50 | ≥60③ | ≥20③ |
| 铰接客车、铰接式无轨电车、汽车列车 | ≥55 | ≥45 | — | — |
| 其他汽车 | ≥60④ | ≥50 | ≥60③ | ≥50⑤ |
| 挂车 | — | — | — | ≥55⑥ |
| 普通摩托车 | — | — | ≥60 | ≥55 |
| 轻便摩托车 | — | — | ≥60 | ≥50 |

续表

| 机动车类型 | 制动力总和与整车重量的百分比 | | 轴制动力与轴荷①的百分比 | |
|---|---|---|---|---|
| | 空载 | 满载 | 前轴② | 后轴② |

① 用平板制动检验台检验乘用车、其他总质量小于或等于 3500 kg 的汽车时应按左右轮制动力最大时刻所分别对应的左右轮动态轮荷之和计算。
② 机动车（单车）纵向中心线中心位置以前的轴为前轴，其他轴为后轴；挂车的所有车轴均按后轴计算；用平板制动试验台测试并装轴制动力时，并装轴可视为一轴。
③ 空载和满载状态下测试均应满足此要求。
④ 对总质量小于或等于整备质量的 1.2 倍的专项作业车应大于或等于 50%。
⑤ 满载测试时后轴制动力百分比不做要求；空载用平板制动检验台检验时应大于或等于 35%；总质量大于 3500 kg 的客车，空载用反力滚筒式制动试验台测试时应大于或等于 40%，用平板制动检验台检验时应大于或等于 30%。
⑥ 满载状态下测试时应大于或等于 45%。

**2. 驻车制动性能评价指标**

驻车制动性能采用驻车制动力和坡道驻车固定不动时间两项指标进行评价。

(1) 驻车制动力。

当使用制动检验台检验汽车和正三轮摩托车驻车制动装置的制动力时，机动车应处于空载状态。在使用驻车制动装置时，驻车制动力的总和应大于或等于该车在测试状态下整车质量的 20%（对总质量为整备质量的 1.2 倍以下的机动车应不小于 15%）。

(2) 坡道驻车固定不动时间。

在空载状态下，驻车制动装置应能保证机动车在坡度为 20%（对总质量为整备质量 1.2 的倍以下的机动车为 15%）、轮胎与路面间的附着系数大于或等于 0.7 的坡道上，正反两个方向保持固定不动的时间大于或等于 2 min。在检验汽车列车时，牵引车和挂车的驻车制动装置应均起作用。

注意：在规定的测试状态下，若机动车使用驻车制动装置能在更大坡度值且附着系数符合要求的试验坡道上停住，则应视为满足驻车制动性能检验要求。

**3. 提高制动性的措施**

(1) 制动力的调节。

为防止后轮抱死导致危险侧滑，同时减少前轮失去转向能力的可能性，汽车制动系统通常装有压力调节装置，通过调节后轮制动油压来控制后轮的制动力。常用的压力调节装置包括限压阀、比例阀、载荷控制比例阀和载荷控制限压阀等。

(2) 车轮的防抱死。

前轮在制动过程中若发生抱死会导致汽车失去转向能力。为提高汽车的抗侧滑能力，现代轿车和部分客车普遍配备防抱死制动系统（ABS）。ABS 由传感器、制动压力调节器、电子控制单元（ECU）等部分组成，如图 1-5 所示。

当正常制动时，调压活塞被较大的弹簧力推至左端，活塞顶端的推杆顶开单向阀，使制动主缸与制动轮缸之间的管路连通。此时，系统处于常规制动状态，制动主缸直接控制制动器压力的增减。

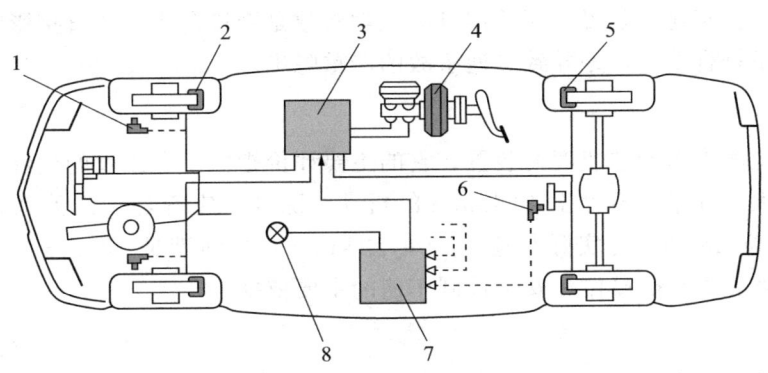

图 1-5 ABS 的组成

1、6—传感器；2、5—制动轮缸；3—制动压力调节器；4—制动主缸；7—ECU；8—警告灯

在制动过程中，ECU 持续分析传感器测得的车轮运动参数。当判断车轮即将抱死时，ECU 立即向制动压力调节器发出降低分泵油压的指令，以减小制动器的制动力。ECU 发出的电脉冲信号使电磁线圈产生磁力，电磁阀内的柱塞向右移动，蓄能器中的高压液体通过管路作用于调压活塞左侧，产生与弹簧力方向相反的推力，使调压活塞右移，单向阀关闭，切断制动主缸与制动轮缸之间的通路。调压活塞的右移使得制动轮缸侧容积增加，从而降低制动压力。

制动解除后，随着车轮转速的增加，ECU 再次发出制动指令，柱塞返回最左端位置。调压活塞左侧的高压被释放，活塞左移，左侧制动液回流至储液器，同时制动主缸与制动轮缸之间的管路重新连通。在此过程中，制动轮缸侧增加的容积逐渐减小，制动压力恢复至初始值，实现再次制动。这种压力调节循环的频率可达每秒 10～12 次，以适应路面条件的实时变化。

### 1.2.2 汽车侧滑性能

当汽车行驶时，若车轮处于边滚动边横向滑动的状态，将导致异常磨损，同时影响汽车正常的定向行驶，这种对行车安全有重大影响的侧向滑动称为汽车侧滑。评价汽车侧滑性能的指标主要包括汽车转向轮定位参数和侧滑量。

1. 汽车转向轮定位参数

汽车转向轮定位参数是评价汽车侧滑性能的重要依据。汽车产生侧滑的主要原因是转向轮定位参数（前束和外倾角）的协调关系发生变化。因此，只要确保定位参数符合生产厂家规定的标准值，就能保证汽车侧滑控制在安全范围内。在使用这组参数作为评价指标时，必须以生产厂家规定的标准值为依据。

2. 侧滑量

侧滑量是动态检测汽车侧滑性能的关键指标。当汽车以 4 km/h 以下的速度通过侧滑试验台时，由滑板测得的转向轮侧滑位移量总和即为侧滑量。根据标准要求，转向轮的侧滑量应不大于 5 m/km。

### 1.2.3 汽车仪表及灯光性能

车速表和前照灯是汽车行驶的重要安全装置。车速表是根据路况、安全限速和夜间限速的要求动态监测车速的装置,而前照灯的光学参数是否符合要求,直接影响夜间安全行驶,二者性能不符合要求,是导致交通事故的严重隐患。

1. 车速表

车速表是检测汽车行驶速度的装置,它的主要评价指标是车速表的允许误差。车速表指示误差(最大设计车速不大于40 km/h的机动车除外)应符合下列关系式:车速表指示车速 $v_1$(单位 km/h)与实际车速 $v_2$(单位 km/h)之间满足 $0 \leqslant v_1 - v_2 \leqslant v_2/10 + 4$。车速表是汽车驾驶员正确操作和安全控制车速的主要依据。

2. 前照灯

前照灯的基本要求如下:机动车装备的前照灯应具备远、近光变换功能,且远光切换为近光时,所有远光应能同时熄灭;同一辆机动车上的前照灯,左、右的远、近光灯不得交叉点亮;所有前照灯的近光均不应眩目;汽车(三轮汽车和装用单缸柴油机的低速货车除外)、摩托车的前照灯应分别符合《汽车道路照明装置及系统》(GB 4599—2024)、《摩托车和轻便摩托车道路照明装置》(GB 19152—2025)的规定。

(1)远光光束发光强度要求。

机动车每只前照灯的远光光束发光强度应达到表1-5的要求;并且,同时开启所有前照灯(远光)时,其总的远光光束发光强度应符合《汽车及挂车外部照明和光信号装置的安装规定》(GB 4785—2019)。测试时,电源系统应处于充电状态。

表 1-5 前照灯远光光束发光强度要求　　单位:坎德拉

| 机动车类型 | | 检查项目 | | | | | |
|---|---|---|---|---|---|---|---|
| | | 新注册车 | | | 在用车 | | |
| | | 一灯制 | 二灯制 | 四灯制[①] | 一灯制 | 二灯制 | 四灯制[①] |
| 三轮汽车 | | 8000 | 6000 | — | 6000 | 5000 | — |
| 最大设计车速小于70 km/h的汽车 | | — | 10 000 | 8000 | — | 8000 | 6000 |
| 其他汽车 | | — | 18 000 | 15 000 | — | 15 000 | 12 000 |
| 普通摩托车 | | 10 000 | 8000 | | 8000 | 6000 | |
| 轻便摩托车 | | 4000 | 3000 | | 3000 | 2500 | |
| 拖拉机运输机组 | 标定功率>18 kW | — | 8000 | | — | 6000 | |
| | 标定功率≤18 kW | 6000[②] | 6000 | | 5000[②] | 5000 | |
| ① 四灯制是指前照灯具有四个远光光束;采用四灯制的机动车其中两只对称的灯达到两灯制的要求时视为合格。 | | | | | | | |
| ② 允许手扶拖拉机运输机组只装用一只前照灯。 | | | | | | | |

(2)光束照射位置要求。

① 在空载车状态下,汽车、摩托车前照灯近光光束照射在距离10 m的屏幕上,近光光束明暗截止线转角或中点的垂直方向位置,对近光光束透光面中心(基准中心,下同)高度小于或等于1000 mm的机动车,应不高于近光光束透光面中心所在水平面以下50 mm的直线且不低于近光光束透光面中心所在水平面以下300 mm的直线;对近光光束

透光面中心高度大于 1000 mm 的机动车,应不高于近光光束透光面中心所在水平面以下 100 mm 的直线且不低于近光光束透光面中心所在水平面以下 350 mm 的直线。除装用一只前照灯的三轮汽车和摩托车外,前照灯近光光束明暗截止线转角或中点的水平方向位置,与近光光束透光面中心所在垂直面相比,向左偏移应小于或等于 170 mm,向右偏移应小于或等于 350 mm。

② 在空载车状态下,轮式拖拉机运输机组前照灯近光光束照射在距离 10 m 的屏幕上,近光光束中点的垂直位置应小于或等于 $0.7H$($H$ 为前照灯近光光束透光面中心的高度),水平位置向右偏移应小于或等于 350 mm 且不应向左偏移。

③ 在空载车状态下,对于能单独调整远光光束的汽车、摩托车前照灯,前照灯远光光束照射在距离 10 m 的屏幕上,其发光强度最大点的垂直方向位置,应不高于远光光束透光面中心所在水平面(高度值为 $H$)以上 100 mm 的直线且不低于远光光束透光面中心所在水平面以下 $0.2H$ 的直线。除装用一只前照灯的三轮汽车和摩托车外,前照灯远光发光强度最大点的水平位置,与远光光束透光面中心所在垂直面相比,左灯向左偏移应小于或等于 170 mm 且向右偏移应小于或等于 350 mm,右灯向左和向右偏移均应小于或等于 350 mm。

#### 1.2.4 汽车排放性能及噪声

**1. 汽车排放性能**

根据使用燃料的不同,汽车发动机排出废气的成分也不相同。有害成分的排放量与汽车的技术状态有着密切的关系。这些有害成分排入大气,将产生空气污染,危害生态环境,特别对汽车车内的小气候产生严重污染,对驾驶员、乘员身体产生伤害,甚至危及生命,因此,它是汽车中严格控制的安全指标之一。

汽车发动机排出的废气中,有害成分主要有一氧化碳(CO)、二氧化碳($CO_2$)、碳氢化合物(HC)、氮氧化物($NO_x$)、硫化物(主要是 $SO_2$)和微粒等,部分有害成分对人体和环境的影响如表 1-6 所示。

表 1-6 汽车排放有害成分对人体和环境的影响

| 有害成分 | 性质 | 影响 |
| --- | --- | --- |
| CO | 无色、无味气体,难溶于水 | 与血液中的血红蛋白结合,使血液携带氧的能力降低,引起缺氧 |
| HC | 多种碳氢化合物的总称 | 高浓度的 HC 对黏膜和组织有破坏作用;在紫外光照射下和 $NO_x$ 反应生成光化学烟雾,对眼、鼻和咽喉黏膜有较强的刺激作用;严重时可致癌 |
| $NO_x$ | 主要包括 NO 和 $NO_2$。NO 是无色、无味气体,难溶于水,与氧气接触生成 $NO_2$;$NO_2$ 是红褐色有刺激性气味的气体,易溶于水,生成亚硝酸 | $NO_2$ 能刺激眼、鼻黏膜,麻痹嗅觉,甚至引起肺气肿;$NO_x$ 与 HC 在紫外光照射下反应生成光化学烟雾 |

续表

| 有害成分 | 性质 | 影响 |
| --- | --- | --- |
| 微粒 | 无机化合物、植物性有机物和细菌的混合物；容易凝聚，在空中易于吸附带电物体 | 硅——硅肺；<br>镉铅——中毒；<br>铅锌——中毒；<br>炭粉——癌症 |

为了控制汽车排放污染物对生态环境的危害，世界上许多国家都制定了严格的排放标准法规。我国在吸收发达国家成功经验的基础上，制定了一系列适合我国国情的汽车排放标准，其中在用汽车检测标准对在用汽车排放污染物的测量方法和排放限值作了统一规定，适用于这类汽车的年检和抽样检测。

2016年12月，生态环境部与国家市场监督管理总局联合发布了《轻型汽车污染物排放限值及测量方法（中国第六阶段）》（GB 18352.6—2016），该标准于2020年7月1日起实施。2018年7月，生态环境部与国家市场监督管理总局联合发布了《重型柴油车污染物排放限值及测量方法（中国第六阶段）》（GB 17691—2018），该标准于2019年7月1日起实施。自2019年7月1日起，所有生产、进口、销售和注册登记的燃气汽车应符合上述标准要求；自2020年7月1日起，所有生产、进口、销售和注册登记的城市车辆应符合上述标准要求；自2021年7月1日起，所有生产、进口、销售和注册登记的重型柴油车应符合上述标准要求。

2. 汽车噪声

噪声是指声压等级及频率杂乱无章的声音，也泛指人们不需要、令人烦躁和讨厌的干扰声。噪声是一种不规则或随机的声音信号。汽车发出的噪声可划分为两类：一类是发动机和冷却系统发出的噪声，另一类是行驶系统和喇叭发出的噪声。噪声会对人的生理、心理产生较大的影响。长期工作在较大的噪声环境中，可导致听觉器官损伤，引起神经、心脏、消化等方面的不良症状，易使人产生烦躁和疲劳。因此，噪声是汽车使用中的不安全因素之一。

汽车（纯电动汽车、燃料电池汽车和低速汽车除外）驾驶员耳旁噪声声级应小于或等于90 dB（A）。机动车（手扶拖拉机运输机组除外）应设置具有连续发声功能的喇叭，喇叭声级在距车前2 m、离地高1.2 m处测量时，发动机最大净功率（或电机额定功率总和）为7 kW以下的摩托车应为80～112 dB（A），其他机动车应为90～115 dB（A）。乘用车和专用校车的喇叭在车钥匙取下及车门锁止时在车内应仍能正常使用；但对于任何情况下所有供乘员上下车的车门均能从车内打开（乘用车车门安装的儿童锁锁止时除外），或安装有自动探测报警装置、在车钥匙取下及车门锁止时能自动探测车内是否有移动物体且在发现移动物体时能发出明显警示信号的乘用车和专用校车，应视为满足要求。教练车（三轮汽车除外）还应设置辅助喇叭开关，且其工作应可靠。

客车车内噪声限值如表1-7所示。

表 1-7　客车车内噪声限值

| 车辆类型 | | 车内噪声声压级限值 [dB（A）] | |
|---|---|---|---|
| 城市客车 | 前置发动机 | 驾驶区 | 86 |
| | | 乘客区 | 86 |
| | 后（中）置发动机 | 驾驶区 | 78 |
| | | 乘客区 | 84 |
| 其他客车 | 前置发动机 | 驾驶区 | 82 |
| | | 乘客区 | 82 |
| | 后（中）置发动机 | 驾驶区 | 72 |
| | | 乘客区 | 76 |

## 学习训练

1. 汽车综合性能主要包括哪些内容？
2. 什么是汽车的后悬？汽车后悬的大小对其使用有何影响？
3. 已知解放 CA1091 型载货汽车的整备质量为 4100 kg，最大设计载质量为 5000 kg，求该型汽车的整备质量利用系数。
4. 什么是载货汽车的容载质量利用率和单位容积载质量？
5. 评定汽车机动性的指标有哪些？其定义如何？
6. 汽车动力性评价指标有哪些？
7. 如何对不同类型的汽车进行燃料经济性评价？
8. 什么是汽车稳定性？重心对汽车稳定性有何影响？
9. 制动效能有哪些评价方法？各有何特点？
10. 若灯光发光强度低于标准规定要求，试分析其对行车安全有何影响。
11. 噪声对人体有何影响，为什么把它列为汽车安全性能指标？

## 任务报告

| 任务 1：汽车配置评价 | |
|---|---|
| 1. 接受任务（10 分） | 得分： |
| 参照宝马 3 系 2021 款 330iM 运动曜夜套装轿车的参数配置，以小组为单位进行探讨，找出反映该车结构尺寸、动力性、燃料经济性、机动性和操纵稳定性的参数，完成任务报告。 | |
| 2. 信息收集（40 分） | 得分： |
| (1) 分析汽车动力性指标。<br>(2) 分析汽车在高速公路发生事故的因素。<br>(3) 分析汽车机动性指标。<br>(4) 分析汽车操纵稳定性指标。 | |

续表

| 任务1：汽车配置评价 ||
|---|---|
| 3. 任务解答（50分） | 得分： |
| 结构尺寸 | |
| 动力性 | |
| 燃料经济性 | |
| 机动性 | |
| 操纵稳定性 | |
| 评价 | 任务得分： |

# 任务2
# 汽车运用评价

## 任务导入

在现代社会中,汽车已经成为人们生活中不可或缺的一部分。为了评估汽车的使用效益,需要在汽车选配、汽车运用评价和运用效率等方面进行分析和评估。在选购汽车时,我们能够根据评估结果择优选购及合理配置车辆。择优选购汽车是运输单位和个人确保主要生产设备质量优良的关键,应进行技术经济论证,避免盲目购置。对汽车进行经济论证,可以把汽车的使用性能、寿命周期费用与汽车的价值有机地联系起来,使汽车在使用过程中获得最佳的经济效益。

## 知识目标

(1) 了解如何合理地配置车辆。
(2) 掌握汽车使用的运行技术条件、运行工况。
(3) 掌握汽车动力利用及汽车运用效率的评价方法。

## 能力目标

(1) 能够分析各种运用条件对汽车运输生产的影响。
(2) 能够正确地运用相关评价指标,评价汽车运输生产的运用效率。
(3) 能够正确分析各相关因素对汽车平均技术速度的影响,从而找出提高汽车平均技术速度的措施。
(4) 能够用运行工况分析的方法分析汽车的运行规律。

## 素质目标

将爱岗敬业的思想融入工作中,并在工作过程中时刻牢记维护企业形象。

## 2.1 汽车选配

汽车在现代运输企业中起着至关重要的作用,组织运输生产首先要有合适的运输车辆。因此,交通运输管理部门应根据当地的社会运力、油料供应、运量、运距、道路和气候等社会条件和自然条件,制定车辆发展规划,合理配置车辆的类型和数量,并做好车辆的分配和投用前的技术准备工作,对运力的增长进行宏观控制。凡需购置营业性运输车辆的单位和个人,都应事先向交通运输管理部门提出申请,经审核批准后方可购置。未经交通运输管理部门批准购置的车辆,不予核发营运证。

### 2.1.1 择优选购及合理配置车辆

**1. 择优选购车辆**

择优选购是根据运输生产需要和运行条件,按照车辆的适应性、可靠性、维修和供应配件的方便性、燃料经济性以及产品质量等因素,对车辆进行选购的一种方式。

如果车辆能适应当地道路、气候等条件,则说明车辆的适应性较好;车辆的可靠性一般用其发生故障的平均里程和频率来评价;易于早期发现故障、易于更换或修复损坏的零件、维修时间较短、维修费用较少等都是维修和供应配件的方便性好的标志;同类型车的燃料经济性可能有差异,尽管有时差异很小,但长期积累节约的燃料量也相当可观,因此,必须对燃料经济性进行比较;而车辆使用寿命长显然是产品质量好的重要标志之一。购买者要从实际出发,按需选购,量力而行,讲究实用、实效。同时,要尽可能达到少投入多产出、综合经济效益好的目的。

2. 合理配置车辆

合理配置车辆是指运输单位根据其所承担运输任务的性质、油料供应、运量、运距、道路和气候等条件,合理配置车辆,如大型、中型、小型车辆的比例,汽油车、柴油车的比例,通用车、专用车的比例,等等。通过合理规划,优化车辆构成,充分发挥车辆运力和客运量利用率,满足运输市场的需要。

(1) 配置车辆应考虑的因素。

① 当地运输市场状况。弄清楚现有在用运输车辆的基本技术状况,使车辆配置有针对性和实用性,使拥有的车型比例适当,不至于造成运力浪费或运力不足。

② 车辆经常行驶的道路条件。道路的通过能力、承载能力、坡度大小、路面质量和转弯半径等均影响车辆的运行。因此,要注意配置车辆的技术参数是否适应所要行驶的道路条件,否则会影响运输效率。

③ 气候、海拔条件。气候、海拔情况不同,对车辆结构、性能的要求也不同。例如,寒冷地区应考虑配置启动性能好的车辆;高原地区空气稀薄,应配置动力性能好的车辆或配置装有进气增压发动机的车辆。因此,在配置车辆时应充分考虑本地区的气候、海拔等自然条件。

④ 油料供应情况。车辆在运行过程中要使用燃油、润滑油和制动液等多种油料,如果某种油料来源困难,就会影响汽车的正常使用和运输效益。故选用新车(特别是购置进口车)时,一定要考虑当地的油料供应情况是否能满足拟购车的使用需要。

⑤ 车辆使用经验。在性能先进的前提下,应尽量选用本单位熟悉的车型,这样在管理、使用和维修上有较为完整且行之有效的规章制度、技术措施和经验,从而可以避免重新组织技术培训和制定管理方法。

⑥ 本单位或当地车辆构成情况和维修能力。在配置车辆时,应考虑当地车辆构成情况,要避免一个地区或一个车队所拥有的车辆、车型过杂,以免造成维修配件材料的供应、储备及维修工作的困难。

(2) 车辆配置合理的标志。

车辆配置是否合理,主要从以下几方面进行衡量。

① 车型先进、安全可靠、货物装卸或旅客上下车方便。

② 车辆规格齐全,能与当地客货源相适应,并且配比合理(如吨位大小、座位多少、高中低档次等),吨位利用率和客运量利用率高。

③ 车辆的燃料消耗、维修费用、运输成本低而利润高。

④ 应变能力强,既能完成正常的运输生产任务,又能完成特殊任务。

总之,合理配置车辆,对避免运力过剩、提高运输效率、节约能源、降低运输成本、保障安全生产和争取更多的客货源,都起到较大的作用。

(3) 新车的选择。

用户在购置新车时,除了要满足上述合理配置之外,还应对车型进行选择。在选择新车时,一方面要考虑生产厂家、车的外观;另一方面要了解汽车的性能,是否能满足用户的要求。在选车时,应遵循由外及内、先静后动的原则。

① 外观方面。

A. 观看汽车的外形设计,是否符合购车者的审美要求。

B. 仔细检查全车车漆,不要忽略车顶,如果发现某一部分漆的颜色或厚度与周围不相吻合,或显现出细微的圈状刮痕,则多是受过损伤后重新喷漆所致。

C. 检查前盖、车门及周围框的间隙是否均匀,各钣金配合部位是否到位。检查车门开启是否灵活,关门是否能一步到位,好车的关门声音比较沉闷。

D. 打开发动机盖,检查散热器补充液、清洗液、动力转向液、制动液和润滑油的液面是否正常,不正常应怀疑有泄漏。

E. 检查车辆配件,诸如蓄电池、刮水器和轮胎等是否老化。

F. 检查减振器、悬挂等工作情况,可用手大力按动车身一角,松开后,观察车身的弹动次数,在2~3次为好。若有条件,最好将汽车举升起来检查底盘。

G. 检查发动机室、车底边缘是否有贴补痕迹,以防买到事故翻修车。

② 汽车内部。

A. 检查汽车内部设计与布置是否合理,仪表板上的各种仪表应齐全有效,象形图案易于理解和识别。

B. 检查各种电动设备,如电动车窗、电动后视镜。

C. 检查座椅表面是否清洁完好,无破损、划伤;座椅调节系统是否正常。

D. 坐到驾驶位置,手放在转向盘上,检查离合器踏板、加速踏板和制动踏板。在踩下制动踏板时,检查制动系统是否漏油。

③ 试车了解性能。

要了解汽车的性能状况,购车者应亲身试车。在试车过程中,应从点火、起步到加减挡、加速、转弯、行车制动、驻车制动和全车灯光使用情况等各方面进行检查,了解汽车运行是否正常。

A. 启动发动机,聆听转速情况,包括发动机启动是否快捷,运转是否轻快、连续、平稳,有无杂音、异响,怠速运转是否稳定,等等。轻踩加速踏板,感受发动机加速响应是否连续,连续加速后怠速是否仍然稳定。

B. 缓踩加速踏板,轻抬离合,车辆起步应平稳。新车换挡可能并不十分顺畅,但不应出现卡顿、挂不上挡或摘不下挡、齿轮有异响等情况。低速时轻踩制动踏板,以试验制动力度,制动系统应反应良好。另外,可尝试空挡滑行,例如以 20 km/h 的车速行驶,换空挡后平路可滑行 50~80 m。如果刚换空挡,车辆就迅速停下来,则表明行驶运动部件的安装调试异常或润滑不当,如轴承过紧、刹车刷蹭或润滑油凝固等。

C. 在试车时,通过上坡,了解汽车的加速性能和动力性能。通过加减挡位、轻打转向盘,了解转向系统是否良好。在正常行驶时,方向不应跑偏,能自动维持直线行驶;在转弯后,方向可以自行回正(90%);在掉头时,转向盘打到极限位置,车轮应无异响。

D. 在高速试验驾驶情况,体验高速行驶的稳定性和抓地感,观察是否出现车轮摆动、方向发飘的现象。当无其他车辆时,也可尝试蛇行,检查汽车的操控性能;还可按不同的车速(如 40 km/h、60 km/h、80 km/h)紧急制动,以检查制动时方向的稳定性。

④ 查看新车手续。

检查汽车与其铭牌（如发动机号、车架号、产品合格证和出厂日期）是否相符。产品合格证上的号码要与汽车上的发动机号、车架号一致。从出厂日期上判别汽车是否为积压车，了解汽车从生产到销售的时间。另外，车型、功率、座椅数量和发动机等均要求说明书与实物一致。

#### 2.1.2 汽车的价值分析

1. 汽车价值分析的作用

汽车价值分析的作用是将汽车的使用性能、寿命周期费用与汽车的价值有机地联系起来，使汽车在使用过程中获得最佳的经济效益。汽车的寿命周期是指汽车从设计、制造、销售、使用直到报废所经历的时间。在汽车寿命周期的各个阶段都要耗费一定的费用，这些费用的总和就是汽车的寿命周期费用。它包括汽车的购置费用和使用费用。

汽车的价值可用式（2-1）表示：

$$V = \frac{F}{C} \tag{2-1}$$

式中　$V$——汽车的价值；
　　　$F$——汽车的功能；
　　　$C$——汽车的寿命周期费用。

由式（2-1）可以看出，提高汽车价值的途径大体上分为两种：一种是降低汽车的寿命周期费用，另一种是提高汽车的功能。这里所说的"汽车的功能"是指汽车的使用性能和质量指标，或其零部件在实现汽车使用性能和其他质量特性指标中的作用。

汽车价值分析的核心在于汽车功能分析，要努力找到那些对用户而言必要的功能。对于多余或过度的功能应消除或适当减少，使汽车功能最大限度地满足用户需求，避免因多余的功能而增加用户的负担。例如，对于经常行驶在城市道路和干线公路上的运输汽车而言，全轮驱动的高越野性从经济和实用角度考虑属于多余的功能，因此将吉普车用作一般乘用车是很不合算的。又如，普通斜交轮胎的功能水平较低，存在寿命短、燃料消耗量高等缺点，当汽车速度提升时，选用具有相应速度等级的子午线轮胎能够有效完善和提升必要的汽车功能。理想的汽车应当具备良好的适应性，即功能既不欠缺也不多余；同时具备优良的可靠性和维修性，确保在使用周期内能够持续保持应有的功能，且在功能丧失时能及时恢复。这样的汽车才具有更高的价值。

提高汽车价值并不是单纯地降低汽车的寿命周期费用，也不是片面地提高汽车的功能，而是要提高汽车的功能与汽车的寿命周期费用的比值。

2. 汽车价值分析的分类

汽车价值分析包括两个方面：新车的价值分析和在用汽车的价值分析。

（1）新车的价值分析。

在购买新车时，应根据运输任务的性质和要求，选择车辆的型号和数量。如果满足运输任务的汽车有多种型号，则应对它们进行最低寿命周期费用分析。如图2-1所示，车辆购置费用（使用年限为0时）由高到低的顺序依次是3、4、1、2型汽车。虽然2型汽车的购置费用最低，但其使用费用偏高，因此寿命周期费用较高；虽然4型汽车的购置费用偏高，但其使用费用较低。由此，当使用年限在 4 年以上时，选用寿命周期费用低的 4 型汽车是最佳方案。

当考虑货币的时间价值时，将各年的使用费用按一定的年利率折算成现值，则这 4 种型号汽车的寿命周期费用如图 2-2 所示。由图 2-2 可以看出，当考虑货币的时间价值时，4 型汽车的使用年限在 4 年以上，其寿命周期费用最低，这与图 2-1 的结论是一致的；在第 6 年末，3 型汽车的寿命周期费用比 2 型汽车的寿命周期费用低，这一结论与图 2-1 的结论是不一致的。因此，当汽车的使用年限较长时，一般应考虑货币的时间价值。

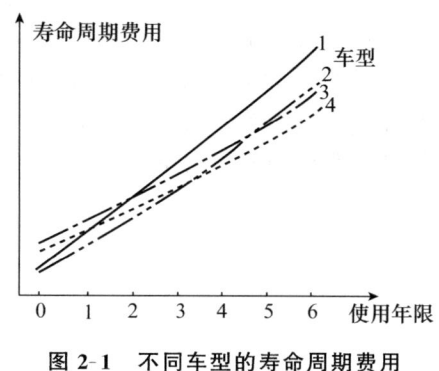

图 2-1　不同车型的寿命周期费用

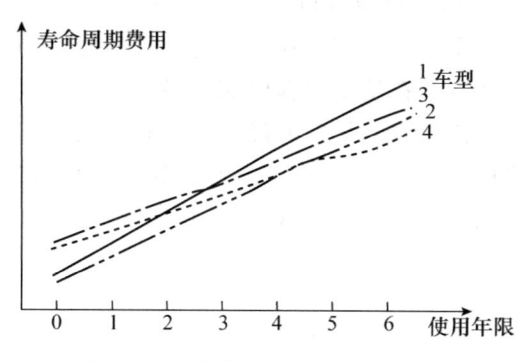

图 2-2　当考虑货币的时间价值时，不同车型的寿命周期费用

综上所述，在购置新车时，不仅要考虑汽车购置费用的高低，还应考虑汽车的使用年限、使用费用和货币的时间价值等因素。

（2）在用汽车的价值分析。

在用汽车的价值分析主要是在汽车改造、加装附属装置和修理中更换零部件时进行的价值分析。

为了完成某种运输作业，在企业运输车辆无法适应运输作业条件时，有两种方案可供选择。一种是购买适应这种运输作业的新车；另一种是对原有的汽车进行改造，使之适应这种运输作业的需要。至于选用哪种方案，就需要对这两种方案进行价值分析比较。在分析时，将新车的寿命周期费用和原有汽车的寿命周期费用相加后，与改造汽车的寿命周期费用进行比较，选择寿命周期费用最低的方案。

长途客车有无空调装置对汽车的运输效益有很大影响。人们更愿意乘坐有空调装置的客车，汽车所获得的效益也更高。在无空调装置的客车上增添空调装置，虽然使用费用有所增加，但是汽车的使用性能得到了改善，因而汽车的价值得到提高。

另外，通过对同型号的在用汽车的价值分析，还可以间接地反映在用汽车的合理使用程度。合理使用程度不好的汽车，其寿命周期费用要比合理使用程度好的汽车高，汽车的价值也更低。

3. 车辆投资效果的测算

选配汽车是一项重要的投资决策。在评价和优选投资方案时，购车者应事先对投资效果进行测算，做到先算后买。测算的方法通常有总算法和投资回收年限法等。

① 总算法。总算法是利用各种方案的投资额及投入使用年限内经营费用的总和来评

价方案的优劣，从而确定适合方案的方法。总算法的计算公式为：

$$S = P + C \cdot N \tag{2-2}$$

式中　$S$——总费用（万元）；

　　　$P$——投资额（万元）；

　　　$C$——年经营费用（万元）；

　　　$N$——使用年限（年）。

【例 2-1】　某运输单位承担了矿石运输任务，有三种方案都能形成相同的运力，并能经营 10 年。三种方案的投资额与年经营费用如表 2-1 所示。试分析哪一种方案的投资效果最好。

表 2-1　投资额与年经营费用

| 方　案 | 投资额（万元） | 年经营费用（万元） |
|---|---|---|
| 电力机车 | 100 | 140 |
| 中型载货汽车 | 110 | 120 |
| 重型矿用自卸车 | 140 | 110 |

【解】三种方案的总费用分别为：

电力机车　　　　$S_1 = 100 + 140 \times 10 = 1500$（万元）；

中型载货汽车　　$S_2 = 110 + 120 \times 10 = 1310$（万元）；

重型矿用自卸车　$S_3 = 140 + 110 \times 10 = 1240$（万元）。

由以上计算结果可知：选用重型矿用自卸车的方案总费用最少，投资效果最好，是最佳方案。

② 投资回收年限法。投资回收年限法是利用回收全部投资所需时间（年）的长短来评价和优选方案的方法。投资回收时间的长短取决于汽车投入营运后每年生产的净利润。如果每年偿还额相等或接近相等，则可按式（2-3）计算投资回收期：

$$n = \frac{P}{F} \tag{2-3}$$

式中　$n$——投资回收期（年）；

　　　$P$——投资回收总额（万元）；

　　　$F$——平均每年生产的净利润（万元）。

【例 2-2】　某运输个体户计划投资 10 万元购置两辆微型面包车，进行出租营运业务，经测算，5 年内的年平均生产的净利润为 3.5 万元，计划在满 5 年时偿还全部投资。试分析该方案的可行性。

【解】投资回收期为：$n = \dfrac{P}{F} = \dfrac{10}{3.5} \approx 2.86$（年）。

因为 $n < 5$（年），所以该方案可行。

例 2-2 是利用粗略的计算方法，可对方案做出初步评价。如果想进一步评价，还需计算资金的时间价值。

## 2.2 汽车运用评价概述

### 2.2.1 汽车运用条件

汽车运用条件是指影响汽车完成运输工作的各种外界条件，主要包括公路条件、气候条件、运输条件和汽车安全运行技术条件等。而这些条件在汽车运输过程中是变化的，它们直接影响运输工作的效益和成本，是制定汽车运用及各项技术经济指标的重要依据。

**1. 公路条件**

公路条件是指由公路状况决定并影响汽车运行的因素。它是汽车使用指标好坏的直接影响因素。汽车的结构、运行工况和技术状况都与汽车运行的公路条件密切相关。

公路条件的主要特征指标是汽车运行速度和通行能力，它们是确定公路等级、车道宽度、车道数、路面强度、公路纵断面和横断面的主要依据。

公路条件是汽车运用中的关键因素，它直接影响汽车的技术性能的发挥、运输效果的质量和运用效率的水平。为了确保汽车的高效运用，公路条件需要满足以下基本要求。

① 在保证安全行驶的前提下，获得较高的汽车平均技术速度。
② 能满足该地区对此公路所要求的最大通车量。
③ 汽车通过方便，人员乘坐舒适，货物损耗小。
④ 汽车通过此道路的运行材料消耗量少，零部件损坏程度低。

影响汽车运用的公路因素主要有公路等级、公路技术特性、公路景观和公路养护质量等。其中，公路等级和公路养护质量对汽车性能的有效发挥影响较大。例如，汽车在良好的路面上行驶，可获得较高的车速和良好的燃料经济性；汽车在崎岖不平的路面上行驶，平均技术速度会降低，频繁换挡和制动不仅会加剧零部件的磨损，还会增加燃料消耗量和提高驾驶员的工作强度。此外，还会加剧汽车行驶系统的损伤和轮胎的磨损。

（1）公路等级。

我国公路根据功能和适应的交通量分为高速公路、一级公路、二级公路、三级公路和四级公路等五个等级。

① 高速公路为专供汽车分方向、分车道行驶，全部控制出入的多车道公路。高速公路的年平均日设计交通量宜在 15 000 辆小客车以上。
② 一级公路为供汽车分方向、分车道行驶，可根据需要控制出入的多车道公路。一级公路的年平均日设计交通量宜在 15 000 辆小客车以上。
③ 二级公路为供汽车行驶的双车道公路。二级公路的年平均日设计交通量宜为 5000～15 000 辆小客车。
④ 三级公路为供汽车、非汽车交通混合行驶的双车道公路。三级公路的年平均日设计交通量宜为 2000～6000 辆小客车。
⑤ 四级公路为供汽车、非汽车交通混合行驶的双车道或单车道公路。双车道四级公路的年平均日设计交通量宜在 2000 辆小客车以下，单车道四级公路的年平均日设计交通量宜在 400 辆小客车以下。

公路等级不同，对行车道宽度、停车视距、最小平面曲线半径、最大纵坡、凸形及凹形竖曲线半径等参数的要求也不同。这些参数的取值是在保证设计车速的前提下，考虑到汽车行驶的安全性、舒适性，驾驶员的视觉和心理反应等因素而确定的。公路等级越高，条件越优越，汽车的运用性能和运用效率就越能得到充分的发挥。

（2）公路技术特性。

公路技术特性指标在水平面内是曲线段的平曲线半径，在纵断面内是纵坡、纵坡长度和竖曲线半径，在横断面内是车道宽度、车道数和路肩宽度等。

汽车在弯道行驶时，受离心力的作用可能引起侧滑，严重时可能翻车，也会影响汽车的操纵性，降低乘员的舒适性。在小半径曲线行驶的汽车，其轮胎侧向变形增大、磨损增加，汽车燃料消耗量增加。曲线路段会影响驾驶员的视线，夜间行车的光照距离在曲线路段也比直线路段短，对行车安全不利。但直线路段太长对行车安全也不利，容易让驾驶员产生枯燥感，丧失警惕，因此高速公路都尽量避免采用长直路线。

公路的纵坡使汽车动力消耗增大，燃料消耗量增加。另外，公路的凸形变更也会影响驾驶员的视距。

路面质量对汽车的运行工况和安全性有重要影响。路面应具有足够的强度、较高的稳定性、良好的平整度以及适当的粗糙度，以保证汽车的附着条件和最小的运行阻力。

路面平整度是路面的主要使用特性之一。它影响汽车运行速度、动载荷、轮胎磨损、货物完好性及乘员舒适性，从而影响汽车的利用指标和使用寿命。汽车运行速度和路面平整度的关系如图 2-3 所示。

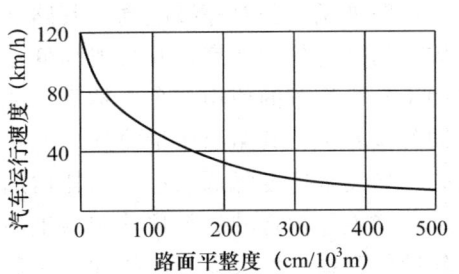

图 2-3　汽车运行速度和路面平整度的关系

（3）公路景观。

现代公路不仅要满足交通要求，还要求线形和谐优美，与环境相互融合。

公路线形的设计准则是根据汽车的动力特性以及舒适安全的要求而确定的，如果仅按照有关标准和公式设计公路线形，未必会产生所需要的效果。高质量的线形不仅要适应汽车的动力特性，还要满足驾驶员对线形的要求。

随着公路等级和车速的提高，要获得最佳的设计效果，应该重视公路线形要素之间的组合以及平纵之间的配合。线形设计的目的就是使各个要素融为一体，且使驾驶员能够体验到一条在视觉上连续不间断的自由流动、和谐的形体。例如，应避免在长直线间设置一段短的圆曲线，应通过缓和的曲线从较平顺的圆曲线逐步过渡到较陡的圆曲线。

在公路上以较快的速度行驶所感受到的周围景观与在静止状态下所看到的存在差异。人的视觉具有以下几个方面的特性。

① 随着车速的提高，驾驶员的注意力需求也随之增加。车速越快，驾驶员就越需要关注前方的公路情况。因此，尽管公路设计应丰富多样，但过于琐碎的细节可能分散驾驶员的注意力。

② 当车速增加时，驾驶员的注意力集中点会延伸至更远的前方。驾驶员需要从足够远的地方观察公路，以便在必要时能够及时做出避让动作。随着车速的提高，从反应到采取制动所需要的空驶距离也会增加。

③ 当车速提升时，驾驶员的动态视野范围缩小，视力主要集中在公路轴线上。如果

在这个有限的视野内的公路景观缺乏变化,例如长时间沿直线行驶,可能导致驾驶员对速度和应急反应的感觉变得迟钝,从而错失采取避让动作的时间和距离。

④ 随着车速的增加,景观的细微部分开始变得模糊,前方的物体迅速向后退去。驾驶员必须观察更远的地方,才能获得清晰的视觉信息。因此,对于高速行驶的驾驶员来说,公路景观的细微部分几乎失去了其价值。

公路环境设计应首先考虑驾驶员的需求,即应直接引导驾驶员的视线沿着公路路线方向。需要将公路的远景和近景相互融合,既要有吸引人的远景,也要有引人注目的近景。依次相接的景观的出现和消失、车辆运行变化的速度和方式以及远近景的配合,都是影响公路节奏和韵律的重要因素。在小半径的弯道处,如果景观变化频繁且强烈,就会加快汽车行驶节奏;而在大半径或长直线路段上,宽广且不变的远景则会减慢汽车行驶节奏。灵活运用竖曲线可以充分展现景观,尤其是远景,更容易获得最佳的视觉效果。

(4) 公路养护质量。

一般来说,公路等级越高,其路面质量就越好。汽车在高质量的公路上行驶,能够获得较高的平均技术速度,并且能降低运行消耗。这不仅能够提升汽车的运用效率,同时也有助于延长汽车的使用寿命。然而,如果公路的养护工作不及时、养护质量不达标,或者长期忽视养护,其路面质量将逐渐恶化。当汽车在路面质量较差的公路上行驶时,不仅会面临平均技术速度降低、运行消耗增加的问题,而且凹凸不平的路面还会对汽车产生冲击振动,严重影响行驶的平顺性和乘坐的舒适性。此外,这种路况还会加剧行驶机构的损伤和轮胎的磨损,增大零部件的冲击载荷。同时,由于行驶中换挡、制动次数的增加,离合器、变速器和制动装置等部件将受到过度磨损,从而导致汽车的早期损坏。

(5) 汽车在高速公路的使用条件。

自 1990 年沈大高速公路开通以来,我国高等级公路建设步入了快速发展阶段。高速公路的设计车速通常为 80~120 km/h。高速公路与高速运输紧密相连。高速运输最显著的特点是运输车辆能够持续保持高速运行。在高速公路运输中,对汽车的动力性、制动性、操纵稳定性、加速性和舒适性的要求更为严格。这使得一些在普通公路上可能不是问题或影响较小的因素,在高速公路上变得尤为重要。相关资料显示,在高速公路上发生的交通事故中,由汽车机械故障引起的事故比例逐年上升。

① 高速公路行驶的安全条件。为预防追尾事故,汽车之间应保持适当的车距。当汽车以 70 km/h 的速度行驶时,行车间距应至少保持 70 m;而当车速为 100 km/h 时,行车间距应至少保持 100 m。在湿滑路面上行驶时,应将行车间距增加到前述标准的两倍以上。当遇到大风、降雨、雾天,或路面有积雪、结冰的情况时,应进一步降低行驶速度,以确保行车安全。

高速公路应当标明车道的行驶速度,最高车速不得超过 120 km/h,最低车速不得低于 60 km/h。在高速公路上行驶的小型载客汽车最高车速不得超过 120 km/h,其他机动车最高车速不得超过 100 km/h。

高速公路行驶中的主要问题是安全问题,因此,驾驶员应注意以下事项。

A. 必须严格遵守交通法规,按照规定的限速行驶。

B. 为防止汽车在高速公路上发生故障,影响交通安全与畅通,驾驶员在驶入高速公路前应仔细检查汽车的燃料、润滑油、冷却液、转向系统、制动系统、灯光、轮胎等关键部件，以及汽车的装载和固定情况，确保汽车处于最佳运行状态。

C. 汽车驶入高速公路后，应尽快将车速提升至符合该路段最低限速要求的速度。通过匝道驶入高速公路的汽车，应在加速车道内逐步提高车速，直至达到与主车道上车流相匹配的速度，并且在确认不会妨碍主车道上其他汽车正常行驶的前提下，平稳、安全地驶入主车道。

D. 在正常行驶情况下，汽车应保持在主车道上行驶，仅当前方出现障碍物或需要超车时，方可变道至超车道行驶。超越障碍物或完成超车后，应及时返回主车道。禁止长时间在超车道行驶或跨越、压线行驶。

E. 为了减少碰撞事故中的人员伤害，驾驶员和乘客在配有安全带的汽车中应系好安全带。货运汽车除驾驶室外，严禁载客。大型客车乘客禁止在车厢内站立。

F. 在高速公路上，严禁随意停车。如果汽车发生故障，应避免紧急制动，以免发生追尾或侧滑事故。此时，驾驶员应立即开启右转向灯，并在确保安全的前提下，平稳地将汽车驶入并停放在道路右侧的紧急停车带或硬路肩上。停车后，车内人员应迅速撤离至高速公路护栏外侧的安全地带，并确保与行驶中的汽车保持足够的安全距离。若汽车因故障或事故难以移动，驾驶员应开启危险报警闪光灯，在夜间还需开启示宽灯和尾灯，并在车后 150 m 处设置故障警告标志，以进一步提醒过往汽车注意避让。同时，驾驶员应使用通信设备通知相关救援部门，不得擅自拦截过往汽车求助，以免造成交通混乱或引发二次事故。

G. 在遇到交通阻塞的情况下，驾驶员应当遵循顺序停车等候，严禁在路肩区域行驶，以免妨碍救护车、公安交通巡逻车及其他紧急救援车辆的顺利通行。

H. 在高速公路上，严禁汽车进行掉头、倒车以及穿越中央分隔带等行为，严禁汽车在该路段上进行试车活动，严禁汽车在匝道上超车或停车。

I. 遇有大风、降雨、雾天或路面出现积雪、结冰等恶劣气象或路况条件时，驾驶员应当特别留意可变交通标志或临时设置的交通标志的提示，并遵守公安机关交通管理部门根据实际情况实施的限速和车道封闭等交通管制措施。

② 在高速公路行驶条件下，轮胎的选择与使用至关重要。轮胎应当符合汽车行驶的安全要求。鉴于子午线轮胎的优越性能（具体参见本书任务 4 的内容），建议优先选用子午线轮胎，并且最好选用无内胎设计。在此过程中，需注意以下几点：确保轮胎花纹适合高速行驶；确认轮胎的速度级别符合汽车及行驶要求；明确区分轿车轮胎与轻型载重轮胎的使用场景；关注载重轮胎的层级及其承载能力；留意轮胎上是否印有轮胎认证权威机构的认可标志；定期检查轮胎的磨耗情况，并关注其牵引性能、温度适应性标志及相应级别；等等。

2. 气候条件

汽车的使用不可避免地受到气候条件的制约。在适宜的气候环境中，汽车的技术性能能够得到充分展现。然而，在极端寒冷或高温的季节，汽车的技术状况可能出现衰退，严重时可能导致启动困难或无法正常使用。由于我国地域广阔，南北气候特征差异显著，不少地区的季节温差和日温差都较大，这些因素都增加了汽车正常使用的难度。因此，汽车的设计和技术性能需要具备更宽泛的温度适应性，以应对不同气候条件下的挑战。

（1）高温及潮湿环境对汽车性能的影响。

① 在炎热的地区或季节，由于温度高，汽车的燃料供给系统容易产生气阻。这种现象会导致燃料供给系统中断供给，进而引发发动机熄火，致使汽车无法正常运行。此外，在高温条件下，空气密度降低，导致发动机进气不足，从而造成功率下降和燃料消耗量增加。

② 气温过高还会导致发动机水温上升，进而引发燃烧异常，具体表现为早燃或爆燃现象，这些都会降低发动机的动力性和经济性。同时，高温还会使润滑油的黏度降低，恶化润滑油的工作条件，从而加剧发动机的磨损，缩短其使用寿命。

③ 在气温过高的环境中，蓄电池内的电解液蒸发速度加快，蓄电池充放电的化学反应变得更为剧烈，这会导致极板上的活性物质容易脱落，进而造成蓄电池的早期损坏。

④ 当气温过高时，车厢内的温度也会显著上升，这一现象在轿车和客车上尤为明显。高温环境可能导致乘员感到头晕和闷热，从而降低乘坐的舒适性。因此，空调系统已成为汽车不可或缺的标准配置。

⑤ 炎热天气往往伴随着丰富的降水，特别是在我国南方地区，由于气候潮湿，汽车零部件容易锈蚀。潮湿环境还可能导致电气元件发生短路故障，影响其正常工作，进而导致发动机无法正常运行。此外，随着汽车保有量的增加和尾气排放量的上升，大气污染问题日益严重，我国多数地区已经出现了酸雨现象。酸雨会进一步加速汽车零部件的锈蚀过程，缩短汽车的使用寿命。

(2) 低温及冰雪环境对汽车性能的影响。

① 在严寒季节，由于气温降低，燃料的蒸发性减弱，这会导致混合气不均匀，难以形成符合规定要求的理想混合气，进而使发动机的燃料消耗量增加。特别是在启动阶段，这种不均匀的混合气会导致发动机启动困难。此外，低温还会使蓄电池电解液的相对密度减小，内电阻增大，充放电反应减缓，从而使得蓄电池输出的端电压降低，同样会造成发动机启动困难。

② 由于气温低，润滑油的黏度增大，流动性变差。在启动时，润滑油到达需要润滑的表面所需时间延长，导致这些表面处于干摩擦或半干摩擦状态，从而加剧零部件的磨损。另外，发动机在低温条件下工作时，容易形成酸性物质，这些酸性物质会对气缸壁造成化学腐蚀磨损。

汽车在冰雪道路上行驶时，由于车轮与路面的附着系数降低，汽车的驱动轮容易打滑，这会导致汽车的通过性能下降。同时，附着系数的降低还会使汽车在制动时的制动距离增加，并且容易出现制动侧滑或甩尾等现象，从而降低汽车的制动安全性。

③ 为了确保汽车的正常行驶，许多地区会采用撒盐的方式来融化道路上的冰雪。然而，当融化的冰雪被车轮甩到汽车底盘上时，其中溶解的盐分会腐蚀底盘零部件，从而缩短汽车的使用寿命。

④ 在冬季，若使用水作为冷却介质，则极易结冰。轻微结冰会堵塞冷却系统的水循环，导致发动机过热，俗称"开锅"；严重时则可能冻裂缸体。因此，建议车主在收车后将汽车停放在暖库中，或者每日收车后放掉冷却系统中的水。目前，在我国"三北"（东北、华北、西北）地区，绝大多数汽车都已采用防冻液作为冷却介质。

此外，在冬季，非金属材料的弹性会下降，甚至产生脆裂，导致其使用寿命降低，故障率增加。在山区或高原地区，由于气候多变、空气稀薄、气压降低，水的沸点随之下降，这会导致汽车动力不足、燃料消耗量增加、发动机易过热，并且气阻现象明显。同时，山区的坡道多且陡峭，弯道急，这无疑增加了行车的风险。

在我国北方地区，尤其是西北地区，气候干燥且风沙严重，一日之内温差显著。这种气候条件会加剧零部件的磨损，使得汽车的技术性能难以调整和控制，进而导致汽车出现早期损坏。因此，不同的气候条件对汽车的结构和技术性能提出了不同的适应性要求。特别是汽车的冷却系统、燃料供给系统、润滑系统以及点火系统等关键部件，需要具备较宽的气候适应范围，以确保汽车能在各种气候条件下正常运行。

汽车使用部门应根据当地的气候特点，合理选择车型，并制定相应的技术措施和预防措施。在必要时，可对汽车进行改装或改造，以减少气候条件对汽车使用造成的不利影响。通过这些措施，可以实现对汽车的合理运用，从而争取最佳的经济效益。

3．运输条件

运输条件是指影响汽车使用的各种因素，这些因素取决于运输对象的特点和要求。汽车运输分为货物运输和旅客运输。货物运输条件主要包括货物类别、货物运输量、运输距离、装卸条件、运输方式和组织特性等。在旅客运输方面，汽车使用性能的基本要求是为乘客提供最大的便利性和舒适性。

（1）货物类别。

货物是指在运输过程中，由承运人接收并交付给收货人的所有商品或物资。货物通常根据其在汽车运输过程中的装卸方式、运输与保管条件以及货物批量等因素进行分类。

① 按装卸方式分类。根据装卸方式的不同，货物可分为堆积类、计件类和罐装类。对于无包装的散装货物，如煤炭、砂、土和碎石等，通常采用堆积装卸方式。这类货物适合使用自卸汽车进行运输，并按照体积或质量进行计量。对于可以计件的货物，且按质量计量装运的，如桶装、箱装、袋装的包装货物以及无包装货物，通常使用普通栏板式货车、厢式货车或保温厢式货车进行运输。对于无包装的液体货物，通常使用自卸罐车进行运输。

② 按运输与保管条件分类。根据运输与保管条件的不同，货物可分为普通货物和特殊货物。普通货物是指在运输过程中无特殊要求，可用普通车厢运输的货物；特殊货物是指在运输过程中必须采取特别措施，才能保证完好无损的货物。特殊货物包括特大、沉重、危险和易腐的货物。其中，特大货物是指标准车厢无法容纳的货物；沉重货物是指单件质量大于 250 kg 的货物；危险货物是指在运输与保管过程中，可能对人体健康、财产安全或环境造成危害的货物；易腐货物是指在运输与保管过程中，需要借助专门库房及冷藏或保温车辆来维持一定温度的货物。运输特殊货物时需要选用大型或专用汽车，但需注意汽车总体尺寸受国家标准限制。

③ 按货物批量分类。按一次托运货物的数量，货物可分为小批货物和大批货物。小批货物又称零担货物，如食品、邮件和行李等少量运输的货物；大批货物是指大批量运输的货物，又称大宗货物。

货物批量是选用汽车类型的主要依据之一，货物运输汽车的车厢构造和尺寸都应与装运的货物相适应。

（2）货运量。

在汽车运输领域，已经完成或计划完成的货物运输数量称为货运量，其计量单位通常为吨（t）。此外，汽车运输中的货物运输工作量，即货物数量与运输距离的乘积，称为货物周转量，其计量单位为吨·千米（t·km）。

依据运输货物的批量大小，货运量可分为零担货运和整车货运。在我国，凡单次运输的货物重量在 3 t 及以上的，归类为整车货运；不足 3 t 的，则归类为零担货运。对于整车货运而言，耗时较长且动用较多车辆方能完成运输的货物，称为大宗货物；反之，能在短时间内或仅需少数车辆即可完成全部运输的货物，则称为小宗货物。

货物批量的形成受多种因素的综合影响，包括运输单位的发货条件、货物的生产工艺流程、货物集散时间，以及由货物价值决定的经济合理集散量等；同时，还涉及客户对交货速度、数量及用货条件的具体要求。此外，运输组织的安排、道路条件的限制，以及货物在集散过程中进行批量合并的可能性等因素也不容忽视。因此，并非所有货物都能以大批量形式运输。然而，工业结构的调整以及专业化、协作化生产的推进，对货物的及时、快速运输提出了更高要求。商品经济的繁荣与人民生活水平的提升，进一步推动了生活日用品、农副产品等小批量、短运距、多批次货物的快速运输需求。显然，这类小宗货物更适合采用轻型汽车进行运输，而大宗货物则因采用大型车辆运输而能实现更高的技术经济效益。因此，应尽可能优化组织大宗货物的运输。鉴于此，运输行业需合理配备不同吨位的车辆，以确保运输组织的合理性，进而提升整体的运输经济效益。

（3）货物运距。

货物运距是指货物由装货点至卸货点的运输距离。货物运距在很大程度上影响运输车辆的利用效率，并对车辆的结构和性能提出不同的要求。当运距较短时，要求车辆结构能很好地适应货物装卸的要求，以缩短货物的装卸作业时间，提高车辆短运距的运输生产率。长途运输车辆的运输生产率随技术速度的提高和载质量的增大而显著增加（如图 2-4 和图 2-5 所示）。因此，随着运距的增加，要求增加汽车的吨位，但汽车的最大轴重受到国家法规的限制。

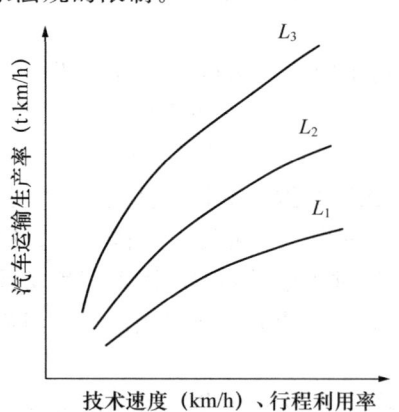

图 2-4 汽车运输生产率与技术速度和行程利用率的关系

（货物运距 $L_3 > L_2 > L_1$）

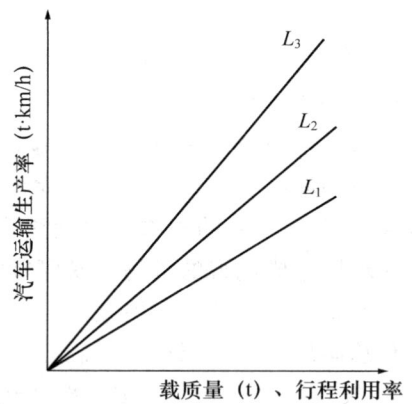

图 2-5 汽车运输生产率与载质量和行程利用率的关系

（货物运距 $L_3 > L_2 > L_1$）

（4）货物装卸条件。

货物装卸条件决定了汽车装卸作业的停歇时间、装卸货物的劳动量和费用，从而影响汽车的运输生产率及运输成本。运距越短，装卸条件对运输生产率的影响越明显，如图2-6所示。

装卸条件受多种因素影响，包括货物类别、运量，装卸点的稳定性、机械化程度以及所使用的装卸机械等。

不同类别和运量的货物需要特定的装卸机械，这同时也影响了运输汽车的结构设计。例如，对于运输土壤、砂石、煤炭等散装堆积货物的汽车，设计时需考虑铲斗装卸过程中货物对汽车系统和机构的冲击负荷，以及确保汽车的载质量、车厢容积与铲斗容积相匹配，以实现运输生产率的最大化。配备自装卸机构的汽车能够减少装卸作业所需时间，但自装卸机构会增加汽车的成本，并且在装卸质量上可能不如同等吨位的普通汽车。实践经验表明，自装卸汽车在短途运输中更能体现其优势，如图2-7所示。

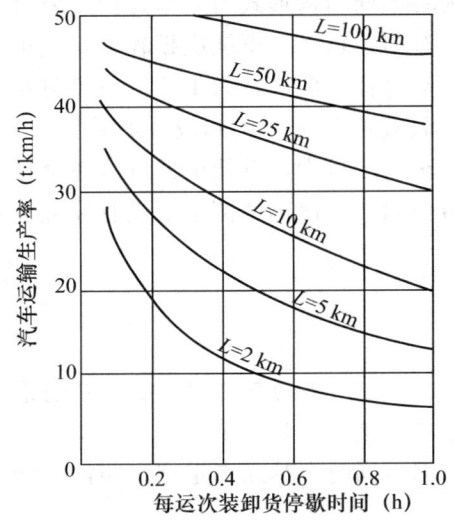

图2-6 载质量为4 t时，汽车运输生产率与每运次装卸货停歇时间的关系

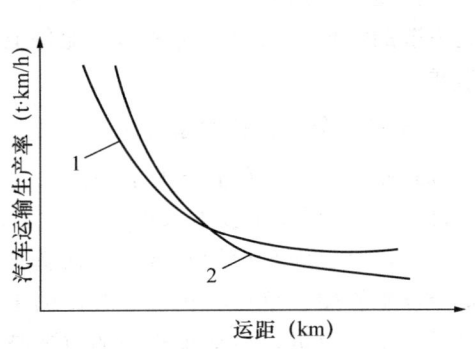

图2-7 汽车运输生产率与运距的关系
1—普通汽车；2—自装卸汽车

（5）货运类型及其组织特点。

货物运输存在多种分类方式，包括短途货运、长途货运、城市货运、城际货运、营运货运、自用货运、分散货运和集中货运等。其中，自用货运是指汽车所属单位利用自有汽车完成本单位的货物运输任务。分散货运是指在同一运输服务区域内，多个汽车货运企业或有车单位各自独立地调配车辆，分散地进行货物运输作业。显然，分散货运会导致汽车行驶里程以及载质量的利用率低，进而降低汽车运输生产率，并增加运输成本。集中运输是指在同一运输服务区域内的汽车以及参与完成某项货运任务的相关单位的汽车，统一由一个机构进行调度，组织货物运输作业。这种运输方式能够提升汽车的利用率，从而有利于提高汽车运输生产率，并降低运输成本。

货运组织的特点主要取决于汽车的运行路线。鉴于货运任务的性质与特点各异、道路条件不同以及所用汽车类型存在差异，即使在相同的收发货地点之间完成相同的货运任务，也可能采用不同的运行路线方案，进而产生不同的运输效益。

货运汽车的运行路线主要分为往复式、环形式和汇集式三种。往复式运行路线是指货

运汽车在两个货运地点之间多次往返行驶的路线;环形式运行路线是指将多个货运方向的路线依次连接成一条封闭的环形路线,货运汽车在沿此路线运行时,每个运次均运输同一起止点的货物;汇集式运行路线是指货运汽车在运行路线的各个货运点依次或同时装卸货物,并且每次运输的货物量均小于货运汽车整车载质量的路线。

货运汽车的结构设计需要与所选用的运行路线相匹配。对于长距离且需要往复运行的路线,宜使用速度性能优异、载质量大的汽车列车。为了提升汽车运输的时间利用率,牵引车驾驶室内应配备卧铺,便于两名驾驶员轮换驾驶,减少因停车休息导致的路线运行时间延长。此外,也可考虑在中途站点进行驾驶员的更换。而用于环形式或汇集式运行路线的汽车,其载质量需根据每运次的货物量进行调整,并且车辆结构应便于途中装卸作业。

(6) 客运的基本要求。

客运分为市内客运和公路客运,各种客运应配备不同结构形式的客车。城市公交车采用车厢式多站位车身,座位少于站位,通道很宽,车门数目多,车厢底板较低。城市公交车为了适应乘客高峰时满载的需要,需具备较高的动力性。此外,为了适应城市道路的特点,还要求城市公交车操纵方便。长途客车要求有较高的行驶速度和较好的乘坐舒适性。通常,长途客车的座位宽大舒适,椅背倾斜可调,车门数目少,其他辅助设施齐全。为了适应旅游的需要,高级长途客车还配备卫生间和微型酒吧,汽车两侧下部设有较大空间的行李厢。

4. 汽车安全运行技术条件

(1) 机动车运行安全技术条件。

《机动车运行安全技术条件》(GB 7258—2017)是我国机动车技术标准体系的重要组成部分,也是机动车运行安全管理最基本的技术标准。该标准是新车注册登记检验、在用车安全技术检验、事故车辆检验鉴定的主要技术依据,同时也是新车定型强制性检验、新车出厂检验以及进口机动车检验的重要技术依据之一。

为了确保汽车安全行驶和运行可靠性,汽车必须符合《机动车运行安全技术条件》的相关规定。该标准中的主要技术条件包括:

① 机动车各零部件应完好,连接牢固,无缺损。

② 发动机应能启动,怠速稳定,机油压力和温度正常。发动机启动、燃料供给、润滑、冷却和进排气等系统的机件应齐全。柴油机停机装置应有效。纯电动汽车的电机系统应运转平稳。

③ 机动车的转向盘应转动灵活,无卡滞现象。转向节及臂,转向横、直拉杆及球销应连接可靠,且不应有裂纹和损伤,并且转向球销不应松旷。

④ 驻车制动应能使机动车即使在没有驾驶人的情况下,也能停在上、下坡道上。对于汽车列车和轮式拖拉机运输机组,如挂车与牵引车脱离,挂车应能产生驻车制动。

⑤ 机动车所装用轮胎的速度级别不应低于该车最大设计车速的要求。同一轴上的轮胎规格和花纹应相同,轮胎规格应符合整车制造厂的规定。轮胎负荷不应大于该轮胎的额定负荷,轮胎气压应符合该轮胎承受负荷时规定的压力。车架不应有裂纹及变形、锈蚀,螺栓和铆钉不应缺少或松动。

⑥ 车门和车窗应启闭轻便,不应有自行开启现象,门锁应牢固可靠。门窗应密封良好,无漏水现象。驾驶人座椅应具有足够的强度和刚度,固定可靠。

⑦ 机动车的排气污染物排放及噪声应符合国家环保标准的规定。

⑧ 灯光、信号、仪表和其他电气设备应配备齐全，工作正常、可靠。

该标准适用于我国道路上行驶的所有机动车。此处所指的"道路"包括公路、城市道路，以及虽然在单位范围内但允许社会机动车通行的地方，如广场、公共停车场等。

按照现行的机动车管理分类标准，汽车主要划分为载客汽车（乘用车与客车的统称）、载货汽车（简称货车）以及专项作业车（亦称专用作业车）三大类。此外，该分类标准还新增了包括公路客车、旅游客车、各类校车（如幼儿校车、小学生校车、中小学生校车及专用校车）、危险货物运输车、纯电动汽车、插电式混合动力汽车、燃料电池汽车、教练车、残疾人专用汽车以及特型机动车等在内的多项专业术语和明确定义。同时，对公共汽车、专项作业车以及轻便摩托车等既有术语和定义也进行了相应的更新和完善，旨在帮助标准使用者更加准确、清晰地理解并应用相关条款，明确其适用的主体范围。

（2）特殊条件下的汽车运行技术条件。

汽车在等外公路、危险渡口和桥梁上通行时，若遇到临时开沟、改线、水毁、塌方、冰坎翻浆等情况，则必须采取切实有效的技术措施，以确保行车安全。

此外，汽车驾驶员的操作水平对汽车零部件磨损、燃料经济性和污染物排放率有着显著影响。熟练的驾驶员在平路、下缓坡等有利条件下，通常会保持车速稳定或滑行状态，很少采取紧急制动。熟练的驾驶员不仅能确保汽车安全运行，还能将汽车行驶的技术速度提高 15%～20%，使汽车大修里程延长 40%～50%，并且在相同的交通和道路条件下，可节约燃料 20%～30%。

汽车维修费用占汽车运输成本的 15%～20%。然而，由于我国汽车配件质量不稳定，检验设备不足，诊断技术在控制汽车技术状况方面的应用尚未普及，这些直接导致了汽车维修质量低下，降低了汽车使用的经济效益。高水平的汽车维修标志是：汽车完好率达到 0.9～0.93，总成大修间隔里程较定额高出 20%～25%，配件消耗减少 15%～20%，燃料和润滑材料的消耗减少 20%～30%。

### 2.2.2 汽车的动力利用

分析汽车技术状况的变化规律可以得知，在汽车正常使用期间，其技术经济性能达到最佳状态。在此期间，研究如何合理使用车辆以最大化其经济效益，构成了汽车使用研究的重要部分。其中，最关键的研究内容是探讨如何全面发挥汽车的动力潜能。

为充分发挥汽车的动力，一方面应采取有效措施，提升汽车的平均技术速度；另一方面，应充分利用车辆的后备动力，通过拖挂或采用汽车列车的方式，增加其有效载质量。此外，通过改变货物的运输方式以及推进装卸作业的现代化，都能有效提高汽车发动机功率的利用效率。

1. 汽车平均技术速度

（1）汽车平均技术速度的概念。

汽车平均技术速度不仅能反映汽车动力性能，还能反映各种运行条件的影响。在运输生产的各种核算中，它是一个有实际意义的参数。

汽车平均技术速度等于总行驶里程与总行驶时间之比，即：

$$v_{平} = \frac{L}{T} \tag{2-4}$$

式中　$v_\text{平}$——汽车平均技术速度（km/h）；
　　　$L$——总行驶里程（km）；
　　　$T$——总行驶时间（h）。

总行驶时间包括与行驶条件有关的短暂停车时间，如在信号灯前、铁路与公路交叉道口、等待轮渡和会车时的停车时间。而其他非行驶相关的停车时间，如装卸货物、乘客上下车、途中排除故障和驾驶员用餐等，均不包括在内。

平均技术速度既不是汽车的实际行驶速度，也不是汽车的最大速度，而是一个计算值。它是汽车运输企业在制订运输工作方案时，计算生产率和成本的一个重要参数。

（2）影响汽车平均技术速度的因素。

汽车平均技术速度反映了驾驶员的技术水平、汽车技术性能与状况、道路条件、道路宽度、交通条件、运输生产组织以及载质量等多个方面的综合情况。以下是影响汽车平均技术速度的主要因素：

① 驾驶员的技术水平。驾驶员的技术水平主要体现在操作技能的熟练程度，对汽车技术状况、性能和结构原理的掌握程度，以及正确处理交通环境和各种情况的能力上。技术娴熟的驾驶员能够熟练操作汽车，深入了解汽车的技术状况、性能和结构，即使在复杂道路和交通条件下，也能保持安全驾驶。因此，技术娴熟的驾驶员有助于提高汽车平均技术速度。实践统计表明，驾驶员技术水平的差异可能导致汽车平均技术速度出现约10%的偏差。

此外，驾驶员的生理特性差异，如反应速度、视觉功能等，也会对汽车平均技术速度有显著影响。

② 汽车技术性能与状况。汽车技术性能主要包括牵引性能（涉及最大行驶速度和加速性能）、制动性能、操纵性能和稳定性能等方面。汽车的技术性能与状况会直接影响汽车平均技术速度。对于同一车型中的不同汽车，技术性能与状况较好的汽车，其平均技术速度通常较高。对于不同车型，性能更优越的汽车，在相同的行驶条件下，其平均技术速度也会较高。因此，在确定平均技术速度时，应当考虑到不同车型或同一车型汽车之间在技术性能与状况上的差异。

③ 道路条件。道路条件会显著影响汽车平均技术速度，其影响因素涵盖道路等级、道路宽度、照明条件、转弯半径、安全设施、坡度以及路面平整度等。在我国，三、四级公路占比较大，而一、二级公路相对较少。具体而言，三级公路在平原、微丘地带的平均技术速度为40～50 km/h，而在山岭、重丘地带则仅为30 km/h；四级公路在平原地区的平均技术速度为30～35 km/h，而在山岭地带则仅为20 km/h。

路面种类对汽车平均技术速度的影响如表2-2所示。

表2-2　路面种类对平均技术速度的影响

| 路面种类 | 对汽车平均技术速度的影响 |
| --- | --- |
| 路面状况良好的平坦沥青路 | 100% |
| 路面状况良好的条石路、碎石路、修整的土路 | 75%～80% |
| 路面磨损的条石路、碎石路、修整的土路 | 70% |
| 路面严重磨损的道路或土路 | 50% |

④ 道路宽度。在行车过程中，汽车常需应对对面来车或超车情况。在宽路上，两车交会时若侧向间距充裕，汽车可保持原速通过。但在狭窄路面上，驾驶员则需更加谨慎，需减速以确保行车安全。此外，路面平整度亦需考虑，以保证汽车在行驶中左右摆动时有足够的侧向安全距离。汽车间的侧向间距与安全速度成正比，即侧向间距越大，安全速度越高。不同车速下的侧向最小安全间距如表2-3所示。

表2-3 不同车速下的侧向最小安全间距

| 车速（两车车速相同）（km/h） | 侧向最小安全间距（m） | 车轮至路边的最小距离（m） |
| --- | --- | --- |
| 20 | 0.50 | 0.5 |
| 30 | 0.57 | 0.6 |
| 40 | 0.64 | 0.7 |
| 50 | 0.69 | 0.8 |
| 60 | 0.74 | 0.9 |
| 70 | 0.79 | 1.0 |
| 80 | 0.84 | 1.1 |
| 90 | 0.89 | 1.2 |
| 100 | 0.94 | 1.3 |

⑤ 交通条件。在市区，交通密度和交通量增大，将导致汽车间的速度差异减小，汽车平均技术速度随之降低。当交通量最大时，不同型号汽车的行驶速度趋于一致。当交通密度和交通量较低时，车辆可以自由选择速度，平均技术速度较高。

⑥ 运输生产组织。对于公共汽车，站距和停车站设置是关键因素；对于载货汽车，需要考虑运货性质、装载情况、拖挂情况、运距和货运组织方式等因素。短途运输因频繁停车，平均技术速度较低；长途运输的平均技术速度则相对较高。因此，合理组织运输对提升汽车平均技术速度至关重要。

⑦ 载质量。在汽车生产率一定的情况下，载质量越大，汽车平均技术速度越低。对小客车而言，载质量影响不大，但对载货汽车来说，满载与空车的平均技术速度可相差5%～10%。此外，单车比汽车列车的平均技术速度高。

过度增加载质量或超载会导致汽车加速性能下降，平均技术速度显著降低，并加剧发动机磨损，这种使用方式是不合理的。

（3）汽车平均技术速度的确定。

在分析影响汽车平均技术速度的各项因素后，我们可以发现，汽车平均技术速度是一个随机变量，难以精准确定。因此，在实际应用中，通常采用试运行的方法来测定汽车平均技术速度。在进行试验时，应尽量避免或减少与汽车结构无关的因素（如驾驶技术、道路条件和载质量等）对试验结果的影响，并根据这些条件的改善及时修正试验结果。

为了对不同型号的汽车进行对比，最好同时进行三组以上的汽车平均技术速度试验。此外，被试验的汽车应处于相同的技术状况和额定载荷下，并在同一道路、同一里程（100～150 km）内单独进行试验。每组汽车应至少包含三辆，并尽可能多一些，以减少驾驶技术对试验结果的影响。在试验后，计算每组汽车的平均技术速度，即可得到该类汽车的平均技术速度的平均值。

通过试运行和分析计算所确定的平均技术速度，能够反映当前汽车的实际水平，可用于修正经济数据和评价、比较不同车型的汽车或汽车列车。

（4）提高汽车平均技术速度的途径。

提高汽车平均技术速度的途径多种多样，主要包括以下几个方面：

① 提高驾驶员的素质和操作技能，使汽车经常在合理的工况下运行。通过试验可以明确看出，提高汽车平均技术速度与单纯追求高速行车是完全不同的。在行驶过程中，驾驶员要想提高汽车平均技术速度，应尽量减少停车次数，尽量保持匀速行驶。

② 提高汽车的技术性能。从使用角度来看，应采用现代诊断技术对汽车进行检验，及时进行维护，提高维护质量，保持汽车良好的技术状况。特别是要提高汽车的动力性能和行驶安全性，从汽车本身出发提高平均技术速度。

③ 加强公路的管理和工程建设。一方面要加强道路的管理和维护，完善路面标志、标线和信号等设施，有条件的可以采用电子模拟器实行交通系统管理；另一方面要改善现有道路状况，提高道路等级，加大路面宽度，改善弯道、坡度和视野条件，提高轮胎与路面之间的附着系数等。甚至在新建和改建高速公路等方面也要下功夫。在交通量大、交通密度高的繁华城市中，建立立体交叉专用车道对于提高汽车平均技术速度具有显著作用。

2. 汽车合理拖载

合理组织拖载运输，通过增加车轴数来组成汽车列车，是充分利用汽车动力、挖掘汽车潜力、提升汽车载质量、提高运输生产率并降低运输成本的有效途径。相较于单车，汽车列车不仅载质量更大、运输效率更高，而且能节约燃料，减少汽车制造成本和使用成本，同时对道路也没有更高的要求。此外，采用甩挂运输能够缩短汽车的装卸停歇时间，提高汽车出车时间的利用率。因此，在不需要大幅增加公路投资的前提下，可以显著提高车辆的载质量，进而提升公路运输的经济效益。我国多年拖载统计数据表明，汽车实施拖载后，运输效率提高了30%~50%，成本降低了30%~40%，燃料消耗量下降了20%~30%。显然，合理拖载具有极高的经济价值。

目前，我国公路运输的发展趋势是以重型汽车列车为主导，承担长距离运输任务。一些公路发达的国家也普遍采用这种运输组织形式，其经济运输距离通常在400 km以上。若能广泛采用汽车列车，将对发展公路运输、提高公路运输比重产生显著影响。

（1）组织拖载运输的可能性。

汽车发动机的功率利用程度主要取决于汽车结构、载质量和道路条件这三个因素。根据试验，一般汽车在规定载荷下行驶时，节气门开启程度低，功率利用率约为发动机最大功率的20%。特别是汽车在低速行驶时，发动机的功率利用率更低。例如，东风EQ1090型汽车载质量为5000 kg，拖载4500 kg，在平路上以正常车速35~45 km/h行驶时，仅利用了此时发动机最大功率的50%。因此，在单车运行时，汽车发动机通常处于部分载荷状态，保持着相当大的后备功率。

汽车的牵引力是衡量汽车牵引性能的重要指标。牵引力的大小与传动系统的传动速比、车轮的滚动半径、传动机械效率以及发动机的功率密切相关。因此，汽车的拖载能力通常用剩余牵引力来表示。

剩余牵引力是指发动机在额定转速下能够持续输出的最大功率与当前载荷所需功率之

间的差值。这个差值越大，说明汽车的拖载能力越强，即剩余牵引力越大。剩余牵引力的大小直接关系到汽车能否在满载或重载情况下依然保持出色的行驶性能。

由于我国道路技术条件的限制，汽车往往难以达到其设计的最高车速。为了确保行车安全和效率，中速行驶已成为普遍推荐的行驶方式。因此，在实际行驶中，汽车发动机提供的牵引力通常较为充足，而行驶阻力相对较小，这为利用发动机的后备功率进行拖载运输提供了理论和实践基础。

(2) 确定合理拖载质量。

在确定汽车合理拖载质量时，需要进行综合分析和研究。在确定拖载质量后，还需要监测实际运输过程中的效率、燃料消耗量、发动机磨损情况以及当地自然环境等因素。

① 汽车拖载质量确定原则。

A. 原则上，应确保拖载后的汽车仍能保持单车的大部分使用性能，或性能下降幅度不大。应确保直接挡成为常用挡位，直接挡（包括超速挡）的行驶时间占比应超过 60%，平均技术速度应不低于单车速度的 70%，并且最高车速不应低于单车的经济车速。

B. 在进行拖载运输时，汽车应在最大坡道上使用一挡起步，并尽量使用二挡通过（在特殊情况下可使用一挡）。

C. 应确保有足够的牵引力，同时避免牵引车的驱动轮打滑。

D. 在直接挡位下，应保持良好的加速性能。从起步到直接挡达到单车同等速度所需的加速时间，不应超过单车加速时间的两倍。这意味着在加速过程中，需要较大的剩余牵引力来克服加速阻力。因此，拖载质量不宜过重，以免严重降低加速能力和平均技术速度。

E. 拖载后的燃料消耗量应控制在原厂规定的单车燃料消耗量的 50% 以内。

F. 汽车列车的比功率（发动机功率与汽车列车总质量之比）是评价拖载后牵引性能的一个综合指标，其值应不小于 4.8 km/1000 kg。

G. 从道路条件和交通安全等角度出发，汽车拖载最好采用一车一挂的方式。对于牵引力较大的汽车，可以拖载吨位较大的挂车。

② 合理选择拖载质量。

合理选择拖载质量，不仅关乎运输的安全性与效率，还直接影响经济效益的发挥。一个合理的拖载质量，能够最大化地利用汽车的运输潜能，同时有效规避因超载或欠载所带来的安全隐患及成本损耗。

A. 依据制造厂的规定确定基础拖载质量。首先，选择拖载质量应参考汽车制造厂商提供的使用说明书。说明书详细说明了汽车的设计承载能力、性能参数以及推荐的最大拖载质量。例如，某些牵引车和挂车组合的制造厂会明确指出拖载质量的限制，以确保车辆在正常使用中的安全性和稳定性。

B. 考虑实际因素调整拖载质量。仅依赖制造厂的规定是不够的，在实际操作中，还需考虑以下因素：

a. 道路条件。不同类型和状况的道路以及交通量，都会影响汽车列车的行驶。在复杂或拥堵的路况下，应适当减少拖载质量以保障安全。

b. 气候条件。极端天气（如暴雨、大风或冰雪）会降低道路的摩擦系数和能见度，增加行车风险。在这些情况下，应进一步降低拖载质量。

c. 车辆性能。牵引车和挂车的动力、制动和悬挂系统性能决定了其拖载能力。确保所选拖载质量不超过车辆性能极限是防止车辆损坏和性能下降的关键。

C. 平衡运输效率与成本。在保证安全的前提下，适当增加拖载质量可以提高运输效率并降低成本。但是，过高的拖载质量会影响汽车的加速和制动性能，因此需要在安全与效率之间找到平衡点。

D. 遵守法律法规。必须确保所选拖载质量符合我国法律法规的规定，以避免因违规而引发的法律责任和经济损失。

总之，汽车合理拖载质量的选择是一个多因素交织的决策过程。需要综合制造厂商规定、实际道路和气候条件、车辆性能、运输效率与成本以及法律法规，进行全面的评估和权衡，以做出科学合理的拖载质量选择。这样的决策不仅确保了运输的安全和效率，还促进了经济效益的提升和交通运输行业的健康发展。

(3) 汽车拖载后对各总成的影响。

汽车拖载后与单车的工作情况不同，拖载后所需发动机的输出功率增大，传动机构所传递的扭矩也相应增加，起步时间增加，行驶中因冲击、摇摆和振动造成的交变负荷也较大。因此，汽车各总成机件的磨损加剧，大修间隔里程显著缩短，汽车使用寿命降低。

① 对发动机使用寿命的影响。汽车拖带挂车后，发动机的功率利用率提高，节气门的开度增大，气缸充气量增加，气体的燃烧压力增大，从而使发动机输出较大的功率和扭矩。由于进入气缸的混合气量增多，燃烧后发出的热量增加，气缸壁、活塞、燃烧室和气门的温度均大幅上升。

在炎热季节或爬坡行驶时，汽车低挡运行时间延长，发动机温度升高，导致润滑油黏度下降，润滑条件恶化，进而加剧曲轴连杆机构零件的磨损，特别是气缸壁、活塞和活塞环的磨损。另外，发动机长期处于重负荷工况，较高的气体压力将加速曲轴连杆颈、主轴颈以及轴承的磨损。

除发动机工作温度和气体压力的影响外，汽车拖载后单位行驶里程的曲轴转数也比单车工作时增加，进一步加快发动机磨损。同时，曲轴总转数的增加还会影响其他机件的磨损，例如分电器触点和火花塞电极的工作次数增多，导致其磨损加剧。

② 对传力机件使用寿命的影响。汽车拖载后，由于拖载质量增加，起步阻力相应增大。

单车起步时，离合器接合时间通常为 0.5～2.0 s，而牵引挂车时需延长至 5 s，有时甚至更长。此时，接触机件的相对滑转时间增加了 2～3 倍，容易导致离合器摩擦片因温度升高而加速磨损。

传力机件（如变速器、万向传动轴、主减速器和差速器）因传递功率和扭矩增大，齿轮、齿槽及轴承承受的压力也随之增加。齿轮啮合间隙与工作面的配合精度要求比单车工况更高，否则易造成齿轮异常磨损。此外，由于汽车在中间挡位行驶时间延长，变速器二、三挡齿轮的磨损更为显著。

拖载起步时，扭转力矩的剧烈波动会使传力机件承受更强的冲击负荷，从而缩短其使用寿命。例如，解放 CA1091 型汽车的载重从 4 t 增至 5 t 时，传动轴的最大附着扭矩提高了 15%。冲击负荷的增加还会加剧万向节、传动轴伸缩节以及万向节凸缘连接螺栓的损坏。

③ 对车架和行走机构使用寿命的影响。汽车拖载后，在起步、换挡、急剧加速及不平道路行驶时，牵引钩上的交变载荷增大。这些冲击力使车架纵梁与横梁承受额外应力，导致车架产生裂纹及紧固连接部分松动。起步加速时的冲击力会使钢板弹簧的反应扭矩和纵向推力增大，尤其容易引起后悬挂连接螺栓的松动。

增载增拖（在额定运输能力基础上增加主车和挂车的载质量）试验表明，解放CA1091型汽车的载重从4 t增至5 t后，钢板总成的弯曲疲劳寿命降低28.7%，副钢板弹簧总成平均弯曲疲劳寿命降低46%。超载工况下常发生钢板弹簧成垛断裂现象。此外，由于拖载后牵引力增加，主动车轮打滑次数增多，轮胎磨损较单车工况更为严重。

④ 对制动系统使用寿命的影响。汽车总质量增加导致制动距离延长，特别是在山区公路行驶时，制动器使用时间长、工况恶劣、制动强度增大，致使制动摩擦片使用寿命缩短（约5000 km）。因此，汽车使用单位应加强对制动器及驱动机构的技术状况检查，做好调整和润滑作业，以确保汽车获得最佳制动效能。

由于上述因素的影响，汽车拖载后的使用寿命和大修间隔里程均会明显缩短。研究数据表明，增载增拖前后的使用寿命比约为1∶0.95。

以东风EQ1090车型为例，正常单车工况下大修间隔里程为$18\times10^4$ km，拖载后降至$15\times10^4$ km；当拖载质量超过18.5 t时，大修间隔里程进一步缩短至$12.8\times10^4$ km。

（4）汽车拖载后的驾驶特点。

汽车拖载后，总质量增加和列车外部尺寸变化导致起步阻力和行驶阻力增大。拖载后，汽车的技术性能有所下降，表现为加速能力、爬坡能力、制动能力以及机动性和行驶稳定性均有所降低。这些变化要求驾驶员必须调整驾驶操作方式，若操作不当，极易引发事故。此外，出车前需特别注意安全检查，包括挂钩连接状态及其他保险设施的完好性。

① 起步。起步前应更加重视发动机的预热升温。因拖载后发动机的负荷增大，若未充分预热即起步，发动机将在较重的负荷下工作，尤其在寒冷季节会显著加剧发动机的磨损并增加燃料消耗量。由于起步阻力增大，离合器接合时间需适当延长。操作时应缓慢抬起离合器踏板，当感觉到离合器承受负荷且汽车牵引钩拉紧时，再逐渐加大节气门开度，同时继续以更缓的速度抬起离合器踏板。切忌起步过猛，以免造成机械冲击或熄火。冬季拖载起步后，最初2～3 km应低速缓行，待传力机件和挂车行路部分的润滑油与润滑脂升温后，方可转为中速行驶，避免因负荷过大加剧机件磨损。夏季炎热时，需防止发动机温度过高，确保冷却系统效能，维持发动机正常工作温度。

② 加速。拖载后换挡加速的时间应比单车适当延长。由于拖载后行驶阻力增大，若不加大节气门开度，车速提升较慢，易导致换挡困难。此外，拖载时发动机后备功率降低，逐级换挡所需的加速时间和距离比单车更长，且高速挡尤为明显。操作时需保持耐心，必须在发动机转速稳定在1000～1200 r/min时才能换挡。换挡动作应及时或稍许提前，否则可能因发动机负荷过大而熄火。同时，应避免急加速，以防传力机件和连接部分受损。

③ 上坡。拖载汽车的爬坡能力较单车显著下降。驾驶员应充分了解拖载汽车的爬坡能力，避免在上坡途中停车，否则坡道起步时易引发驱动轮打滑或机械冲击。当通过短而不陡、视线良好的坡道时，可提前加速，利用惯性通过。当通过长而不陡的坡道时，需及时或稍提前换挡。若对动力估计不足，未及时降挡，可能导致发动机过载熄火，甚至损坏

传力机件,严重时会造成车辆倒退或倾覆。当通过短而陡的坡道时,由于重心后移,前轴负荷减小,操纵难度增加。需注意,当主车越过坡顶而挂车仍在上坡时,应继续加速,待挂车完全通过坡顶后再松抬加速踏板并换入高速挡。在冰坡道上行驶时要特别注意,避免中途换挡,否则极易导致车轮打滑、车辆倒退下滑(俗称"坐电梯"),引发事故。

④ 下坡。下坡行驶时,由于重力作用,挂车会向前推压,导致加速度增大、稳定性变差。因此,应根据坡道的长度和陡缓程度提前换入低速挡,利用发动机和制动器相互配合控制车速,缓慢下坡。对于长坡,制动器使用时间不宜过长,以免制动鼓过热导致制动失灵,尤其要避免使用紧急制动。上、下坡途中的加、减挡可根据坡度情况越级换挡,以满足道路对动力的需求。

⑤ 转弯。拖载汽车的机动性比单车差,转弯时挂车不会完全跟随牵引车轨迹行驶,会产生向心位移,导致转弯宽度增大。当通过直角弯或 S 形弯时,挂车的位移和摆动容易使车轮掉沟或碰撞路旁物体。因此,应在转弯前 100 m 以外降低车速(一般平路可减速滑行),并充分利用道路宽度,选择合适的转弯角度缓慢通过。转弯时应尽量避免使用制动。

⑥ 会车。拖载汽车在会车时,需注意防止挂车侧向摆动造成碰撞。特别是双方均为拖载车时,会车前应靠右减速,交会时稍加速,使主车与挂车连接装置保持拉紧状态,确保直线行驶。在傍山险路会车时,应选择安全地段停车避让。

⑦ 倒车。拖载汽车的倒车操作与单车不同,转向盘的转动方向相反。若倒车时出现折叠现象,应停车向前行驶拉直后,再重新倒车。

⑧ 制动。拖载汽车的制动距离较长,且主、挂车制动同步性较差,牵引装置连接部位易受撞击,因此制动应均匀柔和,避免过猛,尽量减少制动次数。在冰雪、泥泞等湿滑路面行驶时,更应提前降低车速,尽量避免紧急制动。挂车应配备制动装置,最好采用全轴制动。若挂车总质量超标且无制动装置,主车制动时,主制动器难以承受挂车的全部惯性,极易引发事故。

(5) 使用拖载汽车时应注意的问题。

① 拖载质量不得超过最大允许载质量。

② 技术状况不良的汽车(二级或二级以下车况),不应组织拖载。

③ 新车或大修车在走合期及走合 1000 km 内,不应组织拖载。

④ 汽车空载时不得拖带重载挂车。

⑤ 驾驶操作不熟练的驾驶员不得驾驶带挂汽车。

⑥ 应在道路条件良好的路段上组织拖载,路况差的不宜拖载。

⑦ 额定载质量 4 t 以上的汽车适宜组织拖载,额定载质量 4 t 以下的轻型汽车可视情况组织拖载。

3. 货物集装化和装卸机械化

采用货物集装化和装卸机械化是提高汽车运输效率、降低运输成本的重要措施。

(1) 货物集装化。

货物集装化通常采用集装箱运输方式。集装箱运输是指将货物装入集装箱后由汽车载运的一种运输组织形式,具有安全、迅速、简便、节约等特点,主要表现在:

① 便于实现装卸机械化,提高装卸效率,从而提升汽车利用率和运输效率。

② 提高运输生产率，缩短货运周期。
③ 减少货物倒装等中间环节，降低货损、货差，保障运输质量。
④ 节省包装和仓储费用，有效控制运输成本。

由于集装箱运输的经济效益显著，自 20 世纪 60 年代以来，集装箱运输得到迅速发展。

① 集装箱的种类。随着集装箱运输的国际化发展，为促进国际流通，国际标准化组织制定了集装箱标准规格，共三个系列十三种规格。

按制造材料分类，可分为铝合金集装箱、钢制集装箱和玻璃纤维增强材料集装箱。各类集装箱在箱容、自重和使用寿命方面存在差异。按使用用途分类，可分为通用集装箱、保温集装箱、框架集装箱和散货类集装箱，如图 2-8 所示。其中，使用最多的是通用集装箱，占集装箱总数的 70%～80%。

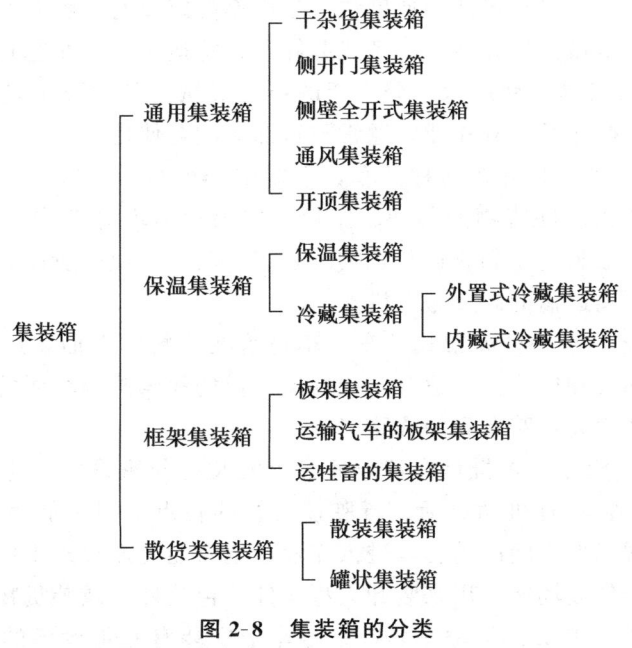

图 2-8 集装箱的分类

② 集装箱运输车的种类。集装箱运输车通常可分为自装卸式集装箱运输车、可拆卸式集装箱运输车和常规集装箱运输车。

自装卸式集装箱运输车配备起重运输机械，使车辆兼具自装卸和运输双重功能。可拆卸式集装箱运输车在集装箱运达目的地后，可在原地用支腿将集装箱支起，使车辆退出原来所载运的集装箱，而转入下一项运输任务。常规集装箱运输车是陆上集装箱运输最普遍的形式，它包括集装箱专用运输车和通用型集装箱运输车两种。

集装箱专用运输车的结构简单，仅由两根纵梁以及用于安装定位锁止装置的横向臂组成，因此又称骨架车、底盘车。车架上平面不设底板，不能装载其他货物。它在整个集装箱运输车中所占比例最大。通用型集装箱运输车是在普通车辆的基础上，加装定位锁止机构改装而成的集装箱运输车。它可以装载其他货物，适用于集装箱业务不充沛或季节性强的场合。

此外，根据基础车的不同，集装箱运输车可分为集装箱单车、集装箱半挂汽车列车、集装箱全挂汽车列车和集装箱双拖载汽车列车等。

（2）装卸机械化。

在货物运输过程中，装卸工作占有很大比重。装卸作业时间对运输车辆的生产率和成本影响较大，运距越短，这种影响就越明显。

实现机械化装卸，可以加速装卸过程，提高运输效率，节约劳动力和改善劳动条件，进而缩短车辆装卸停歇时间，降低运输成本。

① 装卸机械化的种类。

装卸机械根据其工作特点，可分为间歇作业的装卸机械、自装卸运输车和连续作业的装卸机械等类别。

A. 间歇作业的装卸机械。这类机械的工作特点是周期性的，即工作行程和空回行程是周期性进行的。它具有机动灵活、速度快、生产率高以及对货物和场地的适应性强等优点。间歇作业的装卸机械包括装载机、叉式装卸车、跨运车和汽车起重机。

a. 装载机。装载机是一种用途十分广泛的铲装机械。其主要工具是铲斗，用它可对散装货物进行铲装、搬运及卸载作业，通常与自卸车配合使用。

b. 叉式装卸车。叉式装卸车简称叉车，主要用于车站、港口、机场、仓库、工厂及货场等，进行成件或集装件货物的装卸、搬运、堆码和拆垛等工作。换装其他工作属具后，叉车还可以用于散装货物和非包装货物的装卸、搬运作业。所以叉车是实现货物机械化装卸、堆垛和短距离运输的高效搬运机械。

c. 跨运车。跨运车是一种高架式叉车，车身跨在物料的上面，用夹具夹持、提起或托起物料进行搬运和装卸作业。它适合露天堆场、货场和码头等场所的机械化作业。跨运车可分为通用跨车、集装箱跨车和门式跨车等。

d. 汽车起重机。汽车起重机是在汽车底盘上安装有起重设备，能完成吊装任务的汽车，通常称为吊车。它具有机动灵活、行驶速度快的特点，但不能吊挂重物做长距离运行。它可以快速实现工地之间的转移，进入作业场地后能迅速投入工作，因此特别适用于流动性大、不固定的作业场所，用来装卸大型零件、包装件、散装货物和建筑构件等。

B. 自装卸运输车。自装卸运输车是在运输车上安装有起重设备的一种车辆，通常有随车起重机运输车和集装箱自装卸运输车两种。

随车起重机体积小、质量小、结构简单而紧凑、操作简便。它适用于起重量小、起升高度不大、作业范围较窄的场所。随车起重设备一般安装在驾驶室与车厢之间的车架上，其支腿也应安装在此部位，以便使支腿尽可能直接承受起重作业负荷。

C. 连续作业的装卸机械。连续作业的装卸机械是一种能连续实现供料、传送和卸料的机械，如圆盘式装货机、蟹爪式装货机和斗轮式装货机等。它具有结构简单、生产率高、机动灵活和维修方便等特点。它适用于一些货源较固定和货物数量较大的货场，如车站、机场、码头、仓库、建筑工地以及工矿企业等。

② 装卸机械化方案的选择。

实现装卸机械化的目的是提高装卸效率和运输效率，降低运输成本。但在实际工作中，必须根据具体情况，选择合适的装卸机械化方案，尽可能提高运输的经济效益。在选择装卸机械化方案时，主要应考虑装卸机械化的程度、装卸货物的种类、装卸机械生产率与运输生产率的适应性、完成装卸作业的工作条件以及装卸机械的投资和包括装卸成本在内的运输成本。

A. 装卸机械化的程度。装卸机械化的程度是指对装卸作业的要求情况,如大型机械化或小型机械化、全盘机械化或部分机械化,这将影响装卸机械的选择。

B. 装卸货物的种类。装卸货物的种类包括散装货物、集装箱和特大件货物等。货物不同,选择的机械也不同。

C. 装卸机械生产率与运输生产率的适应性。装卸机械的生产率必须与运输车辆的生产率相适应,否则会造成装卸机械停歇或运输车辆的等待,使运输成本增加。

D. 完成装卸作业的工作条件。完成装卸作业的工作条件包括货场或中转站的平面布置、货物存放地点到装卸地点的距离、装卸场地的大小、集装箱的堆放方法、装卸机械的动力来源等。不同的工作条件所适用的装卸机械不同。

E. 装卸机械的投资和包括装卸成本在内的运输成本。在选择装卸机械时,除了要考虑装卸机械的实用性外,还要考虑装卸机械的投资大小与装卸成本的高低,它们将直接影响汽车运输成本的高低。所以,运输成本是选择装卸机械的综合依据。

③ 装卸机械使用效能的评价指标。

除运输成本外,装卸机械使用效能的评价指标还包括装卸工人生产率、装卸机械生产率、装卸机械投资额、装卸工作成本、节约额、原始投资偿还期和装卸工作连续时间等。

### 2.2.3 汽车运用效率

提高汽车的运输生产率是提高汽车运输经济效益的直接途径。而提高汽车的运输生产率也就是提高汽车的运用效率。

1. 运输能力评价

汽车运输能力是公路运输统计指标的重要组成部分,是交通行业调整运力的主要依据。

(1) 旅客运输量。

"客运量"与"旅客周转量"统称为"旅客运输量"。

① 客运量:在报告期内实际运送的旅客人数。其计算单位为 p(人)。

在计算客运量时,不管旅客行程的长短或客票票价多少,每位乘客均按1人计算。不足购票年龄免购客票的儿童,不计入客运量。

② 旅客周转量:在报告期内实际运送的每位旅客乘以乘车里程的累计综合数。旅客乘车的里程应以客票票面记载的起、止地点的距离为计算依据。其计算单位为 p·km(人·千米)。

(2) 货物运输量。

"货运量"与"货物周转量"统称为"货物运输量"。

① 货运量:在报告期内实际运送的货物质量。一般以货票记载的货物实际质量为计算依据。其计算单位为 t(吨)。

在计算货运量时,不论货物运距的长短或货物种类如何,只要是办理运输手续并收取运费的,每运送1t即计算1t货运量。

② 货物周转量:在报告期内实际运送的每批货物质量分别乘以其运送里程的累计综

合数。货物运送里程应以货票记载的起运和卸货地点之间的距离为计算依据。其计算单位为 t·km（吨·千米）。

（3）货物（旅客）平均运距。

它是指在报告期内实际运送的货物或旅客的平均距离。计算公式为：

$$货物（旅客）平均运距 = \frac{货物周转量（旅客周转量）}{货运量（客运量）}（km） \tag{2-5}$$

2. 车辆利用评价

车辆利用评价主要是指时间、行程、速度、装载能力和动力等方面的利用程度。

（1）时间利用评价。

提高汽车的时间利用率，也就是增加汽车参加运输工作的时间，这是提高汽车运用效率的一个重要方面。为了评价汽车时间利用率的高低，各国汽车运输业都设置了一些技术经济指标，这些指标名称各异，计算方法也不尽相同。我国汽车运输业用来评价汽车时间利用程度的指标主要有完好率、工作率、出车时间利用率和昼夜时间利用率。

① 完好率。汽车的完好率是指汽车的完好车日占总车日的百分比，即：

$$完好率 = \frac{完好车日}{总车日} \times 100\% = \frac{总车日 - 非完好车日}{总车日} \times 100\% \tag{2-6}$$

总车日是指运输企业在统计期内每天实际保有的营运车辆数的累计，即：

$$总车日 = 营运车辆数 \times 统计期天数 \tag{2-7}$$

完好车日是指统计期内技术状况完好，不需要进行维修就可以随时出车执行运输任务的营运车辆的车日累计，即：

$$完好车日 = 总车日 - 非完好车日 \tag{2-8}$$

非完好车日是指统计期内，需要进行维护、修理或正在维修，以及已申请报废等待审批的营运车辆所占的车日。

影响完好率的因素主要有汽车的技术性能、汽车的使用情况、维修的组织和维修质量、汽车报废处理的及时程度等。

② 工作率。汽车的工作率是指统计期内工作车日占总车日的百分比，用以表示总车日内车辆的利用程度，即：

$$工作率 = \frac{工作车日}{总车日} \times 100\% = 完好率 - \frac{停车车日}{总车日} \times 100\% \tag{2-9}$$

在完好车日中，实际参加营运工作的车日，称为工作车日。一般情况下，一辆车出车一天，叫作一个工作车日。一天内只要出车工作过，不论时间长短，都计为一个工作车日。在完好车日中，由于缺少燃料、轮胎、驾驶员或缺乏货源以及道路堵塞、气候条件不好等原因而造成车辆停驶的车日称为停车车日。

影响汽车工作率的因素除汽车的完好率及天气、道路方面的原因外，主要是运输工作的组织管理水平。

③ 出车时间利用率。出车时间利用率（亦称工作时间利用率）是指统计期内车辆的纯运行时间占出车时间的百分比，即：

$$出车时间利用率 = \frac{纯运行时间}{出车时间} \times 100\% \tag{2-10}$$

出车时间是车辆自出库到回车库所用的时间,出车时间按车辆用途分为纯运行时间和停歇时间。纯运行时间为车辆载货（客）及空驶运行的时间,停歇时间为办理技术业务、商业业务及装卸货（乘客上、下车）等停车时间。

影响出车时间利用率的因素主要有运输工作的组织管理水平及装卸机械化水平。

④ 昼夜时间利用率。昼夜时间利用率是指工作车辆平均每日出车时间占昼夜时间的百分比,即：

$$昼夜时间利用率 = \frac{平均工作车日出车时间}{24} \times 100\% \qquad (2-11)$$

工作车日昼夜时间以 24 h 计,其中包括出车时间（纯运行时间和停歇时间）和驾驶员休息、用餐等时间。

影响昼夜时间利用率的因素主要是运输工作的组织管理水平。例如,货源的合理组织、合理调度、采用多班制等都有利于提高昼夜时间利用率。

(2) 行程利用评价。

汽车的行程利用指标通常用行程利用率来表示。行程利用率是指统计期内车辆载货（客）行程占车辆总行程的百分比,即：

$$行程利用率 = \frac{车辆载货（客）行程}{车辆总行程} \times 100\% \qquad (2-12)$$

车辆总行程是指车辆在统计期内所行驶的全部里程,车辆载货（客）行程是指车辆载有货或客（不论是否满载）时行驶的里程,而车辆未载货或未载客时的行程为空车行程。

影响行程利用率的因素主要有货（客）源的分布及组织工作、运输的计划调度工作以及车辆对不同运输对象的适应能力等。

(3) 速度利用评价。

提高汽车的时间利用率,可以增加汽车实际运行的时间。但在相同的运行时间和运输条件下,汽车的运输生产量取决于汽车的速度。因此,充分发挥汽车的速度性能,提高运输速度,是提高汽车运用效率的又一个重要方面。

汽车的速度利用指标主要有汽车平均技术速度、营运速度、运送速度和平均车日行程等。

① 汽车平均技术速度。汽车平均技术速度是指统计期内按纯运行时间计算的汽车平均速度,即：

$$汽车平均技术速度 = \frac{总行程}{运行时间} \text{（km/h）} \qquad (2-13)$$

影响汽车平均技术速度的因素主要有汽车的结构性能、道路与交通状况、驾驶技术水平、气候条件及运输组织等。

② 营运速度。汽车的营运速度是指统计期内按出车时间计算的汽车平均速度,即：

$$营运速度 = \frac{总行程}{出车时间} = 出车时间利用率 \times 汽车平均技术速度 \text{（km/h）} \qquad (2-14)$$

营运速度反映车辆在出车时间内有效运转的快慢。其影响因素主要有出车时间利用率和汽车平均技术速度。

③ 运送速度。汽车的运送速度是指统计期内货（客）在运输过程中的平均速度,即：

$$运送速度 = \frac{运送总里程}{承运时间} \text{ (km/h)} \tag{2-15}$$

运送速度在一定程度上反映了车辆的运用效率及运输组织工作的水平。其影响因素除汽车平均技术速度外，还有货物装卸效率和客运组织工作水平，也就是出车时间利用情况。

④ 平均车日行程。平均车日行程是指统计期内平均每个工作车日所行驶的里程，即：

$$平均车日行程 = \frac{总行程}{工作车日} \text{ (km)} \tag{2-16}$$

影响平均车日行程的主要因素是汽车平均技术速度和汽车的时间利用程度。

从上述指标中可以看出，提高汽车速度利用的关键是提高汽车平均技术速度。

（4）装载能力利用评价。

汽车装载能力利用的评价通常采用车辆的吨（座）位利用率和实载率两个指标来表示。

① 吨（座）位利用率。吨（座）位利用率是指统计期内车辆实际完成的运输周转量与额定吨（座）位所能完成的周转量之比。它反映了车辆额定吨（座）位的利用程度，即：

$$吨（座）位利用率 = \frac{实际完成周转量}{载货（客）行程 \times 额定吨（座）位} \times 100\% \tag{2-17}$$

影响车辆吨（座）位利用率的因素主要有货（客）源的充足程度，货物的种类、特性、包装及尺寸，运输的组织工作及车辆的适应性等。

② 实载率。实载率是指统计期内车辆实际完成的货物（旅客）周转量与总行程额定周转量的百分比，用以综合反映车辆行程利用和装载能力的利用情况，即：

$$实载率 = \frac{实际完成周转量}{总行程额定周转量} \times 100\% = 行程利用率 \times 吨（座）利用率 \tag{2-18}$$

从计算式中可以看出，实载率是车辆行程利用率与吨（座）位利用率的综合反映。实载率的影响因素也是这两个指标影响因素的综合。

（5）动力利用评价。

车辆的动力利用程度可以用拖运率来评价。拖运率是指统计期内挂车所完成的周转量与主、挂车合计的周转量之比，用以评价车辆动力的利用率，即：

$$拖运率 = \frac{挂车完成的周转量}{主车完成的周转量 + 挂车完成的周转量} \times 100\% \tag{2-19}$$

影响车辆动力利用的因素是多方面的，主要有车辆动力性能、道路条件和驾驶员技术水平等。

3. 车辆综合运用评价

反映车辆综合运用效率的评价指标主要有单车产量、车吨（座）位产量、车千米产量等。

① 单车产量。单车产量是指统计期内平均每辆车所完成的换算周转量（t·km 或 p·km）。单车产量综合反映了汽车的运用效率。单车产量有主、挂车分别计算和主、挂车综合计算两种计算方法。

主、挂车分别计算的公式为：

$$单车产量 = \frac{自载换算周转量}{平均车数} \tag{2-20}$$

主、挂车综合计算的公式为：

$$车产量 = \frac{主、挂车换算周转量合计}{平均车数} \tag{2-21}$$

影响单车产量的因素主要有汽车在时间、行程、速度和装载能力等方面的利用程度。

② 车吨（座）位产量。车吨（座）位产量是指统计期内平均每吨（座）位所完成的换算周转量（t·km 或 p·km）。它反映汽车每个吨（座）位运用情况的综合效率，有主、挂车分别计算和主、挂车综合计算两种方法。

主、挂车分别计算的公式为：

$$单车吨（座）位产量 = \frac{自载换算周转量}{平均车数} \tag{2-22}$$

主、挂车综合计算的公式为：

$$车吨（座）位产量 = \frac{主、挂车换算周转量合计}{平均车数（主车）} \tag{2-23}$$

影响车吨（座）位产量的主要因素除车辆技术性能、道路条件、气候条件等外，还有车辆在时间、行程、速度、装载能力、拖挂能力等方面的利用程度。

③ 车千米产量。车千米产量又称载运系数，是指平均每车每千米所完成的运输量，即：

$$车千米产量 = \frac{完成的换算周转量}{同期车辆总行程} \tag{2-24}$$

影响车千米产量的因素主要有车辆行程、装载能力、拖挂能力的利用程度。

从上述指标中可以看出，影响汽车综合运用效率的因素，除车辆性能、道路条件、气候条件外，主要是车辆在时间、行程、速度和运载能力方面的利用程度。只有提高车辆在这些方面的利用程度，才可以提高汽车的运用效率。

4. 车辆主要技术经济定额

汽车运输业应建立的主要技术经济定额有六项：行车燃料消耗定额、轮胎行驶里程定额、车辆维护和小修费用定额、车辆大修间隔里程定额、发动机大修间隔里程定额和车辆大修费用定额。

① 行车燃料消耗定额。行车燃料消耗定额是指汽车每行驶百千米或完成百吨千米周转量所消耗燃料的限额。根据《载货汽车运行燃料消耗量》（GB/T 4352—2022）和《载客汽车运行燃料消耗量》（GB/T 4353—2022）规定，按车型、使用条件、载质（客）量和燃料种类分别制定。

② 轮胎行驶里程定额。轮胎行驶里程定额是指新胎从开始装用，经翻新到报废的总行驶里程的限额。按车型、轮胎种类和使用条件分别制定。

③ 车辆维护和小修费用定额。车辆维护和小修费用定额是指车辆每行驶一定里程，维护和小修耗用的工时和燃料费用的限额。按车型和使用条件分别制定。

④ 车辆大修间隔里程定额。车辆大修间隔里程定额是指新车到大修，或大修到大修之间所行驶里程的限额。按车型和使用条件分别制定。

⑤ 发动机大修间隔里程定额。发动机大修间隔里程定额是指新发动机到大修，或大修到大修之间所使用的里程限额。按发动机型号分别制定。

⑥ 车辆大修费用定额。车辆大修费用定额是指车辆大修所消耗工时和物料费用的限

额。按车型分别制定。

5. 车辆主要技术经济指标

汽车运输业应建立的主要技术经济指标有七项：完好率、车辆平均技术等级、车辆二级维护实施率、车辆维护返工率、车辆新度系数、小修频率和轮胎翻新率。

① 完好率。车辆的完好率是指车辆的完好车日占总车日的百分比（详见本书第2.2.3节）。

② 车辆平均技术等级。车辆平均技术等级是指所有运输车辆技术状况的平均等级。

③ 车辆二级维护实施率。车辆二级维护实施率是指实际完成的二级维护车辆数与按维护周期应完成的二级维护车辆数之比，即：

$$车辆二级维护实施率 = \frac{实际完成的二级维护车辆数}{计划完成的二级维护车辆数 - 计划变更的二级维护车辆数} \times 100\% \quad (2-25)$$

④ 车辆维护返工率。车辆维护返工率是指车辆维护出厂之后，维护返工辆次占维护竣工总辆次的百分比，即：

$$车辆维护返工率 = \frac{维护返工辆次}{维护竣工总辆次} \times 100\% \quad (2-26)$$

⑤ 车辆新度系数。车辆新度系数是综合评价运输单位车辆新旧程度的指标。计算公式为：

$$车辆新度系数 = \frac{年末单位全部运输车辆固定资产净值}{年末单位全部运输车辆固定资产原值} \times 100\% \quad (2-27)$$

车辆固定资产原值是指购置车辆支付的费用，车辆固定资产净值是指车辆原值减去累计折旧费后的余额。

⑥ 小修频率。小修频率是指每千米发生小修的次数（不包括各级维护作业的小修）。

⑦ 轮胎翻新率。轮胎翻新率是指统计期内经过翻新的报废轮胎数占全部报废轮胎数的百分比。

## 学习训练

1. 合理配置车辆的标志有哪些？
2. 为获得良好的汽车运用效果，道路必须满足哪几项要求？
3. 我国公路等级是如何划分的？
4. 汽车在高速公路上行驶的安全条件有哪些？
5. 机动车运行的安全技术条件有哪些？
6. 车辆的完好率、工作率和时间利用率有何关系？
7. 车辆综合运用效率的评价指标有哪些？
8. 汽车运输业应建立的主要技术经济定额和指标有哪些？
9. 驾驶技术和道路条件对汽车平均技术速度有何影响？
10. 提高汽车平均技术速度的途径有哪些？
11. 为了提高汽车平均技术速度，是否必须高速行驶？为什么？
12. 汽车拖载后对各总成有何影响？

13. 汽车拖载使用中应注意哪些问题?
14. 货物集装化运输有哪些优点?

## 任务报告

| 任务 2：汽车运用评价 ||
|---|---|
| 1. 接受任务（10 分） | 得分： |
| 以小组为单位进行探讨，分析高速公路使用条件与事故因素，完成任务报告。 ||
| 2. 信息收集（40 分） | 得分： |
| (1) 分析高速公路的使用条件。<br>(2) 分析哪种因素是影响高速公路行车安全的主要因素。<br>(3) 分析哪类事故是高速公路交通事故的典型。<br>(4) 分析高速公路事故因素。 ||
| 3. 任务解答（50 分） | 得分： |
| 使用条件 | 事故因素分析 |
|  |  |
|  |  |
|  |  |
|  |  |
| 评价 | 任务得分： |

## 任务3
# 新车启用

## 任务3　新车启用

### 📝 任务导入

客户王先生于日前购买了一台红旗牌新车，汽车4S店内的销售人员欲说服王先生在店内办理新车上牌、保险和启用等业务。王先生对这部分服务不太熟悉，存在一定困惑，请你结合新车启用流程和内容，帮助王先生解答困惑。

### 📝 知识目标

（1）熟知新车落户程序。
（2）掌握汽车税费的办理。
（3）掌握新车的验收和启用，以及汽车召回制度。

### 📝 能力目标

（1）能够制定新车落户、车辆登记程序。
（2）能够明确汽车税费包括的具体内容。
（3）能够对新车进行检查和验收。

### 📝 素质目标

（1）培养学生团队精神、奋斗精神和爱国情怀。
（2）培养学生主动服务的意识和精益求精的职业精神。

## 3.1　新车落户手续的办理

### 3.1.1　新车落户程序

**1. 新车落户的基本流程**

车辆从选购到投入使用需要多项程序，如图3-1所示。目前，一些汽车交易市场都设立了"一站式"办理机构，所有手续都可以在交易市场内办理。

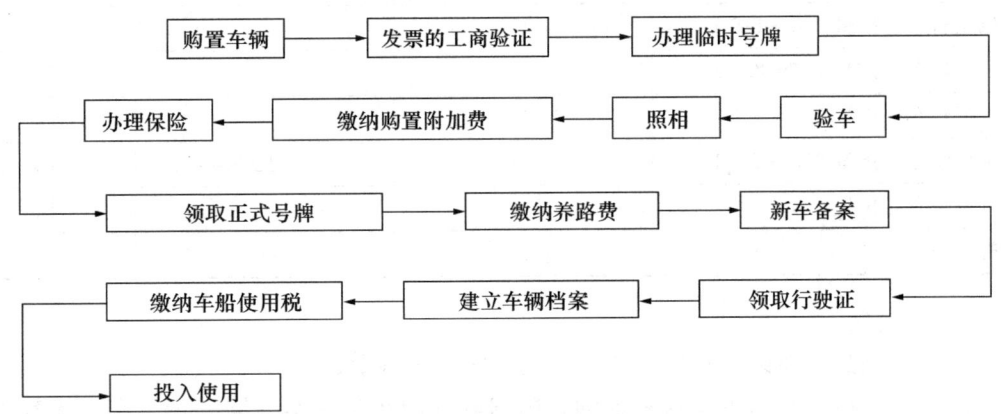

图3-1　新车落户流程

## 2. 新车落户的重要操作步骤

（1）发票的工商验证。

在购车后，购车者需要向车辆销售单位索要发票，再到工商管理部门所属的机动车市场管理所办理验证手续，并在发票上加盖验证章。

（2）办理临时号牌。

在购车后、提车前，必须办理临时号牌，否则不允许上路行驶。若新购置的车辆用火车或汽车载运，不在路上行驶，则无须办理临时号牌。

（3）验车。

新车要领取正式号牌，须到当地车辆管理所指定的检测站，对车辆的性能进行检测。检测合格后，由驻站民警在检测站填发的机动车登记表上签字。这是一道必不可少的程序。作为车主，验车时须带齐的材料包括车主所在单位或街道办事处的介绍信、车主身份证、购车发票、车辆合格证及车辆照片4张。

（4）缴纳各种税费。

汽车作为高档消费品，车辆的所有者和使用者必须按国家和有关部门的规定缴纳各种税费。

购车费用是指从经销商手中拿到新车要支出的费用，包括汽车原始价格、各种税费、运输保管费用等。在国产汽车的销售价格中包括汽车中准价、增值税、特别消费税和经销商费用等。在进口汽车的销售价格中包括到岸价、海关税、增值税、特别消费税和经销商费用等。但决定汽车销售价格的还有一些其他因素，如市场因素。

根据中国与世界贸易组织（WTO）达成的协议，我国将严格执行货物贸易相关承诺。在货物贸易领域中，汽车产品的主要关税谈判表明，中国将在近几年分年下调关税。中国加入WTO后，逐年减让进口汽车的关税。进口汽车中国各税率如表3-1所示。

表3-1　进口汽车中国海关关税、特别消费税、增值税

| 车型 | 进口税率（%） | 特别消费税（%） | 增值税（%） |
| --- | --- | --- | --- |
| 汽油机型轿车，排量小于1 L | 25 | 1 | 13 |
| 汽油机型轿车，排量1.0～1.5 L | 25 | 3 | 13 |
| 汽油机型轿车，排量1.5～2.0 L | 25 | 5 | 13 |
| 汽油机型轿车，排量2.0～2.5 L | 25 | 9 | 13 |
| 汽油机型轿车，排量2.5～3.0 L | 25 | 12 | 13 |
| 汽油机型轿车，排量3.0～4.0 L | 25 | 25 | 13 |
| 汽油机型轿车，排量4.0 L以上 | 25 | 40 | 13 |

（5）新车备案。

① 单位车辆到所在区（县）交通支（大）队集体备案。

② 对个人车辆，凡车主有驾驶证的，随驾驶证的登记备案一同办理；车主无驾驶证的，到机动车行驶证登记地所在区（县）交通支（大）队备案。

③ 黑色号牌车辆（如使馆车辆、领事馆车辆、外籍车辆等）到市公安交通管理局车辆管理所外事科办理。

(6) 申领号牌和行驶证。

首先到车主所在地公安车辆管理部门填写"机动车登记申请表"。需带的证件包括车主单位或街道的介绍信、购车发票或其他汽车来历的合法凭证、车主本人身份证、车辆购置税证、养路费缴纳单和车辆保险单、验车合格证以及其他有关证件。车辆管理部门对交验的汽车进行检验，核对汽车的外部特征等是否符合"机动车登记申请表"内各项内容，确认发动机号码和车身号码，确认汽车是否经过安全认证，是否符合检验标准、核定乘员或载质量的要求。经车辆管理部门对所有证件进行审查、检验车辆符合法定条件后，车辆管理部门将发给车主汽车号牌和行驶证，同时发放"检"字牌。

(7) 建立车辆档案。

领取汽车号牌后，到车辆购置附加税征稽管理处建立车辆档案，并在交费证上加盖"已建档"戳记。

(8) 领取"税"字牌。

到车主所在地税务部门缴纳车船税，并领取"税"字牌。

3.1.2 车辆注册登记和车辆号牌

1. 车辆注册登记

凡属个人、单位购买和使用的各类型机动车辆，在投入使用之前，必须到当地（指个人户口或单位注册所在地）车辆管理部门领取"机动车辆登记表"，提供身份证、单位证明或个人户口所在地管理区（或镇、街道办事处）的证明以及有关车辆来源凭证，对机动车辆的机件设备和产权进行注册登记，也称为新车上（落）户。经过车辆管理部门检验审核，发给号牌、行驶证后方可行驶。

汽车注册登记必须具备的手续如下。

(1) 商品车。

① 合法经营单位开具的购车发票。

② 国产车须有列入当年《车辆生产企业及产品公告》的生产厂及公安厅批准落户车型的出厂合格证；进口车须有《海关货物进口证明书》和《进口机动车辆终检通知单》。如是统一进口的，还须有进口单位转拨（分销）凭证。

③ 生产厂（经营单位或进口口岸）所在地至用户所在地的临时号牌或其他调运方式的凭证。

④ 主管税务机关出具的车辆购置税完税证明或车辆购置税免征证明。

⑤ 车辆彩色照片 4 张（要求在天气晴好的条件下，照汽车转向盘一侧，与车身呈 45°，把整车照全）。

(2) 港澳台同胞、华侨或外国友人捐赠的进口汽车必须有省政府批准接受捐赠的批文、《海关货物进口证明书》、进口口岸至用户所在地的临时号牌或其他调运方式的凭证。

(3) 减免税进口汽车（包括新车和在用车）必须有省政府批准文件、外缴海关税款单及指定物资部门的销售发票。

(4) 已投保机动车交通事故责任强制保险的证明。

(5) 当地人民政府和公安机关、车辆管理部门规定的其他证件。

在办理登记手续时，车辆管理部门可根据需要，留存上述证件的原件或复印件。车辆管理所在办理注册登记时,应当登记以下内容。

① 机动车所有人的身份证明。
② 购车发票等机动车来历证明。
③ 机动车整车出厂合格证明或者进口机动车进口凭证。
④ 机动车交通事故责任强制保险凭证。
⑤ 车辆购置税、车船税完税证明或者免税凭证,但法律规定不属于征收范围的除外。
⑥ 法律、行政法规规定应当在机动车注册登记时提交的其他证明、凭证。

有下列情形之一的,不予办理注册登记。

① 机动车所有人提交的证明、凭证无效的。
② 机动车来历证明被涂改或者机动车来历证明记载的机动车所有人与身份证明不符的。
③ 机动车所有人提交的证明、凭证与机动车不符的。
④ 机动车未经国务院机动车产品主管部门许可生产或者未经国家进口机动车主管部门许可进口的。
⑤ 机动车的型号或者有关技术参数与国务院机动车产品主管部门公告不符的。
⑥ 机动车的车辆识别代号或者有关技术参数不符合国家安全技术标准的。
⑦ 机动车达到国家规定的强制报废标准的。
⑧ 机动车被监察机关、人民法院、人民检察院、行政执法部门依法查封、扣押的。
⑨ 机动车属于被盗抢骗的。
⑩ 其他不符合法律、行政法规规定的情形。

2. 车辆号牌

车辆号牌的式样设计标准全国一致,在全国范围内有效。车辆号牌的分类、规格、颜色及适用范围如表3-2所示。

表3-2 车辆号牌的分类、规格、颜色及适用范围

| 序号 | 分类 | 外廓尺寸 mm×mm | 颜色 | 数量 | 适用范围 |
| --- | --- | --- | --- | --- | --- |
| 1 | 大型汽车号牌 | 前 440×140 后 440×220 | 黄底黑字,黑框线 | 2 | 符合 GA 802 规定的中型(含)以上载客、载货汽车和专项作业车(适用大型新能源汽车号牌的除外);有轨电车 |
| 2 | 挂车号牌 | 440×220 | | 1 | 符合 GA 802 规定的挂车 |
| 3 | 大型新能源汽车号牌 | 480×140 | 黄绿底黑字,黑框线 | 2 | 符合 GA 802 规定的中型(含)以上的新能源汽车 |
| 4 | 小型汽车号牌 | 440×140 | 蓝底白字,白框线 | | 符合 GA 802 规定的中型以下的载客、载货汽车和专项作业车(适用小型新能源汽车号牌的除外) |

续表

| 序号 | 分类 | 外廓尺寸 mm×mm | 颜色 | 数量 | 适用范围 |
|---|---|---|---|---|---|
| 5 | 小型新能源汽车号牌 | 480×140 | 渐变绿底黑字，黑框线 | 2 | 符合 GA 802 规定的中型以下的新能源汽车 |
| 6 | 使馆汽车号牌 | 440×140 | 黑底白字，白框线 | 2 | 符合外发〔2017〕10号通知规定的汽车 |
| 7 | 领馆汽车号牌 | 440×140 | 黑底白字，白框线 | 2 | 驻华领事馆的汽车 |
| 8 | 港澳入出境车号牌 | 440×140 | 黑底白字，白框线 | 2 | 港澳地区入出内地的汽车 |
| 9 | 教练汽车号牌 | 440×140 | 黄底黑字，黑框线 | 2 | 教练用汽车 |
| 10 | 警用汽车号牌 | 440×140 | 白底黑字，红"警"字，黑框线 | 2 | 汽车类警车 |
| 11 | 普通摩托车号牌 | 220×140 | 黄底黑字，黑框线 | 1 | 符合 GA 802 规定的两轮普通摩托车、边三轮摩托车和正三轮摩托车 |
| 12 | 轻便摩托车号牌 | 220×140 | 蓝底白字，白框线 | 1 | 符合 GA 802 规定的两轮轻便摩托车和正三轮轻便摩托车 |
| 13 | 使馆摩托车号牌 | 220×140 | 黑底白字，白框线 | 1 | 符合外〔2017〕10号通知规定的摩托车 |
| 14 | 领馆摩托车号牌 | 220×140 | 黑底白字，白框线 | 1 | 驻华领事馆的摩托车 |
| 15 | 教练摩托车号牌 | 220×140 | 黄底黑字，黑框线 | 1 | 教练用摩托车 |
| 16 | 警用摩托车号牌 | 220×140 | 白底黑字，红"警"字，黑框线 | 1 | 摩托车类警车 |
| 17 | 低速车号牌 | 300×165 | 黄底黑字，黑框线 | 2 | 符合 GA 802 规定的低速载货汽车、三轮汽车和轮式专用机械车 |
| 18 | 临时行驶车号牌 | 220×140 | 天（酞）蓝底纹，黑字黑框线 | 2 | 行政辖区内临时行驶的载客汽车 |
| 18 | 临时行驶车号牌 | 220×140 | 天（酞）蓝底纹，黑字黑框线 | 1 | 行政辖区内临时行驶的其他机动车 |
| 18 | 临时行驶车号牌 | 220×140 | 棕黄底纹，黑字黑框线 | 2 | 跨行政辖区临时行驶的载客汽车 |
| 18 | 临时行驶车号牌 | 220×140 | 棕黄底纹，黑字黑框线 | 1 | 跨行政辖区临时行驶的其他机动车 |
| 18 | 临时行驶车号牌 | 220×140 | 棕黄底纹，黑"试"字，黑字黑框线 | 2 | 试验用载客汽车 |
| 18 | 临时行驶车号牌 | 220×140 | 棕黄底纹，黑"试"字，黑字黑框线 | 1 | 试验用其他机动车 |
| 18 | 临时行驶车号牌 | 220×140 | 棕黄底纹，黑"超"字，黑字黑框线 | 1 | 特型机动车，质量参数和/或尺寸参数超出 GB 1589 规定的汽车、挂车 |

续表

| 序号 | 分类 | 外廓尺寸 mm×mm | 颜色 | 数量 | 适用范围 |
|---|---|---|---|---|---|
| 19 | 临时入境汽车号牌 | 220×140 | 白底棕蓝色专用底纹，黑字黑边框 | 1 | 临时入境汽车 |
| 20 | 临时入境摩托车号牌 | 88×60 | | 1 | 临时入境摩托车 |
| 21 | 拖拉机号牌 | 按 NY 345.1 执行 | | | 上道路行驶的拖拉机 |

**特别注意**：小型新能源汽车专用号牌颜色是渐变绿色，外廓尺寸是 480 mm×140 mm；大型新能源汽车专用号牌颜色是黄绿双拼色，外廓尺寸是 480 mm×140 mm。

车辆号牌和行驶证不准转借、涂改和伪造。

车辆号牌须按指定位置安装，并保持清晰。其要求是：应正面朝外、字符正向安装在号牌板（架）上，禁止反装或倒装；前号牌安装在机动车前端的中间或者偏右（按机动车前进方向），后号牌安装在机动车后端的中间或者偏左，不应影响机动车安全行驶和号牌的识别；安装要保证号牌无任何变形和遮盖，横向水平，纵向基本垂直于地面，纵向夹角不大于 15°（摩托车号牌向上倾斜纵向夹角不大于 30°）；安装孔均应安装符合《机动车号牌专用固封装置》（GA/T 804—2024）要求的固封装置，但受车辆条件限制无法安装的除外；使用号牌架辅助安装时，号牌架内侧边缘距离机动车登记编号字符边缘 5 mm 以上，不应遮盖生产序列标识；号牌周边不应有其他影响号牌识别的光源。

大型车、货车和所有挂车还须用与车体颜色区别明显的油漆，按照号牌字体式样放大喷写到车辆后部的明显部位。字体规格为：大型车为号牌的 3.5 倍，小型车为号牌的 2.5 倍。其目的是提高车辆号牌的视认性，以便监督管理。

汽车在没有领取正式号牌和行驶证以前，需要移动或试车时，必须申领车辆移动证、临时号牌或试车号牌。

车辆移动证是无号牌的新车或半成品车，出入库或到车辆管理机关初检等需在道路上行驶时，凭证明到车辆管理机关领取的"通行证"。持此证的车辆只能在本地区移动，不准驶往外地，不准载货或载人，必须按指定的时间和线路行驶。临时号牌只能在发证机关核定的有效期内，按指定的时间和线路行驶。试车号牌是在试车时挂的，必须按指定的时间和线路行驶。

## 3.2 车辆购置税的办理

2018 年 12 月 29 日，第十三届全国人民代表大会常务委员会第七次会议通过了《中华人民共和国车辆购置税法》（以下简称《车辆购置税法》），自 2019 年 7 月 1 日起施行。2000 年 10 月 22 日国务院公布的《中华人民共和国车辆购置税暂行条例》同时废止。

《车辆购置税法》规定，在中华人民共和国境内购置汽车、有轨电车、汽车挂车、排气量超过一百五十毫升的摩托车（以下统称应税车辆）的单位和个人，为车辆购置税的纳税人，应当依照本法规定缴纳车辆购置税。

1. 计税价格

对于纳税人购买自用的应税车辆，计税价格是指纳税人购买应税车辆而支付给销售者的全部价款和价外费用，不包括增值税税款。价外费用是指销售方价外向购买方收取的基金、集资费、违约金（延期付款利息）和手续费、包装费、储存费、优质费、运输装卸费、保管费以及其他各种性质的价外收费，但不包括销售方代办保险等而向购买方收取的保险费，以及向购买方收取的代购买方缴纳的车辆购置税、车辆牌照费。

计税价格的计算方法如下。

① 纳税人购买自用的应税车辆的计税价格的计算公式为：计税价格（不含税价）＝（全部价款＋价外费用）÷（1＋增值税税率10%），然后按照计税价格的10%缴纳车辆购置税。目前，1.6L及以下排量的车辆执行7.5%的税率。

【例3-1】 张某购买一辆国产私家车150 000元，手续费10 000元，包装费6000元，应缴纳车辆购置税15 090.91元。计算过程为：

车辆购置税计税价格＝（150 000＋10 000＋6000）÷（1＋10%）＝150 909.09（元）

应纳车辆购置税税额＝150 909.09×10%＝15 090.91（元）

② 纳税人进口自用的应税车辆的计税价格的计算公式为：计税价格＝关税完税价格＋关税＋消费税。

【例3-2】 李某2006年1月8日进口一辆小轿车，到岸价格400 000元，已知关税税率50%，消费税税率8%，李某应纳车辆购置税65 217.39元。计算过程为：

应纳关税＝到岸价格×关税税率＝400 000×50%＝200 000（元）

计税价格＝关税完税价格＋关税＋消费税

＝（到岸价格＋关税）÷（1－消费税税率）

＝（400 000＋200 000）÷（1－8%）＝652 173.91（元）

应纳车辆购置税税额＝652 173.91×10%＝65 217.39（元）

③ 国家税务总局参照应税车辆市场平均交易价格，规定不同类型应税车辆的最低计税价格。纳税人购买自用或进口自用应税车辆，申报的计税价格低于同类型应税车辆的最低计税价格，又无正当理由的，按照最低计税价格征收车辆购置税。

纳税人自产、受赠、获奖或以其他方式取得并自用的应税车辆的计税价格，由主管税务机关参照国家税务总局确定的相应应税车辆的最低计税价格核定。

【例3-3】 王某于2006年10月购买体彩中奖获得小汽车一辆，国家税务总局确定同类型应税车辆的最低计税价格为250 000万元。王某应纳车辆购置税税额＝250 000×10%＝25 000（元）。

2. 征收费率

车辆购置税由国家税务总局征收，纳税人购置应税车辆，应当向车辆登记注册地的主管税务机关申报纳税。税率统一为计税价格的10%。

3. 征收范围

车辆购置税征收范围如表3-3所示。

表 3-3　车辆购置税征收范围

| 应税车辆 | 具体范围 | 注释 |
| --- | --- | --- |
| 汽车 | 各类汽车 | |
| 摩托车 | 轻便摩托车 | 最高设计车速不大于 50 km/h，发动机气缸总排量不大于 50 cm$^3$ 的两个或三个车轮的机动车 |
| 摩托车 | 二轮摩托车 | 最高设计车速不大于 50 km/h，或者发动机气缸总排量大于 50 cm$^3$ 的两个车轮的机动车 |
| 摩托车 | 三轮摩托车 | 最高设计车速不大于 50 km/h，或者发动机气缸总排量大于 50 cm$^3$、空车质量不大于 400 kg 的三个车轮的机动车 |
| 电车 | 无轨电车 | 以电能为动力，由专用输电电缆线供电的轮式公共车辆 |
| 电车 | 有轨电车 | 以电能为动力，在轨道上行驶的公共车辆 |
| 挂车 | 全挂车 | 无动力设备，独立承载，由牵引车辆牵引行驶的车辆 |
| 挂车 | 半挂车 | 无动力设备，与牵引车辆共同承载，由牵引车辆牵引行驶的车辆 |
| 农用运输车 | 三轮农用运输车 | 柴油发动机，功率不大于 7.4 kW，载质量不大于 500 kg，最高车速不大于 40 km/h 的三个车轮的机动车 |
| 农用运输车 | 四轮农用运输车 | 柴油发动机，功率不大于 28 kW，载质量不大于 1500 kg，最高车速不大于 50 km/h 的四个车轮的机动车 |

4. 免征车辆购置税情况

（1）依照法律规定应当予以免税的外国驻华使馆、领事馆和国际组织驻华机构及其有关人员自用的车辆。

（2）中国人民解放军和中国人民武装警察部队列入装备订货计划的车辆。

（3）悬挂应急救援专用号牌的国家综合性消防救援车辆。

（4）设有固定装置的非运输专用作业车辆。

（5）城市公交企业购置的公共汽电车辆。

## 3.3　汽车保险的办理

### 3.3.1　保险的项目及范围

保险是指投保人根据合同规定，向保险人支付保险费，保险人对于合同约定的可能发生的事故因其发生所造成的财产损失承担赔偿责任，或者当被保险人死亡、伤残、患疾病或者达到合同约定的年龄、期限时，承担给付责任的商业保险行为。即保险是一种按照合同实施的契约行为，保险关系的建立是以合同的形式体现的。

保险人又称承保人，是指与投保人订立保险合同，并承担赔偿或者给付保险金责任的保险公司。保险人在法律上的资格可以是自然人，也可以是法人。

投保人也称要保人，是指与保险人订立保险合同，并按照保险合同负有支付保险费义务的人。被保险人是指人身保险合同保障的人。

汽车保险属于财产损失保险类的机动车辆保险。机动车辆保险是以机动车辆为保险标的的一种保险。按照我国《机动车辆保险条款》的规定，机动车辆保险分为交强险和商业险，商业险又分为基本险和附加险。

### 3.3.2 投保程序及保险金额的确定

**1. 投保程序**

个人在办理汽车投保手续时，应将车辆驶至保险公司指定的检验地点，并带齐驾驶员本人的身份证（或介绍信、工作证）、驾驶证、车辆行驶证以及投保车辆的相关证件。若是从事个体营运的车辆，还应携带营业执照等证件到保险公司办理投保手续，经保险公司工作人员验明证件后，填写机动车辆投保单。投保单的主要内容有：投保的险别、被保险人名称、保险标的、车辆厂牌型号、号牌号码、发动机号码、识别代码（车架号）、吨（座）位数、使用性质、保险金额、保险费率、保险费，第三者责任险金额、保险费，附加险险种及保险费，投保人地址、保险责任起讫日期和投保人签章、投保日期等。

保险公司检查投保单填写无误后，将视情况对投保车辆进行必要的检查，投保车辆符合保险条件后，确定起保时间，核收保险费，保险人向投保人签发保险单。

起保时间由被保险人决定，若被保险人要求立即开始，保险人将注明收保单的时间，写清年、月、日、时、分，然后由保险人和被保险人分别签字盖章，至此保险单开始生效。有效期至约定期满日的 24 时止。若办理预定投保的，应向保险人注明约定起保的日期，保险单生效的时间就从起保日当天的 0 时起，至约定期满日的 24 时止。保险有效期以 1 年为限，可以少于 1 年，但不能超过 1 年，期满可以续保，并重新办理投保手续。

集体单位在办理汽车投保手续时，除携带必要证件外，还需开列投保车辆厂牌型号、号牌号码、车辆行驶证号码等。保险人将视情况办理手续或派员到投保单位办理手续。

保单是载明保险人与被保险人所约定的权力和义务的书面凭证。其正本由被保险人存执，它是当被保险人需变更保险合同内容或遭受保险事故并产生损失时向保险人索赔的重要依据，也是保险人处理赔款的主要依据。

投保第三者责任险后，保险人要发给被保险人保险凭证，俗称机动车辆保险证。它是保险合同已经订立或保险单已正式签发的一种凭据。它与保险单具有同等效力，可以用来证明被保险人已遵照政府有关法令或规定参加了第三者责任险。

**2. 保险金额的确定**

保险金额是保险公司计算保费的基础。车辆的保险价值根据新车购置价确定，车辆损失险的保险金额可以按投保时新车的保险价值或实际价值确定，也可以由被保险人协商确定，但保险金额不得超过保险价值，超过的部分是无效的。保险价值是指投保时作为确定保险金额的标的价值，实际价值是指投保车辆在合同签订地的市场价格。当投保车辆的实际价值高于购车发票金额时，以购车发票金额确定实际价值。

### 3.3.3 保险责任、除外责任及被保险人应履行的义务

**1. 保险责任**

在车辆损失险下，保险人应承担的责任包括自然灾害和意外事故两大类。

自然灾害通常包括地震、泥石流、滑坡、冰雹、洪水、海啸、沙尘暴等。凡是由自然灾害造成的被保险车辆损失，保险人应当予以赔偿。

意外事故通常包括撞击、倾翻、火灾、爆炸、外界物体倒塌、空中运行物体坠落、行驶中平行坠落、载运保险车辆的渡船遭受自然灾害等。这里的撞击不仅指车与车之间的撞击，也包括车上所载货物与外界物体发生的意外碰撞所造成的车辆损失。火灾事故要注意火灾与汽车自燃的区别。火灾是指在时间和空间上失去控制的燃烧所造成的灾害；汽车自燃是指其一些机件如电器、线路、燃料供给系统、货物自身等发生问题，造成内部热量无法散发，温度不断升高而导致汽车不明原因地着火燃烧。

当发生保险事故时，被保险人对被保险车辆采取施救、保护措施所支付的合理费用，保险人负责赔偿。当投保车辆第三者责任险时，保险人应承担的责任有：当被保险车辆由被保险人允许的合格驾驶员在使用车辆的过程中发生意外事故，致使第三者遭受人身伤亡或财产直接损毁时，依法应当由被保险人支付的赔偿金额，保险人会按保险合同的有关规定给予赔偿。这里的"第三者"是指机动车辆保险合同当事人以外的他人，而私有车辆的被保险人及其家庭成员不属于"第三者"的范畴。当被保险人投保第三者责任险的车辆出险，造成第三者伤亡后，产生的医疗费、误工费、住院伙食补助费、护理费、残疾者生活补助费、残疾用具费、丧葬费、死亡补偿费、被抚养人生活费、交通费、住宿费和财产直接损失费等费用应由保险公司负责赔偿。

投保各种附加险时，保险人应承担的责任有以下几种。

（1）附加绝对免赔率特约条款。被保险机动车发生主险约定的保险事故，保险人按照主险的约定计算赔款后，扣减本特约条款约定的免赔。

（2）附加车轮单独损失险。保险期间内，被保险人或被保险机动车驾驶人在使用被保险机动车过程中，因自然灾害、意外事故，导致被保险机动车未发生其他部位的损失，仅有车轮（含轮胎、轮毂、轮毂罩）单独的直接损失，且不属于免除保险人责任的范围，保险人依照本附加险合同的约定负责赔偿。

（3）附加新增加设备损失险。保险期间内，投保了本附加险的被保险机动车因发生机动车损失保险责任范围内的事故，造成车上新增加设备的直接损毁，保险人在保险单载明的本附加险的保险金额内，按照实际损失计算赔偿。

（4）附加车身划痕损失险。保险期间内，被保险机动车在被保险人或被保险机动车驾驶人使用过程中，发生无明显碰撞痕迹的车身划痕损失，保险人按照保险合同约定负责赔偿。

（5）附加修理期间费用补偿险。保险期间内，投保了本条款的机动车在使用过程中，发生机动车损失保险责任范围内的事故，造成车身损毁，致使被保险机动车停驶，保险人按保险合同约定，在保险金额内向被保险人补偿修理期间费用，作为代步车费用或弥补停驶损失。

（6）附加发动机进水损坏除外特约条款。保险期间内，投保了本附加险的被保险机动车在使用过程中，因发动机进水后导致的发动机的直接损毁，保险人不负责赔偿。

（7）附加车上货物责任险。保险期间内，发生意外事故致使被保险机动车所载货物遭受直接损毁，依法应由被保险人承担的损害赔偿责任，保险人负责赔偿。

（8）附加精神损害抚慰金责任险。保险期间内，被保险人或其允许的驾驶人在使用被保险机动车的过程中，发生投保的主险约定的保险责任内的事故，造成第三者或车上人员的人身伤亡，受害人据此提出精神损害赔偿请求，保险人依据法院判决及保险合同约定，对应由被保险人或被保险机动车驾驶人支付的精神损害抚慰金,在扣除机动车交通事故责任强制保险应当支付的赔款后,在本保险赔偿限额内负责赔偿。

(9) 附加法定节假日限额翻倍险。保险期间内,被保险人或其允许的驾驶人在法定节假日期间使用被保险机动车发生机动车第三者责任保险范围内的事故,并经公安部门或保险人查勘确认的,被保险机动车第三者责任保险所适用的责任限额在保险单载明的基础上增加一倍。

(10) 附加医保外医疗费用责任险。保险期间内,被保险人或其允许的驾驶人在使用被保险机动车的过程中,发生主险保险事故,对于被保险人依照中华人民共和国法律(不含港澳台地区法律)应对第三者或车上人员承担的医疗费用,保险人对超出《道路交通事故受伤人员临床诊疗指南》和国家基本医疗保险同类医疗费用标准的部分负责赔偿。

(11) 附加机动车增值服务特约条款。本特约条款包括道路救援服务特约条款、车辆安全检测特约条款、代为驾驶服务特约条款、代为送检服务特约条款共四个独立的特约条款,投保人可以选择投保全部特约条款,也可以选择投保其中部分特约条款。保险人依照保险合同的约定,按照承保特约条款分别提供增值服务。

2. 除外责任

(1) 下列损失和费用,保险人不负责赔偿:

① 因市场价格变动造成的贬值、修理后因价值降低引起的减值损失;

② 自然磨损、朽蚀、腐蚀、故障、本身质量缺陷;

③ 投保人、被保险人或驾驶人知道保险事故发生后,故意或者因重大过失未及时通知,致使保险事故的性质、原因、损失程度等难以确定的,保险人对无法确定的部分,不承担赔偿责任,但保险人通过其他途径已经知道或者应当及时知道保险事故发生的除外;

④ 车轮单独损失,无明显碰撞痕迹的车身划痕,以及新增加设备的损失;

⑤ 非全车盗抢、仅车上零部件或附属设备被盗窃。

(2) 下列人身伤亡、财产损失和费用,保险人不负责赔偿:

① 被保险机动车发生意外事故,致使任何单位或个人停业、停驶、停电、停水、停气、停产、通信或网络中断、电压变化、数据丢失造成的损失以及其他各种间接损失;

② 第三者财产因市场价格变动造成的贬值,修理后因价值降低引起的减值损失;

③ 被保险人及其家庭成员、驾驶人及其家庭成员所有、承租、使用、管理、运输或代管的财产的损失,以及本车上财产的损失;

④ 被保险人、驾驶人、本车车上人员的人身伤亡;

⑤ 停车费、保管费、扣车费、罚款、罚金或惩罚性赔款;

⑥ 超出《道路交通事故受伤人员临床诊疗指南》和国家基本医疗保险同类医疗费用标准的费用部分;

⑦ 律师费,未经保险人事先书面同意的诉讼费、仲裁费;

⑧ 投保人、被保险人或驾驶人知道保险事故发生后,故意或者因重大过失未及时通知,致使保险事故的性质、原因、损失程度等难以确定的,保险人对无法确定的部分,不承担赔偿责任,但保险人通过其他途径已经知道或者应当及时知道保险事故发生的除外;

⑨ 精神损害抚慰金;

⑩ 应当由机动车交通事故责任强制保险赔偿的损失和费用。

（3）下列原因导致的被保险机动车的损失和费用，保险人不负责赔偿：

① 战争、军事冲突、恐怖活动、暴乱、污染（含放射性污染）、核反应、核辐射；

② 违反安全装载规定；

③ 被保险机动车被转让、改装、加装或改变使用性质等，导致被保险机动车危险程度显著增加，且未及时通知保险人，因危险程度显著增加而发生保险事故的；

④ 投保人、被保险人或驾驶人故意制造保险事故。

**3. 被保险人应履行的义务**

投保机动车辆保险的被保险人应当履行下列义务。

① 被保险人对保险车辆的情况应如实申报，并在签订保险合同时一次交清保险费。

② 被保险人及其驾驶员应当做好保险车辆的维护、保养工作，保险车辆装载必须符合规定，使其保持安全行驶技术状态。被保险人及其驾驶员应根据保险人提出的消除不安全因素和隐患的建议，及时采取相应的措施。

③ 在保险合同有效期内，保险车辆转卖、转让、赠送他人、变更用途或增加危险程度，被保险人应当事先书面通知保险人并申请办理批改。

④ 被保险人不得非法转卖、转让保险车辆；不得利用保险车辆从事违法犯罪活动。

⑤ 保险车辆发生保险事故后，被保险人应当采取合理的保护、施救措施，并立即向事故发生地交通管理部门报案，同时在 48 小时内通知保险人。

⑥ 被保险人索赔时不得有隐瞒事实、伪造单证、制造假案等欺诈行为。

## 3.4　车辆定损与理赔

### 3.4.1　定损

当被保险的车辆发生交通事故时，保险公司要做的第一件事就是出现场查勘定损。车辆的定损涉及维修、制造和车主多方面的技术和利益，它是整个车险服务中矛盾比较突出的部分。定损人员通过出现场，拍摄事故照片，查清车辆的损坏部件，分别确定予以更换或维修，最后确定损失情况。但是，一辆汽车通常由成千上万个零部件组成，不同种类的汽车零部件的型号与价格都不相同。专业定损人员也常常面临由于信息掌握不充分而产生困惑和无所适从的情况，这已成为车辆保险业的症结之一。定损人员要协调好车主、维修厂、保险公司三者之间的关系，因此要具备以下条件。

① 能严格执行服务人员岗位规范，服从调度，具有良好的职业道德。

② 掌握汽车基本构造、工作原理及汽车碰撞维修的基本工艺。

③ 能独立完成现场查勘、定损、核损、索赔等车险理赔工作。

④ 应具备良好的沟通能力。在查勘现场过程中，应及时与车主联系并进行良好的沟通。同时，根据案件性质，给车主专业的索赔指导，一次性告知车主索赔流程和所需的单证。

⑤ 精通车辆保险的相关条款。

### 3.4.2　理赔

车辆保险理赔工作是保险政策和作用的重要体现，是保险人执行保险合同、履行保险义务、承担保险责任的具体体现。在很大程度上，保险的优越性及保险给予被保险人的经济补偿作用是通过理赔工作实现的。理赔工作涉及面广、社会影响大，车辆保险理赔工作的质量好坏，直接影响到保险公司的信誉，对车辆保险业务的开展甚至其他产险业务的拓展都起着举足轻重的作用，同时也决定了保险公司自身的经济效益。

车辆理赔工作主要分为以下几个环节。

（1）出险受理，包括受理报案、查抄底单、登记立案。

（2）现场查勘，包括现场调查、施救保护。

（3）损失核定，包括对事故车辆及第三者财产进行损失核定，制订修复方案，明确修理范围及项目，确定修复费用，并根据招标定修原则，确定维修厂家。

（4）赔案制作，包括责任审核、费用核定、赔款计算、综合报告、赔案审批。

## 3.5 新车的验收

### 3.5.1 车辆的静态检查

并非每辆汽车的内在品质都完全一致，有的汽车在出厂时就存在外观上的瑕疵和品质问题，有的汽车因长期积压或运输不当导致损伤。一些不法商家存在将翻新车进行销售的情况。因此，精心选车就显得十分重要。

汽车内饰是影响车辆性能和乘坐舒适性的重要因素。在选购汽车，尤其是轿车时，对车内布置、设计、装配、装饰等细节应该特别留心，细致查验，保证所购车辆驾驶操作方便灵活，零部件布置合理紧凑、检修便利，内饰赏心悦目，总体感觉舒适可人。在购车时，购车者应认真进行查验、判断。

1. 整车初步检查

① 在离车稍远处查看，看车辆左右高度是否对称，风窗玻璃刮水器、前照灯、后视镜等车外部件是否完好，轮胎是否完好无磨损等。

② 走近看整车各部位漆膜厚薄是否一致，有无刮痕、色差或气泡。如果出现细微的圈状刮痕，多是受损后经重新喷涂美容所致。

③ 用力按动车身一角，观察其振动次数和回弹力，一般振动在2~3次为好。

④ 打开发动机盖，看发动机、车底各部是否有修复痕迹，以防买到事故翻新车。

⑤ 检查各种液罐，如散热器补液罐、清洗液罐、动力转向液罐、润滑油罐、制动液罐的液面是否正常，液罐外表是否干净、无水痕、无油渍。正常液面高度有相应的指示标记，一般在容器的3/5~4/5处，液面高度不正常时可能存在泄漏。

2. 车内布局与组装情况检查

① 汽车内部零部件繁多，电气器件及线路复杂、管路交错，合理的设计布局应该以保证车辆性能为前提，布置整齐紧凑美观，各机件检修、拆装方便，以便维修。

② 对于改装车，尤其应仔细检查是否存在影响检修或破坏性的改装措施，确保日后维修和保养的便利性。

③ 在查验内部时，还应该检查各主要零部件的生产厂家、出厂时间、品质及性能状况，有无缺陷、瑕疵等。

④ 检查零部件的装配是否牢固，应无松动、锈蚀等现象。

**3. 车内操纵系统检查**

① 购车前应先坐在驾驶座上感受乘坐的舒适性、视听灵敏度，再检查操纵系统。例如，用手晃动转向盘，转向盘不应有窜动间隙，转动时自由行程不能过大，转向盘手感良好，行驶中转向灵活。

② 左脚踩下离合器踏板，应感觉轻快、灵活、自如，无发沉、卡滞之感，有合适的自由行程。

③ 加速踏板应反应灵敏，回位迅速，不应有卡滞、沉重、不回位的现象。当脚放在加速踏板上面时，脚踝应自然舒适。

④ 行车制动也以反应灵敏为准，在检查时，右脚踩下制动踏板不放，踏板应能保持一定高度，若其缓慢下移，则表示制动系统有泄漏现象。总之，各种操纵系统使用均以顺手、方便、不易产生误操作为好。

**4. 车内装饰检查**

① 先观察车内各部分的色彩是否协调一致，检查座椅、安全带、安全气囊、仪表盘等部件的外观是否完好，无破损、裂纹等损伤。

② 检查车内门窗玻璃是否升降自如、密封是否良好，确保指示仪表、指示灯齐全，工作正常且安装紧固。

③ 确保改装或加装的辅助设施对驾驶安全操作无不利影响。

④ 检查车门开锁是否灵活，关门时是否能一次到位。注意，质量差的车用力小了关不严，或需要大力撞击方能关严且声响很大，不悦耳。

⑤ 检查前排座椅是否能在多个位置固定，是否能前后自由移动。

⑥ 检查车内饰件是否装卡到位，用手推动不应松脱。

**5. 车辆舒适性的检查**

① 可根据车主主观感受判断，从车内色彩、布局、乘坐、操作是否方便来体现舒适与否。

② 可启动车辆试乘、试驾，检查驾车时视线有无障碍，车内噪声、振动、音响、空调总体有无不良感受，等等。

### 3.5.2　车辆的动态检查——试车

试车不仅是考察车辆舒适性的一种手段，是检查和了解车辆性能的有效途径。

在试车时可按以下步骤操作，认真查验车辆状况。

① 启动发动机，检查发动机运转情况，仔细倾听发动机运转是否轻快、连续、平稳，是否有异响，然后轻踩加速踏板，观察发动机加速响应是否连续，并且没有迟滞或顿挫。在连续加速后，让发动机回到怠速状态。检查发动机的转速是否迅速且平稳地恢复到怠速水平。

② 缓踩加速踏板，轻抬离合器踏板，车辆起步应平稳。新车换挡可能不十分平顺，但不应有卡滞、挂不上挡或摘不下挡的情况。低速行驶时轻踩制动踏板，观察车辆的制动反应和减速效果。制动踏板的随动性应良好，即踩下制动踏板时，车辆应能迅速响应并减速。此外，还可以尝试空挡滑行。例如，以 20 km/h 的初速度滑行，平路上可滑行 50～80 m。若滑行距离太短，则表明运动部件存在安装调试异常或润滑不良的问题，如轴承

过紧、制动蹄片回位不良或转动部件卡滞等。

③ 在试车过程中，特别是上下立交桥时，车辆的加速和动力表现是判断发动机、变速器以及传动系统状态的重要指标，通过加、减挡位，轻打转向盘，感觉转向系统是否正常，正常行驶方向应不跑偏，能自动维持直线行驶，转弯后可以自行回正（90%）；车辆掉头，转向盘打到极限位置时，车轮应无异响。有条件时可试验高速行驶情况，感觉高速行驶的稳定性、抓地感，看是否有车轮摆动、方向发飘的现象。在保证安全的条件下，还可以试验蛇行，体验车辆的操纵控制性能。此外，还可以利用不同车速进行紧急制动的测试，如分别以 40 km/h、60 km/h、80 km/h 的车速紧急制动，以检查制动时方向的稳定性。

经过这一系列查验，基本上就能把握待购车辆的总体状况。如果对局部不满意，购车后略加改装、装饰，同样可以获得一款称心如意的汽车。

### 3.5.3 提取新车的注意事项

尽管许多经销商都为车主提供购车"一条龙"服务，但还是建议车主尽可能亲自参与买车过程，做到心中有数。

1. 认真查看新车手续

检查汽车与其证件号码是否一致。例如，车辆合格证上的号码要与车辆上的发动机号、车架号一致。检查出厂日期，了解车辆从生产到销售的时间。另外，车型、功率、座椅数量等参数均要求与车辆说明书所记录的一致。如果这些参数与记录不符，将影响验车上牌手续的办理。

2. 认真阅读并填写汽车购销合同

在填写汽车购销合同时，需注意以下事项。

① 销售单位名称。应填写完整、准确的名称，不能有差错。

② 合同争议解决方式。最好选择当地比较权威、专业的仲裁机构进行仲裁。

③ 合同留存。除供需双方各执一份外，交易市场的主管单位也要留存一份。对于交易市场的主管单位来说，这份合同是监管和调解纠纷的重要依据。

④ 质量保证及理赔条款。需特别留意模糊不清的质量保证及理赔条款，除认真检查质量卡、产品合格证外，还应明确保修卡中的维修网点、常用零配件价格、保修时限、服务质量及收费透明度等内容，以防日后发生争议时难以判定责任。

3. 查验进口单据

在购买进口车时，应注意查验进口货物证明及关税、增值税等各项应交的税单，并仔细核对这些文件的真实性和完整性。如果购买的进口车手续不全，则可能存在两个问题：一是品质无法保证；二是无法完成上牌流程，导致车辆无法合法上路。

4. 第一次出现质量问题时的处理方法

当车辆第一次出现质量问题时，消费者切记不要就近随便修理，一定要到经销商指定的修理厂进行修理，并认真做好修理记录。如果车辆日后屡修不好，消费者可据此向经销商或制造厂索赔。如果消费者擅自修理，那么车辆存在的问题将无法确认责任方，经销商也会以此为由，认为是消费者自己修理坏的，从而拒绝消费者的赔偿要求。

5. 消费者与经销商发生纠纷的解决途径

当双方发生纠纷时，通常有三种解决问题的途径：一是双方自行协商解决；二是到市场管理部门或消费者协会、技术监督部门、工商管理部门等机构寻求第三方的调解；三是通过司法途径解决。

## 3.6 新车的启用

### 3.6.1 新车的接收与使用前的准备工作

对于新购入的车辆，运输单位应根据其不同的使用性能以及运输的客观实际需要，尽可能地将同一厂牌、同一车型的车辆分配到同一个运输队。为了使新车尽快投入正常运行，充分发挥其效能，延长其使用寿命，运输单位在接收新车及使用新车前应做好以下几项工作。

① 在接收新车时，应按车辆购置合同和车辆使用说明书的规定，对照车辆清单或装箱单进行验收，清点随车工具及附件等。在验收进口车辆时，应委托商检部门进行商检或邀请其共同验收，并办理商检手续。

② 在新车投入使用前，应对驾驶员和维修工进行技术培训。

③ 在新车投入使用前，应按制造厂的规定对车辆进行全面检查，重点检查车辆是否有缺件、损坏及制造质量等问题，如发现有较大问题，应及时分析和解决。

④ 建立车辆的技术档案。

⑤ 严格按照制造厂规定的技术要求进行车辆走合及使用，并做好走合前的维护工作。在索赔期内，如车辆发生损坏，应及时做出鉴定报告，及时索赔。属于制造厂责任的，应按规定程序向制造厂提出索赔申请，进行索赔。

⑥ 不要在索赔期内对车辆进行改装，以便进行索赔。同时要做好使用记录，以备查阅。

若接收的是在用车辆，应注意检查车辆装备是否齐全，技术状况是否良好。若接收的车辆有技术档案，则要注意查收其技术档案和有关技术资料。此外，应向交车单位或交车人了解车辆使用情况。在交接车辆后，视情况办理车辆的转籍和行驶证等手续。

### 3.6.2 新车表面油漆的护理

在现代汽车的生产过程中，车身表面大多采用静电喷涂工艺。新车在出厂前，油漆表面镜物清晰，无任何小划痕。但在出厂后经过库存和运输，新车表面会积存很多尘土。此时绝对不能在现场条件很差的情况下，仅用一桶水、一块棉纱就将尘土除去，那样对油漆表面不是护理而是伤害。在对车身进行养护时，最好用水直接冲刷，而不用干布、干毛巾、棉丝或海绵直接擦拭车身表面，尽量少用油墩布、毛掸清洁车身表面的尘土。

### 3.6.3 新车的开蜡

进口新车在外销时都会在汽车油漆表面喷涂一层封漆蜡，以防止漆膜在海上的长途运输中被海水侵蚀，这层封漆蜡主要由石蜡、树脂和特氟龙等组成，能对轿车表面漆起到近一年的保护作用。除掉这层封漆蜡的过程就叫新车的开蜡。

新车开蜡的最好方法是用开蜡液，具体开蜡方法如下。

① 选择无风、无太阳直接照射且远离草本植物的地方，车身不必预先清洗。

② 操作时，操作人员应戴橡胶手套、防护眼镜，并穿防护靴。

③ 将配制好的开蜡液装入手动或电动喷雾器中待用。

④ 按照由下至上的顺序，将配制好的开蜡液喷涂于车身表面，确保新车每个部位都能被喷出的溶液覆盖，保持湿润 2～3 min 后再用压力不超过 5 MPa 的高压水枪喷洗新车。注意车的缝隙处要喷洗干净，不能留下残液。

⑤ 仔细检查车身各部分，如有残留未洗净的蜡迹，应重新喷涂开蜡液，重新清洗，直到彻底洗干净。

⑥ 当车身表面的防护蜡层除净之后，可选用含有高分子材料的增光乳液或不含有研磨剂的车蜡做保洁处理，以保持漆膜的固有品质。

⑦ 冬季开蜡比较困难，因为低温使开蜡液不易与车身表面的封漆蜡产生化学反应。因此，冬季不宜进行开蜡操作，最好选择气温在 20 ℃ 以上时开蜡。

⑧ 如果没有开蜡液，也可用棉纱蘸取汽油、柴油或煤油进行擦拭。但汽油、柴油或煤油会与漆膜发生氧化反应，造成漆膜暗淡无光。另外，不干净的棉纱还会使漆膜受到损伤。因此，最好不要使用这种方法对新车开蜡。

## 3.7 汽车召回制度

目前，我国汽车保有量增加迅速，因质量问题导致的事故时有发生，许多厂家也表现出实施召回制度的积极姿态。但总的来看，现在还是说得多、做得少，毕竟做出这样的承诺，厂家会冒一定的风险，也可能造成经济上的巨大损失，难免存在缺陷。这需要政府通过行政手段加以引导，出台相关政策。

2004 年 3 月，国家市场监督管理总局（原国家质量监督检验检疫总局）等四部门发布了《缺陷汽车产品召回管理规定》，我国开始实行缺陷汽车产品召回制度。为了进一步规范缺陷汽车产品召回制度，加强监督管理，保障人身、财产安全，国务院于 2012 年 10 月发布《缺陷汽车产品召回管理条例》，并于 2019 年 3 月对该条例进行修订。

召回程序是否明确具体，是否具有针对性和可操作性，是确保生产者履行召回责任的前提。对此，《缺陷汽车产品召回管理条例》从以下三个方面做了规定：

一是明确了召回的启动程序。生产者获知汽车产品可能存在缺陷的，应当立即组织调查分析，并如实向国务院产品质量监督部门报告调查分析结果。生产者确认汽车产品存在缺陷的，应当立即停止生产、销售、进口缺陷汽车产品，并实施召回。国务院产品质量监督部门调查认为汽车产品存在缺陷的，应当通知生产者实施召回。生产者认为其汽车产品不存在缺陷的，可以自收到通知之日起 15 个工作日内向国务院产品质量监督部门提出异议，并提供证明材料。国务院产品质量监督部门应当组织与生产者无利害关系的专家对证明材料进行论证，必要时对汽车产品进行技术检测或者鉴定。生产者既不按照通知实施召回又不在本条第二款规定期限内提出异议的，或者经国务院产品质量监督部门依照本条第二款规定组织论证、技术检测、鉴定确认汽车产品存在缺陷的，国务院产品质量监督部门应当责令生产者实施召回；生产者应当立即停止生产、销售、进口缺陷汽车产品，并实施召回。

二是规定了召回的实施程序。生产者实施召回，应当按照国务院产品质量监督部门的规定制定召回计划，并报国务院产品质量监督部门备案。修改已备案的召回计划应当重新备案。生产者应当按照召回计划实施召回。对实施召回的缺陷汽车产品，生产者应当及时采取修正或者补充标识、修理、更换、退货等措施消除缺陷。国务院产品质量监督部门应当对召回实施情况进行监督，并组织与生产者无利害关系的专家对生产者消除缺陷的效果进行评估。

三是规定了召回的报告程序。生产者应当按照国务院产品质量监督部门的规定提交召回阶段性报告和召回总结报告。

针对生产者召回缺陷汽车产品存在的违法行为，《缺陷汽车产品召回管理条例》设定了严格的法律责任，在提高罚款额度的同时，增加了吊销有关许可等处罚措施。特别是针对生产者未停止生产、销售或者进口缺陷汽车产品，隐瞒缺陷情况，经责令召回拒不召回等严重违法行为，《缺陷汽车产品召回管理条例》规定对生产者处以缺陷汽车产品货值金额1%以上10%以下的罚款；有违法所得的，并处没收违法所得；情节严重的，由许可机关吊销有关许可。这样规定，可以有效促使生产者履行缺陷汽车产品的召回责任。

## 学习训练

1. 简述新车落户的基本流程。
2. 在购置车辆时，购车者需缴纳哪些费用？
3. 汽车保险有哪些种类？
4. 简述汽车保险理赔业务的一般程序。
5. 购置汽车时如何进行检查与验收？
6. 简述新车启用前应注意的事项。

## 任务报告

| 任务3：新车启用 ||
|---|---|
| 1. 接受任务（10分） | 得分： |
| 以小组为单位进行探讨，分析选购新车后到新车使用前应办理的手续，完成任务报告。 ||
| 2. 信息收集（40分） | 得分： |
| （1）是否必须投保交强险？<br>（2）新车需要缴纳哪些税费？<br>（3）分析车辆登记的方法。<br>（4）新车是否需要验车？ ||
| 3. 任务解答（50分） | 得分： |
| 新车落户的基本流程 ||
|  ||
| 评价 | 任务得分： |

任务4

# 汽车运行材料的合理选用

## 任务导入

随着汽车行业的不断发展，汽车运行材料的应用也在不断发展。在汽车运行过程中，运行材料是指使用周期较短、消耗费用较大、对汽车使用性能有较大影响的非金属材料，主要包括车用燃料、润滑油料、车用工作液和轮胎等。燃料消耗费用在汽车运输成本中所占比重很大，并会对环境产生不利的影响。如何合理使用这些运行材料成了汽车使用的重要一环。另外，汽车本身的性能也受运行材料的影响。因此，开发、选用和合理使用适合相应汽车的运行材料，不仅关系到资源的合理利用和用车的经济效益，还关系到汽车运行性能的发挥以及对环境的影响。正确选择、使用、补充或更换汽车运行材料，对提高运输效益、确保汽车安全具有重要意义。

## 知识目标

(1) 了解汽车常用运行材料的国际标准。
(2) 掌握汽车运行材料的使用性能及合理选用。
(3) 学会正确储运、保管和节约用油的知识。

## 能力目标

(1) 能够合理使用车用燃料、润滑油料、车用工作液及轮胎。
(2) 能够正确选用汽车行驶、保养维护所用的燃料、油品及其他消耗材料。

## 素质目标

(1) 培养学生服务意识，养成精益求精的服务理念。
(2) 培养学生懂法、守法和依法办事的法律思维。

## 4.1 车用燃料的合理选用

### 4.1.1 车用汽油的选用

**1. 车用汽油的使用性能**

(1) 适当的蒸发性。

汽油由液态转化为气态的性质称为汽油的蒸发性。

如果汽油的蒸发性不好，则混合气形成不良，低温时发动机启动困难、燃烧不完全，使发动机预热时间加长，不仅燃料消耗量会增加，HC 的排放浓度也会增加。因此，汽油应具有良好的蒸发性。但是，汽油的蒸发性过好也会发生许多问题：一是易使燃料供给系统产生气阻，气阻会导致发动机不能正常工作或停机后不能启动；二是使汽油在保管和使用中的蒸发损失增加，增加汽油蒸气的排放浓度；三是易使电子控制汽油喷射发动机中的炭罐过载，并且由于油路中气泡增多，不仅会影响喷油器流量的稳定性，而且会影响发动机的闭环控制，进而影响发动机排放污染物的治理。因此，汽油应具有适当的蒸发性。

汽油蒸发性的评定指标有馏程和饱和蒸气压。

① 馏程。

当用石油产品馏程测定仪对 100 mL 油品进行蒸馏时，从初馏点到终馏点的温度范围和残留量，称为该油品的馏程。汽油和轻柴油的馏程通常以一定馏出量（百分比）对应的回收温度表示。例如，汽油的馏程用 10% 回收温度、50% 回收温度、90% 回收温度、终馏点及残留量等参数表征。

在 100 mL 汽油按规定条件蒸馏后，蒸馏烧瓶内残留物质占试油的体积分数，称为残留量。

典型馏分回收温度对发动机工作的影响如下：

A. 10% 回收温度的影响。汽油的 10% 回收温度代表其轻质馏分的含量，它对发动机的低温启动性和燃料供给系统产生气阻的可能性影响很大。10% 回收温度越低，表明轻质馏分的含量越高，发动机在低温环境下越容易启动。然而，若 10% 回收温度过低，在高温工况下燃料供给系统更易发生气阻，导致供油不畅甚至中断。现行汽油国家标准未规定 10% 回收温度的下限，原因在于已通过限制汽油饱和蒸气压的最高值来控制气阻风险。

B. 50% 回收温度的影响。汽油的 50% 回收温度代表其中间馏分（介于轻质与重质馏分之间的汽油馏分）的含量，它能够反映汽油的平均蒸发性，并直接影响发动机的预热时间、加速性和运转稳定性等。

C. 90% 回收温度和终馏点的影响。汽油的 90% 回收温度和终馏点代表其重质馏分的含量。若 90% 回收温度过高，会导致汽油燃烧不完全，未充分燃烧的汽油将冲刷气缸壁上的润滑油膜，进而导致油底壳内的润滑油被稀释。这不仅会增加燃料消耗量，还会加剧发动机主要零部件的磨损。

石油产品馏程的测定按照《石油产品常压蒸馏特性测定法》（GB/T 6536—2010）的规定执行。

图 4-1 所示为燃气加热型蒸馏仪器。用量筒量取 100 mL 试油或轻柴油，将其倒入蒸馏烧瓶中，把温度计插入蒸馏烧瓶口中，然后按照要求用燃气加热器对蒸馏烧瓶中的油品加热。油品受热蒸发成气体，通过蒸馏烧瓶的支管进入冷凝器，经冷却后又变成液态，流入带刻度的量筒中，最后记录一定馏出量的回收温度和终馏点，测量出残留物的体积，并计算残留量的体积百分数。

② 饱和蒸气压。

在规定的条件下，油品在要求的试验仪器中达到气液两相平衡时，液面蒸气所产生的最大压力叫作饱和蒸气压。对于汽油，国内外均采用雷德法测量饱和蒸气压，它是指在 38 ℃ 条件下，当汽油与其蒸气的体积比为 1∶4 时测得的汽油最大蒸气压力。

汽油饱和蒸气压对发动机的低温启动性、燃料供给系统产生气阻的倾向、储存中的蒸发损耗、汽油蒸气的排放等有直接影响。汽油饱和蒸气压越大，它的蒸发性能越好，发动机在低温时就越容易启动，但在高温条件下使用时，燃料供给系统易产生气阻，储存和使用中的汽油蒸发损失变大，这会导致 HC 的排放浓度增加。

汽油饱和蒸气压与气温和大气压强有关，气温高、海拔高（大气压强低），汽油饱和蒸气压也随之增大。所以，汽车在高温和高原条件下使用，燃料供给系统易产生气阻，汽油蒸发损失大。

汽油的饱和蒸气压和馏程都是评定汽油蒸发性的指标。馏程是限制不高于某温度，是

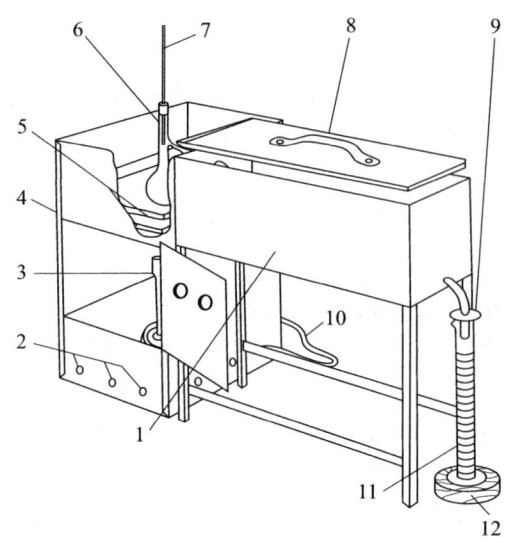

**图 4-1 燃气加热型蒸馏仪器**

1—冷凝浴；2—通风孔；3—燃气加热器；4—防护罩；5—耐热板；6—蒸馏烧瓶；
7—温度计；8—冷凝浴盖；9—遮盖纸；10—气体管线；11—带刻度的量筒；12—底座

保证汽油具有良好的蒸发性，保证发动机正常工作的指标；而饱和蒸气压是限制不大于一定值，以防止燃料供给系统产生气阻和减少汽油蒸气排放的指标。

（2）良好的抗爆性。

抗爆性是指汽油在汽油机内燃烧时不产生爆燃的性能。爆燃的危害有：使发动机功率下降，使燃料消耗量增加，使活塞、气缸垫、气门、火花塞、轴瓦等零件损坏，造成气缸的异常磨损。

为了提高汽油的抗爆性，既可以采用先进的炼制工艺生产抗爆性好的汽油，又可以在汽油中添加抗爆剂。在 20 世纪初，有研究发现，通过在汽油中添加四乙基铅，可以显著提高汽油的抗爆性，从而提高发动机的性能。这一发现迅速推动了含铅汽油的广泛使用。然而，随着时间的推移，人们逐渐认识到含铅汽油的严重问题。首先，含铅汽油在燃烧过程中会释放铅微粒，这些微粒对人体健康非常有害，长期吸入铅微粒可能导致一系列的健康问题（包括神经系统和肾脏的损害）。因此，从健康角度出发，减少含铅汽油的使用变得至关重要。其次，随着对汽车排放污染物要求的日益严格，含铅汽油的使用也受到了限制。为了达到更严格的排放标准，现代汽车必须安装三效催化转化器并采用闭环控制来保持严格的混合气空燃比。然而，铅会对这些设备产生"中毒"效应，降低设备的性能，甚至使其失效。因此，从环保和技术的角度出发，无铅汽油成为更好的选择。

无铅汽油的关键特征就在于它不再使用四乙基铅作为抗爆剂，而是采用了其他更为环保且同样具有优良抗爆性能的替代品，如甲基叔丁基醚等含氧化合物。评定汽油抗爆性的指标有辛烷值和抗爆指数。

① 辛烷值。辛烷值是表示点燃式发动机燃料抗爆性的一个约定数。在规定条件下的标准发动机试验中，通过与标准燃料进行比较来测定，其数值采用与被测定燃料具有相同抗爆性的标准燃料中的异辛烷的体积百分数表示。

测定辛烷值的标准燃料是用两种抗爆性悬殊的烷烃掺配而成的。一种是抗爆性良好的异辛烷，规定其辛烷值为 100；另一种是抗爆性极差的正庚烷，规定其辛烷值为 0。它们按不同比例掺配，便得到辛烷值从 0～100 各号的标准燃料。

按试验条件，辛烷值分为马达法辛烷值（MON）和研究法辛烷值（RON）两种。测定辛烷值的试验条件不同，所得的值也不一样。因此，引用辛烷值时应指明所采用的测定方法。

MON 是在苛刻试验条件下测得的辛烷值。例如，发动机转速较高、混合气温度较高、点火提前角较大等。

RON 是在温和试验条件下测得的辛烷值。例如，发动机转速较低、对混合气温度没有限制、点火提前角较小等。

② 抗爆指数。抗爆指数是 RON 与 MON 之和的一半，即：

$$抗爆指数 = \frac{RON + MON}{2} \tag{4-1}$$

抗爆指数能全面反映汽油在车辆运行过程中的抗爆性。

(3) 良好的氧化安定性。

汽油的氧化安定性是一个重要的质量指标，它决定了汽油在储存和使用过程中保持其原有性质的能力。从化油器（或喷油器）、进气门到燃烧室，汽油所处的温度越来越高，汽油烃类的氧化深度也随温度升高而增加，生成燃烧室沉积物和进气门沉积物，使化油器变脏、电喷发动机喷油器结胶堵塞以及进气门黏着关闭不严等，进而造成化油器或电喷系统不能正常工作，排气污染物浓度增加。

就汽油本身而言，汽油的烃组成、性质以及外部条件是影响汽油氧化安定性的关键因素。评定汽油氧化安定性的指标是实际胶质和诱导期。

实际胶质是在规定的条件下，对汽油进行快速蒸发后所测得的汽油蒸发残渣中的正庚烷不溶物，以 mg/100 mL 表示。汽油的实际胶质测定按《燃料胶质含量的测定 喷射蒸发法》（GB/T 8019—2008）的规定进行。

诱导期是在规定的氧化条件下，油品处于稳定状态所经历的时间周期，以 min 表示。汽油的诱导期测定按《汽油氧化安定性的测定 诱导期法》（GB/T 8018—2015）的规定进行。

自 20 世纪 50 年代汽油引用清净剂以来，发展迅速，相继解决了化油器、电喷发动机喷油器、进气门和燃烧室的沉积物问题。

国六标准是《轻型汽车污染物排放限值及测量方法（中国第六阶段）》（GB 18352.6—2016）的简称。该标准自 2020 年 7 月 1 日起对轻型汽车正式实施，所有销售和注册登记的轻型汽车都必须符合国六标准。该标准的实施分为两个阶段：第一阶段，从 2020 年 7 月 1 日起，所有轻型汽车必须符合国六 a 排放标准；第二阶段，从 2023 年 7 月 1 日起，所有轻型汽车必须符合更为严格的国六 b 排放标准。重型柴油车则有各自的实施时间表。此外，在中国销售的汽油也必须符合国六燃油标准。

在排放标准上，国六 a 阶段的限值略严于欧洲第六阶段排放标准，但相较于美国 Tier3 排放标准，其限值要求相对宽松；而国六 b 阶段的限值则基本与美国 Tier3 排放标准中规定的 2020 年平均限值相当。可以说，国六排放标准是当前世界上最为严格的排放标准之一。

国六汽油的特点主要体现在以下几个方面：一是烯烃含量限值更加严格，由 24% 分别降低至国六 a 阶段的 18% 和国六 b 阶段的 15%；二是芳烃含量限值更为严格，由 40% 降至 35%；三是苯含量限值由 1% 下降至 0.8%，这一标准甚至严于欧盟的 1% 标准；四是汽油馏程 50% 蒸发温度的限值也更加严格，由 120 ℃ 降至 110 ℃。

(4) 腐蚀性。

在汽油的运输、储存和使用过程中，汽油不可避免地会与各种金属接触。若汽油具有腐蚀性，将可能对运输设备、储油容器以及发动机零部件造成腐蚀。因此，对汽油的腐蚀性有着严格的要求。

(5) 无害性。

汽油的成分不仅直接影响汽车的排放污染，还关系到汽车排放污染控制装置的效果。因此，在生产无铅汽油时，必须对有害物质的含量进行严格控制。原国家环境保护总局发布的《车用汽油有害物质控制标准（第四、五阶段）》（GWKB 1.1—2011）中明确规定了苯、烯烃、芳烃、锰、铁、铜、铅、磷、硫等有害物质的含量控制限值。

(6) 严格的清洁性。

汽油中不应含有机械杂质和水分。机械杂质会使汽油喷射系统的喷油器堵塞，进入燃烧室后会增加燃烧室沉积物，加速气缸和活塞环的磨损。水分混入汽油中会加速汽油的氧化，生成酸性水溶液，腐蚀零件，并且水分直接对金属零件有锈蚀作用。在低温时，汽油中的水分易结成冰粒，从而堵塞油路。

2. 车用汽油的规范及标准

(1) 世界燃油规范。

世界燃油规范将车用无铅汽油和轻柴油分为四类：第一类适用于排放基本无控制的汽车；第二类适用于排放控制水平相当于 US Tier 0、US Tier 1、EU1、EU2 的汽车；第三类适用于排放控制水平相当于 LEV、ULEV、EUⅢ、EUⅣ 的汽车；第四类适用于排放控制有更高要求的汽车，如加州 LEV－Ⅱ、US Tier2、EUⅣ。

(2) 我国车用无铅汽油标准。

1999 年 12 月 28 日，国家发布《车用无铅汽油》（GB 17930—1999），这是我国车用无铅汽油第一个强制性国家标准。自 2001 年 1 月 1 日起，国家陆续发布了《车用乙醇汽油》（GB 18351—2001）、《车用乙醇汽油》（GB 18351—2004）、《车用汽油》（GB 17930—2006）、《车用汽油》（GB 17930—2011）、《车用汽油》（GB 17930—2013）、《车用汽油》（GB 17930—2016）等国家标准。车用汽油（ⅥB）技术要求和试验方法如表 4-1 所示。

表 4-1 车用汽油（ⅥB）技术要求和试验方法

| 项目 | | 质量指标 | | | 试验方法 |
|---|---|---|---|---|---|
| | | 89 | 92 | 95 | |
| 抗爆性： | | | | | |
| 研究法辛烷值（RON） | 不小于 | 89 | 92 | 95 | GB/T 5487 |
| 抗爆指数（RON+MON）/2 | 不小于 | 84 | 87 | 90 | GB/T 503、GB/T 5487 |
| 铅含量[①]/（g·L） | 不大于 | 0.005 | | | GB/T 8020 |

续表

| 项目 | | 质量指标 | | | 试验方法 |
|---|---|---|---|---|---|
| | | 89 | 92 | 95 | |
| 馏程: | | | | | GB/T 6536 |
|   10%蒸发温度/℃ | 不高于 | | 70 | | |
|   50%蒸发温度/℃ | 不高于 | | 110 | | |
|   90%蒸发温度/℃ | 不高于 | | 190 | | |
|   终馏点/℃ | 不高于 | | 205 | | |
|   残留量（体积分数）/% | 不大于 | | 2 | | |
| 蒸气压[2]/kPa: | | | | | GB/T 8017 |
|   11月1日～4月30日 | | | 45～85 | | |
|   5月1日～10月31日 | | | 40～65[3] | | |
| 胶质含量/（mg/100 mL）: | | | | | GB/T 8019 |
|   未洗胶质含量（加入清净剂前） | 不大于 | | 30 | | |
|   溶剂洗胶质含量 | 不大于 | | 5 | | |
| 诱导期/min | 不小于 | | 480 | | GB/T 8018 |
| 硫含量[4]/（mg/kg） | 不大于 | | 10 | | SH/T 0689 |
| 硫醇（博士试验） | | | 通过 | | NB/SH/T 0174 |
| 铜片腐蚀（50 ℃，3 h）/级 | 不大于 | | 1 | | GB/T 5096 |
| 水溶性酸或碱 | | | 无 | | GB/T 259 |
| 机械杂质及水分 | | | 无 | | 目测[5] |
| 苯含量[6]（体积分数）/% | 不大于 | | 0.8 | | SH/T 0713 |
| 芳烃含量[7]（体积分数）/% | 不大于 | | 35 | | GB/T 30519 |
| 烯烃含量[7]（体积分数）/% | 不大于 | | 15 | | GB/T 30519 |
| 氧含量[8]（质量分数）/% | 不大于 | | 2.7 | | NB/SH/T 0663 |
| 甲醇含量[1]（质量分数）/% | 不大于 | | 0.3 | | NB/SH/T 0663 |
| 锰含量[1]（g/L） | 不大于 | | 0.002 | | SH/T 0711 |
| 铁含量[1]（g/L） | 不大于 | | 0.01 | | SH/T 0712 |
| 密度[9]（20℃）（kg/m³） | | | 720～775 | | GB/T 1884、GB/T 1885 |

① 车用汽油中，不得人为加入甲醇以及含铅、含铁和含锰的添加剂。

② 也可采用 SH/T 0794 进行测定，在有异议时，以 GB/T 8017 方法为准。换季时，加油站允许有 15 天的置换期。

③ 广东、海南全年执行此项要求。

④ 也可采用 GB/T 11140、SH/T 0253、ASTM D7039 进行测定，在有异议时，以 SH/T 0689 方法为准。

⑤ 将试样注入 100 mL 玻璃量筒中观察，应当透明，没有悬浮和沉降的机械杂质和水分。在有异议时，以 GB/T 511 和 GB/T 260 方法为准。

⑥ 也可采用 GB/T 28768、GB/T 30519、SH/T 0693 进行测定，在有异议时，以 SH/T 0713 方法

为准。

⑦ 也可采用 GB/T 11132、GB/T 28768 进行测定，在有异议时，以 GB/T 30519 方法为准。

⑧ 也可采用 SH/T 0720 进行测定，在有异议时，以 NB/SH/T 0663 方法为准。

⑨ 也可采用 SH/T 0604 进行测定，在有异议时，以 GB/T 1884、GB/T 1885 方法为准。

（3）我国车用甲醇汽油标准。

我国车用甲醇汽油应符合《车用甲醇汽油（M85）》（GB/T 23799—2021）国家标准。

① 92 号车用清洁甲醇汽油。

A. 92 号车用清洁甲醇汽油是由 50% 的甲醇、38% 的汽油以及 12% 的多种添加剂复配而成的无铅环保清洁汽油。

B. 92 号车用清洁甲醇汽油的理化指标是：

a. 辛烷值≥90；

b. 抗爆指数≥85；

c. 终馏点＜200 ℃；

d. 饱和蒸气压≤80 kPa；

e. 实际胶质≤5 mg/100 mg；

f. 诱导期≥480 min；

g. 铜片腐蚀度（50 ℃，3 h）＜1；

h. 无机械杂质；

i. 汽车尾气残留量＜5 mg/L；

j. 其他指标与同标号国标汽油一致。

C. 92 号车用清洁甲醇汽油特点：具有节能、绿色环保的优越性能，动力强劲，燃油消耗量与传统汽油持平或更优，能够对汽车燃油系统污垢和燃烧室内积炭进行清洗，自行保养发动机，延长使用寿命。

D. 92 号车用清洁甲醇汽油适用车型：配备火花点燃式、电喷式、化油器式等发动机的农用汽车、客车、公共汽车、小货车等各类大、中、重型汽油车。

② 95 号车用清洁甲醇汽油。

A. 95 号车用清洁甲醇汽油是由 45% 的甲醇、42% 的汽油以及 13% 的多种添加剂复配而成的无铅环保清洁汽油。

B. 95 号车用清洁甲醇汽油的理化指标是：

a. 辛烷值≥93；

b. 抗爆指数≥88；

c. 终馏点＜200 ℃；

d. 饱和蒸气压≤76 kPa；

e. 实际胶质≤4.5 mg/100 mg；

f. 诱导期≥485 min；

g. 铜片腐蚀度（50 ℃，3 h）＜1；

h. 无机械杂质；

i. 汽车尾气残留量＜4 mg/L；

j. 其他指标与同标号国标汽油一致。

C. 95号车用清洁甲醇汽油特点：具有节能、绿色环保的优越性能，动力强劲，燃油消耗量与传统汽油持平或更优，能够对汽车燃油系统污垢和燃烧室内积炭进行清洗，自行保养发动机，延长使用寿命。

D. 95号车用清洁甲醇汽油适用车型：配备火花点燃式、电喷式、化油器式等发动机的农用汽车、客车、公共汽车、小货车、客货车、小轿车等各类大、中、重型汽油车。

③ 97号车用清洁甲醇汽油。

A. 97号车用清洁甲醇汽油是由35%的甲醇、50%的汽油以及15%的多种添加剂复配而成的无铅环保清洁汽油。

B. 97号车用清洁甲醇汽油的理化指标：

a. 辛烷值≥97；

b. 抗爆指数≥92；

c. 终馏点＜200 ℃；

d. 饱和蒸气压≤72 kPa；

e. 实际胶质≤4 mg/100 mg；

f. 诱导期≥480 min；

g. 铜片腐蚀度（50 ℃，3 h）＜1；

h. 无机械杂质；

i. 汽车尾气残留量＜4 mg/L；

j. 其他指标与同标号国标汽油一致。

C. 97号车用清洁甲醇汽油特点：具有节能、绿色环保的优越性能，动力强劲，燃油消耗量与传统汽油持平或更优，能够对汽车燃油系统污垢和燃烧室内积炭进行清洗，自行保养发动机，延长使用寿命。

D. 97号车用清洁甲醇汽油适用车型：配备火花点燃式、电喷式、化油器式等发动机的对油品要求高的轿车。

④ 98号车用清洁甲醇汽油。

A. 98号车用清洁甲醇汽油是由40%的甲醇、46%的汽油以及14%的多种添加剂复配而成的无铅环保清洁汽油。

B. 98号车用清洁甲醇汽油的理化指标：

a. 辛烷值≥95；

b. 抗爆指数≥90；

c. 终馏点＜200 ℃；

d. 饱和蒸气压≤75 kPa；

e. 实际胶质≤4.2 mg/100 mg；

f. 诱导期≥480 min；

g. 铜片腐蚀度（50 ℃，3 h）＜1；

h. 无机械杂质；

i. 汽车尾气残留量＜4.3 mg/L；

j. 其他指标与同标号国标汽油一致。

C. 98号车用清洁甲醇汽油特点：具有节能、绿色环保的优越性能，动力强劲，燃油消耗量与传统汽油持平或更优，能够对汽车燃油系统污垢和燃烧室内积炭进行清洗，自行保养发动机，延长使用寿命。

D. 98号车用清洁甲醇汽油适用车型：配备火花点燃式、电喷式、化油器式等发动机的豪华客车、小轿车等各类对油品性能要求较高的汽油车。

(4) 我国车用乙醇汽油标准。

《车用乙醇汽油（E10）》（GB 18351—2017）适用于在不添加含氧化合物的车用乙醇汽油调合组分油中加入一定量变性燃料乙醇及改善性能添加剂组成的车用乙醇汽油（E10）。

车用乙醇汽油是指在不添加含氧化合物的车用乙醇汽油调合组分油中加入10%（体积分数）的变性燃料乙醇调合而成的用作车用点燃式发动机的燃料。

车用乙醇汽油按RON划分为89号、92号、95号和98号四个牌号。

**3. 车用汽油的选择**

车用汽油的选择应遵循以下原则：

① 根据发动机压缩比进行抗爆性能选择，压缩比越大，汽油的牌号越高。

② 装有三元催化转化器和氧传感器的汽车必须使用无铅汽油。

③ 推广使用添加有效汽油清净剂的无铅汽油。

④ 注意国Ⅵ标准汽油对硫含量（不大于10 mg/kg）和烯烃含量（不大于15%）的限值要求。

⑤ 注意汽油质量是影响汽车动力性能和污染物排放的重要因素。

⑥ 根据季节选择汽油的蒸发性，冬季应选择饱和蒸气压为80～110 kPa的汽油，夏季应选择饱和蒸气压为40～65 kPa的汽油。

车用汽油选用特别提示如下：

发动机压缩比与汽油辛烷值存在对应关系，是选用汽油标号的核心参数，通常用户应选用车辆使用说明书推荐的标号。简单来说，压缩比高的发动机在使用低辛烷值汽油时会引发爆燃，造成动力下降、燃料消耗量增加和部件损坏。压缩比低的发动机在使用高辛烷值汽油时无法显著提升动力性能，虽无损害但经济性欠佳。一般来说，压缩比在8.0及以下的汽车选用89号或92号汽油，压缩比为8.1～9.0的汽车选用92号或95号汽油，压缩比为9.1～10.0的汽车选用95号或98号汽油，压缩比在10.0以上的汽车选用98号汽油。高原地区海拔每升高100 m，允许降低0.1个单位的辛烷值，但使用涡轮增压发动机或在重载工况下仍需保持原标号。

车用乙醇汽油标号在普通汽油标号前加"E"。压缩比对应关系为：7.5～8.0用E92，8.0～8.5用E95，8.5～9.0用E98，9.0以上需使用专用高压缩比燃料。乙醇汽油不得与普通汽油混储混用。

#### 4.1.2 车用轻柴油

**1. 柴油的使用性能**

柴油的馏分较重，柴油机的混合气在气缸内部形成，通过压燃方式着火。其燃烧过程包括四个阶段：着火延迟期、速燃期、缓燃期和后燃期。若燃烧异常，会导致工作粗暴。

这些特性使得柴油的使用性能与汽油有许多不同。

（1）良好的低温流动性。

柴油在低温条件下保持流动状态的能力称为低温流动性。

柴油中的烃分子一般含有15～28个碳原子，其中一部分为石蜡，通常在柴油中呈溶解状态。当温度降低时，石蜡析出并形成结晶网络，导致流动阻力增加甚至失去流动性。低温流动性直接影响燃料供给系统的低温供油性能，并与储存、运输等作业密切相关。评定柴油低温流动性的指标为凝点、浊点、冷滤点，我国现行标准采用凝点与冷滤点。

① 凝点。石油产品冷却至液面不移动时的最高温度称为凝点。

我国柴油牌号按凝点高低划分。凝点测定按《石油产品凝点测定法》（GB/T 510—2018）进行。

凝点测定仪如图 4-2 所示。测定方法概要：将试样装入试管并冷却至预期温度，将试管倾斜 45°并保持 1 min，观察液面移动情况，确定凝点。

② 冷滤点。在规定条件下，20 mL/min 流量的试样无法通过过滤器时的最高温度即为冷滤点。冷滤点是柴油低温流动性的核心指标，因其测定条件模拟发动机实际工况，可准确判定最低使用温度。例如，－50 号柴油的冷滤点为－44 ℃，适用于－44 ℃以上地区。

冷滤点测定执行《柴油和民用取暖油冷滤点测定法》（SH/T 0248—2006），该标准明确了试验装置与操作流程。

图 4-2　凝点测定仪

1—试管；2—搅拌器；3—套管；
4—温度计；5—冷却容器

（2）良好的燃烧性。

柴油的燃烧性主要指抗粗暴燃烧的能力。若着火延迟期过长，在气缸内积聚并完成燃烧准备的柴油就会过多，导致大量柴油同时燃烧，气缸压力急剧升高，发动机运转不平稳并发出异响，这种不正常燃烧现象称为"粗暴"。柴油机工作粗暴的后果与汽油机爆燃相似，会使曲柄连杆机构承受过大冲击力，产生强烈金属敲击声，加速零件磨损并导致发动机功率下降、燃料消耗量增加。柴油机的燃烧状况与喷油特性、燃烧室结构、运行条件及柴油燃烧性有关。

燃烧性良好的柴油自燃点低，在着火延迟期易形成高密集度的过氧化物，成为着火中心，故着火延迟期短。整个燃烧过程发热均匀，气体压力升高平缓，最高压力较低。

评定柴油燃烧性的指标是十六烷值。

① 十六烷值的概念。十六烷值是表示压燃式发动机燃料燃烧性的约定值。在规定条件的标准发动机试验中，通过与标准燃料进行比较来测定，其数值以被测燃料与标准燃料的着火延迟期相同时所需正十六烷的体积分数表示。

测定十六烷值的标准燃料由两种烃掺配而成：一种是燃烧性良好的正十六烷，规定其十六烷值为100；另一种是燃烧性较差的α-甲基萘，规定其十六烷值为0。它们按不同比例掺配，便得到十六烷值从0～100各号的标准燃料。

② 十六烷值对发动机工作的影响。柴油十六烷值影响燃烧过程和污染物排放浓度。十六烷值高的柴油发火性能好，着火延迟期短，工作平稳；反之则发火困难，着火延迟期

长,导致发动机工作粗暴。

十六烷值对柴油机中 HC、CO 和 $NO_x$ 排放浓度的影响与芳烃含量相关。芳烃含量越高,十六烷值越低,污染物排放浓度越高。

柴油十六烷值按《柴油十六烷值测定法》(GB/T 386—2021)测定。

(3) 较好的雾化和蒸发性。

为了保证柴油机的动力性和经济性,燃烧过程必须在活塞位于压缩行程上止点附近时迅速完成,要求喷油持续时间极为短促,只有 15°～30°曲轴转角,混合气形成时间只有汽油机的 1/30～1/20。在既定的燃烧室和喷油设备条件下,柴油的雾化和蒸发性决定了混合气形成的速度和质量。如果柴油的雾化和蒸发性差,可能产生以下不良后果:

① 未蒸发的柴油在高温、高压条件下分解析出炭粒,产生黑烟,与废气一同排出气缸,使燃料消耗量和污染物排放增加。

② 未分解和燃烧的柴油经气缸壁渗入油底壳,稀释发动机油,影响正常润滑,加剧发动机零件磨损。

③ 柴油馏分重,黏度必然大,使喷雾质量低,混合气不均匀,产生后燃现象,使发动机过热,功率下降。

④ 发动机难以启动。柴油的雾化和蒸发性过强,不仅在储存和运输中蒸发损失大,而且安全性差,所以要求柴油具有较好的雾化和蒸发性。

评定柴油雾化和蒸发性的指标是馏程、运动黏度、密度和闪点。

闪点有闭口闪点和开口闪点之分。柴油采用闭口闪点评定,发动机油、车辆齿轮油采用开口闪点评定。石油产品用闭口杯在规定条件下加热到柴油蒸气与空气的混合气接触火焰发生闪火时的最低温度,称为闭口闪点。柴油的闪点既是评定柴油雾化和蒸发性的指标,也是评定柴油安全性的指标。如果柴油的雾化和蒸发性过强,将使柴油机工作粗暴,而且在储存、运输和使用中不安全。油品的危险等级就是根据闪点划分的。闪点在 45 ℃以下的为易燃品,在 45 ℃以上的为可燃品。在储存运输中禁止油品达到闪点温度,加热的最高温度一般应比闪点低 20～30 ℃。

柴油的闭口闪点测定按照《闪点的测定 宾斯基-马丁闭口杯法》(GB/T 261—2021)的规定进行。

(4) 良好的安定性。

柴油的安定性是指柴油在运输、储存和使用过程中保持颜色、组成和使用性能不变的能力。柴油的安定性不好,会氧化结胶,在燃烧室内生成积炭和胶状沉积物,附在活塞顶和气门上,造成气门关闭不严;还会使燃油滤清器堵塞,在喷油器针阀上生成漆状沉积物,造成针阀黏滞,形成积炭,使喷雾恶化,甚至中断供油,干扰正常燃烧,导致排放污染增加。

影响柴油安定性的主要因素是柴油中所含的不安定组分,主要是二烯烃、烯烃等不饱和烃。柴油的馏分过重,环烷烃和芳烃含量增加,胶质含量也增加,安定性随之变差。评定柴油安定性的指标包括色度、氧化安定性和 10%蒸余物残炭,下面主要介绍后两种指标。

① 氧化安定性。氧化安定性是指一定量的过滤后试油,在规定的条件下氧化后所测得的总不溶物量。总不溶物是黏附性不溶物和可过滤不溶物之和。黏附性不溶物是指在规

定的试验条件下,试油在氧化过程中产生并在试油排出后黏附在氧化管壁上的异辛烷不溶物。可过滤不溶物是指在规定的试验条件下,试油在氧化过程中产生且通过过滤可分离的物质,包括氧化后试油中的悬浮物质及管壁上可被异辛烷冲洗下来的物质。

轻柴油氧化安定性的测定按照《馏分燃料油氧化安定性测定法(加速法)》(SH/T 0175—2004)进行。方法概要为:将已过滤的 350 mL 试油注入氧化管,通入氧气(流速 50 mL/min),在 95 ℃恒温氧化 16 h。氧化后试油冷却至室温过滤,得到可过滤不溶物;用三合溶剂清洗氧化管壁,蒸发去除溶剂,得到黏附性不溶物。总不溶物量以 mg/100 mL 表示。

② 10%蒸余物残炭。取馏程中馏出 90%后的蒸余物作为试样,经裂解后形成的残留物称为 10%蒸余物残炭。残炭值越大,柴油在燃烧室生成积炭的风险越高,喷油器孔结胶堵塞的概率越大,影响柴油机正常工作。

柴油的 10%蒸余物残炭测定按照《石油产品残炭测定法(电炉法)》(SH/T 0170—1992)进行。

(5) 腐蚀性。

柴油中的腐蚀性物质包括硫、硫醇硫、有机酸、水溶性酸和碱。由于柴油属于中馏分,硫及硫醇硫含量较高,对零件的腐蚀作用强,且会加速发动机沉积物的生成。评定柴油腐蚀性的指标是硫含量和酸度。

① 硫含量。柴油的硫含量不仅影响排放污染,还会加剧发动机磨损。我国现行轻柴油标准规定硫含量不大于 10 mg/kg(符合国Ⅵ标准)。试验表明,发动机腐蚀磨损量与硫含量呈线性关系,如图 4-3 所示。柴油中的硫化物(无论活性或非活性)燃烧后生成二氧化硫和三氧化硫,在气缸低温区与水蒸气反应生成亚硫酸和硫酸,强烈腐蚀发动机部件,并促使机油成分磺酸化或胶质化,加速机油老化。酸性

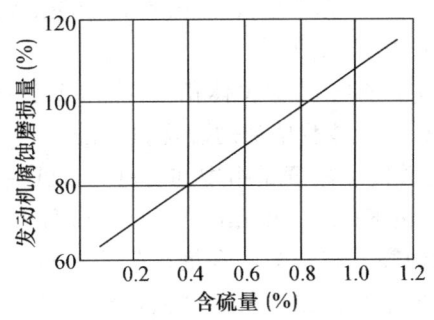

图 4-3　柴油含硫量对柴油机磨损量的影响

氧化物还会与气缸壁上的机油及未燃烧的柴油发生反应,加剧烃类聚合,导致燃烧室、活塞顶和排气门沉积物增多。

轻柴油硫含量的测定按照《石油产品硫含量测定法(燃灯法)》(GB/T 380—1977)进行。

硫含量测定仪如图 4-4 所示。测定时首先在预先清洗并干燥过的燃烧灯内注入规定量的被测柴油作为灯油,当柴油完全浸透灯芯后,把灯芯露出灯管外的部分修剪掉。然后调整燃烧灯的火焰,使火焰高度为 5~6 mm,随即熄灭火焰,盖上灯罩,并称量燃烧灯的质量。在装有玻璃珠的吸收器内注入 10 mL 0.3%碳酸钠溶液和 10 mL 蒸馏水,随即装好液滴收集器和烟道。在实际测定中,为了取平行测定的两个结果的算术平均值,应与上述同法装好另一套仪器。同样准备好第三套仪器,但其灯油改用正庚烷或乙醇(或无硫汽油),作空白滴定用,燃烧灯不必称量。然后将前两套仪器均连接在抽气泵上,开动抽气泵使空气均匀而缓和地通过吸收器。这时把两个燃烧灯同时点燃(禁止使用火柴点燃),

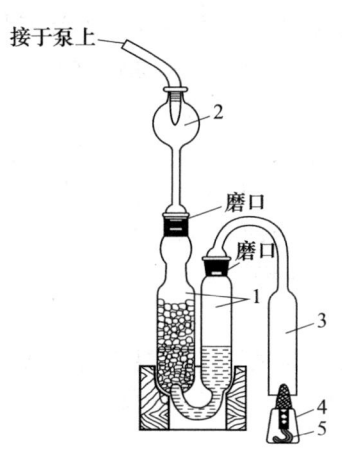

图 4-4 硫含量测定仪

1—吸收器；2—液滴收集器；3—烟道；
4—带有灯芯的燃烧灯；5—灯芯

置入各自烟道下，并调整火焰高度。当被测柴油烧尽后，即用灯罩盖住灯芯管，经过 3～5 min，关闭抽气泵。这时拆开仪器，一方面称量点燃过被测柴油的燃烧灯，另一方面用洗瓶喷射蒸馏水洗涤液滴收集器、烟道和吸收器上部，并使洗液集中到吸收器中。随后向每个吸收器中滴入 1～2 滴溴甲酚绿和甲基橙的混合指示剂。用 0.05 mol/L 盐酸溶液滴定，此时辅以吹气办法搅拌溶液。把用正庚烷或乙醇（或无硫汽油）作灯油的吸收液（空白溶液）滴定至呈红色。再把被测柴油作灯油的吸收液同样滴定至红色，最后按式（4-2）计算被测柴油的硫含量：

$$X = \frac{(V - V_1)K \times 0.0008}{G} \times 100\% \quad (4\text{-}2)$$

式中  $X$——被测柴油的硫含量（%）；

$V$——滴定空白试液所消耗的盐酸溶液的体积（mL）；

$V_1$——滴定吸收试样燃烧生成物的溶液所消耗的盐酸溶液的体积（mL）；

$K$——换算为 0.05 mol/L 盐酸溶液的修正系数（是盐酸的实际浓度与 0.05 mol/L 的比值）；

0.0008——单位体积 0.05 mol/L 盐酸溶液所相当的硫含量（g/mL）；

$G$——被测柴油的燃烧量（g）。

② 酸度。酸度是指中和 100 mL 试油中的酸性物质所需要的氢氧化钾（KOH）毫克数，以 mg KOH/100 mL 表示。有机酸大部分含在石油中馏分中，因此柴油中有机酸的含量比汽油高。有机酸的含量在柴油规格中用酸度表示。柴油的酸度大，会使发动机沉积物增加，加速喷油泵柱塞副磨损，导致喷油器头部和燃烧室积炭增多，从而引发喷雾恶化、柴油机功率降低及气缸活塞组件磨损加剧。

(6) 无害性。

柴油中的芳烃含量和硫含量对柴油机的排放污染影响很大。柴油中的芳烃（特别是多环芳烃）含量对柴油机颗粒物的排放影响最大。试验表明，柴油机的颗粒物排放量随芳烃含量的增加而急剧上升。因为芳烃是以苯环为基础的牢固结合体，它不仅含碳量高，而且化学结构牢固，不易燃烧，故容易形成炭粒。世界燃油规范对总芳烃含量和多环芳烃含量等指标均提出了严格的限值。柴油中的硫含量对柴油机颗粒物排放影响也很大。硫含量是关键环保指标，国Ⅵ车用柴油要求不大于 10 mg/kg，相比国Ⅴ进一步降低。

(7) 严格的清洁性。

柴油机的燃料供给系统有许多精密偶件，如喷油泵的柱塞副间隙仅为 0.0015～0.0025 mm。若柴油中混入坚硬的杂质，就会堵塞油路并使柴油机机件产生磨损。同样，水分的存在会增加硫化物对金属零件的腐蚀作用。评定柴油清洁性的指标是水分、灰分和机械杂质。

① 水分。在轻柴油规格中要求水分不大于"痕迹"，"痕迹"表示水分为 0.03%。柴

油水分测定可以目测,精确测定按照《石油产品水含量的测定 蒸馏法》(GB/T 260—2016)的规定进行。

② 灰分。溶于柴油中的无机盐类、有机盐类以及不能燃烧的机械杂质经过灼烧后所剩余的不燃物质,称为灰分。灰分间接表示上述物质的含量,这些物质能侵蚀金属,在摩擦副中起磨粒作用,是造成气缸壁与活塞环以及喷油泵柱塞副偶件磨损的主要原因之一。

柴油的灰分测定按照《石油产品灰分测定法》(GB/T 508—1985)的规定进行。

2. 柴油标准

车用柴油(Ⅵ)技术要求和试验方法如表4-2所示。

表4-2 车用柴油(Ⅵ)技术要求和试验方法

| 项 目 | | 质量指标 | | | | | | 试验方法 |
|---|---|---|---|---|---|---|---|---|
| | | 5号 | 0号 | -10号 | -20号 | -35号 | -50号 | |
| 氧化安定性(以总不溶物计)/(mg/100 mL) | 不大于 | 2.5 | | | | | | SH/T 0175 |
| 硫含量①/(mg/kg) | 不大于 | 10 | | | | | | SH/T 0689 |
| 酸度(以KOH计)/(mg/100 mL) | 不大于 | 7 | | | | | | GB/T 258 |
| 10%蒸余物残炭②(质量分数)/% | 不大于 | 0.3 | | | | | | GB/T 17144 |
| 灰分(质量分数)/% | 不大于 | 0.01 | | | | | | GB/T 508 |
| 铜片腐蚀(50 ℃,3 h)/级 | 不大于 | 1 | | | | | | GB/T 5096 |
| 水含量③(体积分数)/% | | 痕迹 | | | | | | GB/T 260 |
| 润滑性<br>  校正磨痕直径(60 ℃)/μm | | 460 | | | | | | SH/T 0765 |
| 多环芳烃含量④(质量分数)/% | 不大于 | 7 | | | | | | SH/T 0806 |
| 运动黏度⑤(20 ℃)/(mm²/s) | | 3.0~8.0 | | 2.5~8.0 | | 1.8~7.0 | | GB/T 265 |
| 凝点/℃ | 不高于 | 5 | 0 | -10 | -20 | -35 | -50 | GB/T 510 |
| 冷滤点/℃ | 不高于 | 8 | 4 | -5 | -14 | -29 | -44 | SH/T 0248 |
| 闪点(闭口)/℃ | 不低于 | 60 | | 50 | | 45 | | GB/T 261 |
| 十六烷值 | 不小于 | 51 | | 49 | | 47 | | GB/T 386 |
| 十六烷指数⑥ | 不小于 | 46 | | 46 | | 43 | | SH/T 0694 |
| 馏程:<br>50%回收温度/℃<br>90%回收温度/℃<br>95%回收温度/℃ | 不高于<br>不高于<br>不高于 | 300<br>355<br>365 | | | | | | GB/T 6536 |
| 密度⑦(20 ℃)/(kg/m³) | | 810~845 | | | 790~840 | | | GB/T 1884<br>GB/T 1885 |
| 脂肪酸甲酯含量⑧(体积分数)/% | 不大于 | 1.0 | | | | | | NB/SH/T 0916 |

续表

| 项　　目 | 质量指标 | | | | | | 试验方法 |
|---|---|---|---|---|---|---|---|
| | 5号 | 0号 | -10号 | -20号 | -35号 | -50号 | |

① 也可采用 GB/T 11140 和 ASTM D7039 进行测定，结果有异议时，以 SH/T 0689 方法为准。
② 也可采用 GB/T 268 进行测定，结果有异议时，以 GB/T 17144 方法为准。若车用柴油中含有硝酸酯型十六烷值改进剂，10%蒸余物残炭的测定应使用不加硝酸酯的基础燃料进行。
③ 可用目测法，即将试样注入 100 mL 玻璃量筒中，在室温（20 ℃±5 ℃）下观察，应当透明，没有悬浮和沉降的水分。也可采用 GB/T 11133 和 SH/T 0246 测定，结果有异议时，以 GB/T 260 方法为准。
④ 也可采用 SH/T 0606 进行测定，结果有异议时，以 SH/T 0806 方法为准。
⑤ 也可采用 GB/T 30515 进行测定，结果有异议时，以 GB/T 265 方法为准。
⑥ 十六烷指数的计算也可采用 GB/T 11139。结果有异议时，以 SH/T 0694 方法为准。
⑦ 也可采用 SH/T 0604 进行测定，结果有异议时，以 GB/T 1884 和 GB/T 1885 方法为准。
⑧ 脂肪酸甲酯应满足 GB/T 20828 要求。也可采用 GB/T 23801 进行测定，结果有异议时，以 NB/SH/T 0916 方法为准。

3. 轻柴油的选择

轻柴油的选择是按风险率为 10% 的最低气温进行牌号的选择。

某月风险率为 10% 的最低气温值，表示该月中最低气温低于该值的概率为 0.1，或者说该月中最低气温高于该值的概率为 0.9。各地区风险率为 10% 的最低气温不仅是选择柴油牌号的依据，也是选择发动机油、车辆齿轮油和制动液等的依据。

柴油牌号的选择一般应使最低使用温度等于或略高于柴油的凝点，具体如下：

① 5 号柴油。适用于风险率为 10% 的最低气温在 8 ℃ 以上的地区。
② 0 号柴油。适用于风险率为 10% 的最低气温在 4 ℃ 以上的地区。
③ -10 号柴油。适用于风险率为 10% 的最低气温在 -5 ℃ 以上的地区。
④ -20 号柴油。适用于风险率为 10% 的最低气温在 -14 ℃ 以上的地区。
⑤ -35 号柴油。适用于风险率为 10% 的最低气温在 -29 ℃ 以上的地区。
⑥ -50 号柴油。适用于风险率为 10% 的最低气温在 -44 ℃ 以上的地区。

车用柴油选用特别提示如下：

① 不同牌号的柴油可以掺兑使用，以降低高凝点柴油的凝点。但应注意，凝点的调整无严格的加成关系。例如，-10 号和 -20 号的柴油按各 50% 掺兑后，其凝点不是 -15 ℃，而是在 -13～-14 ℃。另外，还可在柴油中掺入 10%～40% 的裂化煤油以降低凝点，掺兑后应注意搅拌均匀。

② 柴油不能与汽油混用。柴油中不得掺入汽油，因为汽油的自燃温度比柴油高，且发火性能差。混合使用将会导致柴油机启动困难、排气管冒黑烟，甚至不能启动；柴油机有时还会出现爆燃现象，加剧机件磨损；同时燃烧室和排气系统会产生大量胶质或积炭，严重破坏润滑，导致柴油机早期损坏。

③ 合理低温启动。解决柴油机低温启动困难的主要途径是选择黏度合适的润滑油、预热、对蓄电池保温等；也可采用辅助启动法，即用馏分轻、挥发性好、自燃点低且又有一定十六烷值的低温启动液，使用时可附加一套启动液使用装置，也可以用注射器直接将

10～25 mL的低温启动液注入进气管中。

启动液的主要成分是乙醚，沸点为34.5 ℃，40 ℃时的饱和蒸气压为0.12 MPa，闪点为41 ℃。其蒸气在188 ℃时能在空气中自燃，所以既易点燃又易压燃。切不可将低温启动液与柴油混用，否则易造成气阻现象。

④ 柴油必须净化。柴油中若含有杂质，极易造成燃料供给系统精密件的堵塞或卡死。因此，使用柴油前必须经沉淀过滤，沉淀时间不得少于48 h；同时要及时更换或清洗柴油滤清器的滤芯，以保持其良好的过滤效果。

### 4.1.3 汽车新能源

开发和利用低排放的新型能源汽车已成为世界许多国家减少汽车对石油资源的过度依赖、保证本国能源安全和实现汽车工业可持续发展的基本战略之一。

汽车新能源包括压缩天然气（CNG）、液化天然气（LNG）、液化石油气（LPG）、甲醇、乙醇、二甲醚（DME）、电能、氢能等。主要车用燃料的物理化学特性如表4-3所示。

表4-3 主要车用燃料的物理化学特性

| | 柴油 | 汽油 | 甲醇 | 乙醇 | LPG | CNG | DME |
|---|---|---|---|---|---|---|---|
| 化学组成 | $C_{15}H_{28}$ | $C_7H_{15}$ | $CH_4O$ | $C_2H_6O$ | $C_3H_8$ | $CH_4$ | $C_2H_6O$ |
| 分子量 | 208 | 99 | 32 | 46 | 44.1 | 16 | 46 |
| C（m/m）（%） | 86.1 | 84.9 | 37.5 | 52.2 | 82.3 | 75.0 | 52.2 |
| H（m/m）（%） | 13.9 | 15.1 | 12.5 | 13.0 | 17.7 | 25.0 | 13.0 |
| O（m/m）（%） | 0 | 0 | 50.0 | 34.8 | 0 | 0 | 34.8 |
| 液态密度（20 ℃时）（kg/L） | 0.840 | 0.740 | 0.795 | 0.790 | 0.540 | — | 0.668 |
| 低热值（MJ/kg） | 42.7 | 42.5 | 19.7 | 26.8 | 46.0 | 47.7 | 28.4 |
| 蒸发热（kJ/kg） | ～6.0 | ～8.0 | 56.4 | 33.8 | 8.6 | — | 14.4 |
| 研究法辛烷值 | — | 95 | >110 | >100 | ～100 | ～130 | ～130 |
| 十六烷值 | 45～55 | — | — | — | — | — | 55～60 |

**1. 天然气**

天然气是以甲烷为主要成分的气体。按其存在形式可分为压缩天然气和液化天然气两种。压缩天然气是经压缩，压力在10～25 MPa范围内的天然气。液化天然气是经净化处理、深度冷却后变成液态的天然气。

（1）天然气的特性。

① 低热值高。

② 抗爆性好，研究法辛烷值达130。

③ 天然气与空气混合后具有很宽的着火极限范围，有利于发动机稀燃技术的应用。

④ 天然气汽车经过认真匹配后，可比不带后处理的汽油车排放的CO和HC低许多。

（2）压缩天然气的技术指标。

表4-4所示为车用压缩天然气的技术指标。

表 4-4　车用压缩天然气的技术指标

| 项　　目 | | 技术指标 |
|---|---|---|
| 高位发热量（MJ/m³） | ≥ | 31.4 |
| 总硫（以硫计）（mg/m³） | ≤ | 100 |
| 硫化氢（mg/m³） | ≤ | 15 |
| 二氧化碳 mol：mol/% | ≤ | 3.0 |
| 氧气 mol：mol/% | ≤ | 0.5 |
| 水/（mg/m³） | | 在汽车驾驶的特定地理区域内，在压力不大于 25 MPa 和环境温度不低于 -13 ℃ 的条件下，水的质量浓度应不大于 30 mg/m³ |
| 水露点/℃ | | 在汽车驾驶的特定地理区域内，在压力不大于 25 MPa 和环境温度低于 -13 ℃ 的条件下，水露点应比最低环境温度低 5 ℃ |

**2. 液化石油气**

液化石油气是以丙烷为主要成分的气体，使用时经压缩成液态。液化石油气分为油田液化石油气和炼厂液化石油气两类。

(1) 液化石油气的特性。

① 低热值高。

② 抗爆性好，研究法辛烷值在 94～110。

③ 燃烧完全，积炭少。

④ 液化石油气汽车经过认真匹配后，可比不带后处理的汽油车排放的 CO 低得多，HC 和 $NO_X$ 的排放量比天然气汽车高。

(2) 液化石油气的技术指标。

表 4-5 所示为车用液化石油气的技术指标。

表 4-5　车用液化石油气的技术指标

| 项　　目 | | 技术指标 |
|---|---|---|
| 密度（15 ℃）/（kg/m³） | | 报告 |
| 马达法辛烷值 MON | 不小于 | 89.0 |
| 二烯烃（包括1,3-丁二烯）摩尔分数/% | 不大于 | 0.5 |
| 硫化氢 | | 无 |
| 铜片腐蚀（40℃，1 h）/级 | 不大于 | 1 |
| 总硫含量（含赋臭剂）/（mg/kg） | 不大于 | 50 |
| 蒸发残留物/（mg/kg） | 不大于 | 60 |
| C5 及以上组分质量分数/% | 不大于 | 2.0 |
| 蒸气压（40 ℃，表压）/kPa | 不大于 | 1550 |
| 最低蒸气压（表压）为 150 kPa 的温度/℃ | | |
| -10 号 | 不高于 | -10 |
| -5 号 | 不高于 | -5 |

续表

| 项　　目 | | 技术指标 |
|---|---|---|
| 0 号 | 不高于 | 0 |
| 10 号 | 不高于 | 10 |
| 20 号 | 不高于 | 20 |
| 游离水 | | 通过 |
| 气味 | | 体积浓度达到燃烧下限的 20% 时有明显异味 |

3. 甲醇

甲醇由天然气、煤等化石燃料制成，或来自化工副产品的液态燃料。

(1) 甲醇的特性。

① 抗爆性好，研究法辛烷值达 112。

② 甲醇的着火极限范围宽，且能在较稀的混合气状态下工作，可以实现稀燃技术的应用。

③ 甲醇燃烧时微粒物排放极少，HC 排放量较少，$NO_x$ 的排放量约为轻柴油的 50%。

④ 甲醇的蒸发潜热大，使低温启动和低温运行性能恶化。

⑤ 甲醇的低热值为汽油或柴油的 52%。

⑥ 甲醇汽油对金属具有较强的电化学腐蚀能力。

⑦ 各种比例的甲醇汽油对发动机燃料供给系统的橡胶材料都有不同程度的溶胀作用。因此，若要推广甲醇汽油，发动机燃料供给系统的橡胶材料必须选择与汽油和甲醇汽油都有良好相容性的橡胶材料。

⑧ 甲醇的沸点低、蒸气压高，容易产生气阻等现象。

(2) 甲醇的技术指标。

表 4-6 所示为车用燃料甲醇的技术指标。

表 4-6 车用燃料甲醇的技术指标

| 项　　目 | | 技术指标 |
|---|---|---|
| 外观 | | 无色透明液体，无可见杂质 |
| 密度（$\rho_{20}$）/（g/cm³） | | 0.791～0.793 |
| 沸程（0 ℃，101.3 kPa，在 64.0 ℃～65.5 ℃范围内，包括 64.6 ℃±0.1 ℃）/℃ | ≤ | 1.0 |
| 水，$w$/% | ≤ | 0.15 |
| 酸（以 HCOOH 计），$w$/% | ≤ | 0.003 |
| 或碱（以 $NH_3$ 计），$w$/% | ≤ | 0.0008 |
| 无机氯含量/（mg/L） | ≤ | 1 |
| 钠含量/（mg/kg） | ≤ | 2 |

续表

| 项　　目 | | 技术指标 |
|---|---|---|
| 蒸发残渣，$w/\%$ | ≤ | 0.003 |

4. 乙醇

乙醇是由有机物（一般利用农作物，如玉米、甘蔗等）制成的液态燃料。乙醇的特性与甲醇类似，主要是燃料自身含氧、自燃点温度和辛烷值高、着火极限范围宽、蒸发潜热大、沸点低等。加入变性剂后不适于饮用的燃料乙醇，称为变性燃料乙醇。乙醇汽油是在不添加含氧化合物液体烃类中加入一定量变性燃料乙醇后用作点燃式内燃机的燃料，加入量为10%（体积分数），称为E10。2017年4月2日，我国发布了《车用乙醇汽油（E10）》（GB 18351—2017）。车用乙醇汽油（E10）（ⅥA）技术要求如表4-7所示。

表4-7　车用乙醇汽油（E10）（ⅥA）技术要求

| 项　　目 | | 质量指标 | | |
|---|---|---|---|---|
| | | 89 | 92 | 95 |
| 抗爆性： | | | | |
| 　研究法辛烷值（RON） | 不小于 | 89 | 92 | 95 |
| 　抗爆指数（RON+MON）/2 | 不小于 | 84 | 87 | 90 |
| 铅含量/（g/L） | 不大于 | 0.005 | | |
| 馏程： | | | | |
| 　10%蒸发温度/℃ | 不高于 | 70 | | |
| 　50%蒸发温度/℃ | 不高于 | 110 | | |
| 　90%蒸发温度/℃ | 不高于 | 190 | | |
| 　终馏点/℃ | 不高于 | 205 | | |
| 　残留量（体积分数）/% | 不大于 | 2 | | |
| 蒸气压/kPa | | | | |
| 　11月1日至4月30日 | | 45～85 | | |
| 　5月1日至10月31日 | | 40～65 | | |
| 胶质含量/（mg/100 mL） | 不大于 | | | |
| 　未洗胶质含量（加入清净剂前） | | 30 | | |
| 　溶剂洗胶质含量 | | 5 | | |
| 诱导期/min | 不小于 | 480 | | |
| 硫含量/（mg/kg） | 不大于 | 10 | | |
| 硫醇（博士试验） | | 通过 | | |
| 铜片腐蚀（50 ℃，3 h）/级 | 不大于 | 1 | | |
| 水溶性酸或碱 | | 无 | | |
| 机械杂质 | | 无 | | |

续表

| | | |
|---|---|---|
| 水分（质量分数）/% | 不大于 | 0.20 |
| 乙醇含量（体积分数）/% | | 10.0±2.0 |
| 其他有机含氧化合物含量（质量分数）/% | 不大于 | 0.5 |
| 苯含量（体积分数）/% | 不大于 | 0.8 |
| 芳烃含量（体积分数）/% | 不大于 | 35 |
| 烯烃含量（体积分数）/% | 不大于 | 18 |
| 锰含量/（g/L） | 不大于 | 0.002 |
| 铁含量/（g/L） | 不大于 | 0.010 |
| 密度（20 ℃）/（kg/m³） | | 720~775 |

5. 二甲醚

二甲醚是一种由煤、煤层气、天然气和生物原料生产出来的燃料，它在常温下为惰性气体，无致癌作用、无腐蚀、无毒，长期暴露在空气中也不会形成过氧化物。由于二甲醚的十六烷值高，燃料中含氧量较高，柴油机使用二甲醚作为燃料时所产生的排放物和噪声可大幅度降低。

二甲醚具有以下特性。

① 二甲醚分子结构中不含 C-C 键，且氧的质量分数高达 34.8%，这为发动机实现无烟排放奠定了基础。

② 二甲醚十六烷值高于柴油，具有良好的自燃性能，非常适合作为柴油机的代用燃料。

③ 二甲醚沸点较低（-24.9℃），能够迅速形成良好的混合气，从而缩短了滞燃期，使柴油机具有良好的冷启动性能。但二甲醚在常温、常压下为气态，因此燃料供给系统需要改动。

④ 二甲醚热值仅为柴油热值的 66.8%，二甲醚密度只有柴油密度的 78.5%。为了达到与柴油相当的动力性能，需供给体积为柴油 1.9 倍的二甲醚。

⑤ 二甲醚黏度低（为柴油的 0.037~0.075），易使燃料供给系统发生泄漏，也易使偶件发生早期磨损。

⑥ 对金属无腐蚀作用，对普通橡胶、塑料有腐蚀作用。

6. 电能

以电能为动力的汽车称为电动汽车。电动汽车的基本形式有蓄电池式和燃料电池式两种。混合动力汽车的应用日趋广泛。将其他能源转变为电能并储存在蓄电池中作为动力源的汽车称为纯电动汽车。目前，纯电动汽车的研究开发主要集中在高性能车用动力电池方面，以锂电池为重点。

燃料电池是一种将化学能直接转变为电能的电化学反应装置，通常由多孔渗透的阳极和阴极以及连接它们的电解质组成，如图 4-5 所示。在燃料电池中，将汽化的燃料持续输入阳极，将氧化剂输入阴极，在各电极发生电化学反应后，电子和质子迁徙就使电极间产生了电流。

与普通蓄电池电动汽车相比，燃料电池电动汽车具有续驶里程长、添加燃料方便的特点。与内燃机相比，燃料电池的优点如下。

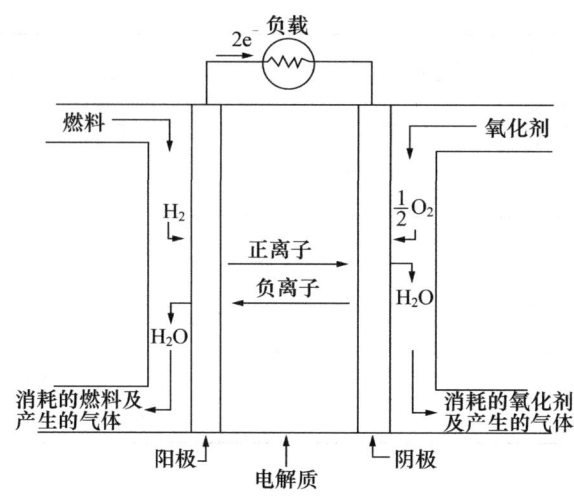

图 4-5 燃料电池的工作原理

① 效率高。燃料电池的化学反应不受卡诺循环的限制；理论上能量效率可达到 80% 以上，实际效率可达 50%～70%。

② 清洁无污染。氢氧燃料电池的反应产物是水，属于零排放。

③ 能源资源丰富。燃料电池的主要燃料可通过天然气、煤等广泛制取，也可从水电解或其他过程的副产品中得到。

混合动力汽车是一种以内燃机和蓄电池为动力的汽车。混合动力汽车虽然不能实现零排放，但是所能达到的动力性、经济性和排放指标可以缓解汽车发展与环境污染和石油短缺日益尖锐的矛盾。

## 4.2 车用润滑油料的选用

### 4.2.1 发动机油的选用

随着新型轿车和豪华客车的发展，我国汽车发动机油的使用性能级别迅速提高。车用发动机油的使用性能要求将围绕延长汽车的使用寿命、降低使用成本、提升燃料经济性和满足环保要求等方面发展。

发动机油的主要作用是润滑、冷却、清净、密封和防腐蚀。

1. 发动机油的工作特点

发动机油在发动机中的工作条件是非常苛刻的，主要表现如下。

① 温度变化大。发动机油在发动机中工作时，接触到的各润滑部位温度都很高，例如，第一道活塞环处为 200～300 ℃，活塞裙部为 110～115 ℃，曲轴主轴承处为 85～100 ℃。而在冬季室外停车后，油底壳里发动机油的温度可降至与大气温度一样低。在高温时，发动机油容易氧化、裂解，产生积炭和漆膜等高温沉积物，高温还会使发动机油黏度降低，不易形成液体润滑膜。而在低温时，发动机油黏度增大，使发动机启动困难，磨损严重。

② 压力高，活塞速度变化大。当发动机工作时，燃气最高压力可达 5～9 MPa，活塞环对气缸的侧压力为 2～3 MPa，活塞裙部对气缸的侧压力为 1.0～1.2 MPa。现代发动机

的最高转速可达 3000～6000 r/min，由于活塞每秒行经 100～200 个行程，活塞平均速度可达 10～15 m/s，且活塞在上下止点时速度为 0，活塞在气缸中的速度变化大。因此，摩擦表面难以形成理想的润滑状态，会产生异常磨损和擦伤。

③ 发动机零件易腐蚀。与可燃混合气和燃烧废气接触的零件（如气缸、气缸盖、活塞组等）易受到化学腐蚀。

④ 发动机油易变质。发动机油的高温氧化、曲轴箱窜气、杂质和沉积物的混入，会加速发动机油劣化变质。

⑤ 发动机净化装置的采用使发动机油的工作条件恶化。当代汽车为适应日趋严格的汽车排放法规，在传统发动机结构中增加了净化处理装置，例如曲轴箱强制通风装置、废气再循环装置等。这些装置使发动机油的工作条件恶化，并对发动机油的使用性能级别提出更高的要求。

2. 发动机油的使用性能

（1）良好的润滑性。

在各种条件下，发动机油降低摩擦、减缓磨损和防止金属烧结的能力，称为发动机油的润滑性。

发动机油的黏度和化学性质对发动机零件在不同润滑状态下的润滑作用有重要影响。润滑油具有一定的黏度，它是形成液体润滑的基本条件之一。而黏度是液体流动时内摩擦力的量度，在液体润滑状态下，摩擦系数随润滑油黏度的降低而减小。当润滑油的黏度低到一定程度时，油膜厚度降低到近似等于运动副表面的粗糙度，该区域为混合润滑状态，润滑油的黏度和化学性质对摩擦系数都有影响。当润滑油膜的厚度小于运动副表面的粗糙度时，便成为边界润滑状态，此时起润滑作用的不再是润滑油的黏度，而是润滑油的化学性质，即润滑油的油性和极压性。油性是指润滑油在摩擦金属表面上的吸附性。润滑油中极性分子定向排列吸附在金属表面上形成吸附膜，这种吸附膜只能在中温、中速、中压情况下，才能保持边界润滑状态。当高温、高速、高压时，吸附膜脱落，油性失效。极压性是润滑油在摩擦表面的化学反应性质。当润滑油中加入含硫、磷等化合物的添加剂时，高温下这些化合物分解生成的活性元素与金属形成化学反应膜，该反应膜的熔点和剪切强度比较低，能降低摩擦和磨损。

发动机油黏度是评定润滑性的重要指标。但是，对于边界润滑，主要是油性剂和极压剂起作用，所以发动机油的润滑性还要通过相应的发动机试验来评定。

（2）良好的低温操作性。

发动机油在低温条件下保证发动机容易启动并降低启动磨损的能力，称为发动机油的低温操作性。发动机油黏度随气温的降低而增加，易使发动机低温启动时转动曲轴的阻力矩增加，曲轴转速下降（如图 4-6 所示），从而造成发动机启动困难。发动机油黏度增加后，流动困难，供油不足，造成磨损严重。

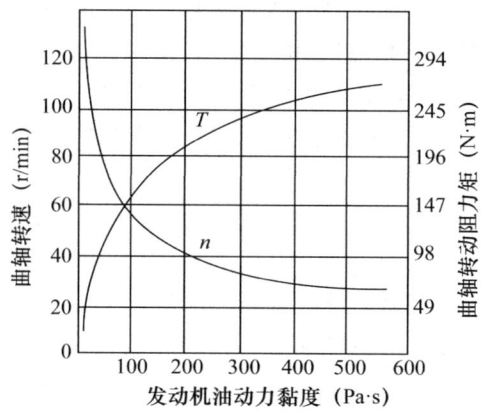

图 4-6　曲轴转动阻力矩、曲线转速与发动机油动力黏度的关系

综上所述，发动机油的低温操作性包括有利于低温启动和降低启动磨损两方面。

① 低温动力黏度。按流体黏度特性，流体可分为牛顿流体和非牛顿流体两类。遵循牛顿黏性定律的流体，即切应力与剪切速率成正比的流体，称为牛顿流体。不遵循牛顿黏性定律的流体，即切应力与剪切速率不成正比的流体，称为非牛顿流体。润滑剂在低温状态下为非牛顿流体，其黏度为低温动力黏度，也称表观黏度。

低温动力黏度是划分冬用发动机油黏度级别的依据之一。

发动机油表观黏度测定按照《发动机油表观黏度的测定 冷启动模拟机法》（GB/T 6538—2022）的规定进行。

② 边界泵送温度。能将发动机油连续、充分地供给发动机机油泵入口的最低温度，称为发动机油的边界泵送温度。

边界泵送温度是衡量发动机油在发动机启动阶段是否易于流到机油泵入口并提供足够压力的性能指标。边界泵送温度也是划分冬用发动机油黏度级别的依据之一。

发动机油的边界泵送温度测定按照《发动机油边界泵送温度测定法》（GB/T 9171—1988）的规定进行。

③ 倾点。试样在规定的条件下冷却时，能够流动的最低温度，称为倾点。

同一试样的凝点比倾点略低。现行发动机油规格均采用倾点作为发动机油低温操作性的评价指标之一。

油品的倾点测定按照《石油产品倾点测定法》（GB/T 3535—2006）的规定进行。

（3）良好的黏温性。

温度对润滑油黏度的影响很大。温度升高，黏度降低；温度降低，黏度升高。这种由于温度升降而改变润滑油黏度的性质，称为黏温性。良好的黏温性是指润滑油的黏度随温度的变化程度小。

发动机油所接触到的各润滑部位的工作温度差别甚大。因此，需要发动机油在高温工作时，能保持一定的黏度，以形成足够厚的油膜，确保润滑效果；而发动机油在低温工作时，黏度又不至于变得太大，以维持一定的流动性，使发动机在低温时容易启动和减小零件的磨损。

在基础油中加入黏度指数改进剂可提高润滑油的黏温性。能同时满足高低温使用要求的发动机油称为多黏度发动机油，俗称稠化机油。这种发动机油用低黏度的基础油和黏度指数改进剂调配而成，具有良好的黏温性。

评定发动机油黏温性的指标是黏度指数（VI），即润滑油黏度随温度变化程度与标准油黏度随温度变化程度相比较所得的相对值。

黏度指数的概念可用图 4-7 来说明。

将试油与两种标准油（100 ℃时黏度相同但黏温性不同：高标准油 $VI=100$，低标准油 $VI=0$）进行对比。当试油在 40 ℃时的运动黏度越接近高标准油时，其黏度指数越高，表明黏温性越好。

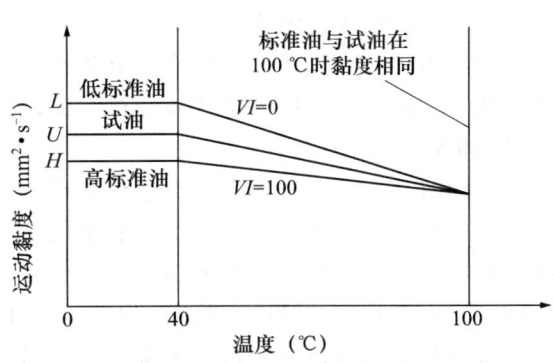

图 4-7 黏度指数的概念

对于黏度指数小于 100 的润滑油，黏度指数按下式计算：

$$VI = \frac{L-U}{L-H} \times 100 \tag{4-3}$$

式中　$VI$——黏度指数；

　　　$L$——黏度指数为 0 的低标准油在 40 ℃时的运动黏度（该种油在 100 ℃时的运动黏度与试油相同）；

　　　$U$——试油在 40 ℃时的运动黏度；

　　　$H$——黏度指数为 100 的高标准油在 40 ℃时的运动黏度（该种油在 100 ℃时的运动黏度与试油相同）。

黏度指数可根据《天然气 加臭剂四氢噻吩含量的测定 在线取样气相色谱法》（GB/T 40704—2021）计算。

（4）良好的清净分散性。

发动机油能抑制积炭、漆膜和油泥生成或将这些沉积物清除的性能，称为发动机油的清净分散性。

发动机油基础油本身不具备清净分散性，是通过添加清净剂和分散剂获得的。当代发动机的性能逐渐强化，工作条件愈加苛刻。从一定意义上说，发动机油使用性能的高低，体现在清净剂和分散剂的性能和添加量上。

评定发动机油清净分散性的指标是硫酸盐灰分和残炭。发动机油的清净分散性主要通过相应的发动机试验来评定。

① 硫酸盐灰分。硫酸盐灰分是指试样炭化后的残留物用硫酸处理，加热至质量恒定时的残留物。硫酸盐灰分可以用来表明新润滑油中已知的含金属添加剂的浓度。

硫酸盐灰分的测定按照《添加剂和含添加剂润滑油硫酸盐灰分测定法》（GB/T 2433—2001）的规定进行。

② 残炭。油品在规定条件下受热蒸发后剩下的黑色残留物称为残炭。残炭占油品总质量分数称为残炭值。

根据残炭量的大小，可以大致判断发动机油在发动机中结炭的倾向。一般精制的基础油残炭量小。当发动机油中含氧、硫、氧化物较多时，残炭量会增大。发动机油中添加清净剂和分散剂后，残炭量也会增大。

残炭的测定按照《石油产品残炭测定法（康氏法）》（GB/T 268—1987）的规定进行。

（5）良好的抗氧化性。

发动机油与氧气相互作用生成氧化产物，改变其物理和化学性质的过程，称为发动机油氧化。发动机油抵抗氧化的能力称为发动机油抗氧化性，发动机油的抗氧化性通过相应的发动机试验来评定。

发动机油在一定条件下会发生化学反应，由于氧化而使其颜色变深、黏度增加、酸性增大，并析出沉淀物。发动机油的氧化是发动机沉积物生成和发动机油变质的前提，因此抗氧化性也是发动机油的重要性质。它决定发动机油在使用中是否容易变质、对零件有无腐蚀和生成沉积物的倾向，是决定发动机油使用期限的重要因素。

从油品方面减缓发动机油氧化变质的主要途径有：选择合适的馏分和组成、合理精制、添加抗氧化剂等。

（6）良好的抗腐蚀性。

发动机油抵抗腐蚀性物质对金属腐蚀的能力称为发动机油的抗腐蚀性。

发动机油在使用过程中不可避免地被氧化而生成各种有机酸，这些有机酸将对金属产生腐蚀作用。腐蚀机理是金属先与氧化产物（过氧化物）作用，生成金属氧化物，接着金属氧化物与有机酸反应生成金属盐。特别是高速柴油机使用的铜、铅、镉、银轴承，抗腐蚀性能差，发动机油中只要有微量的酸性物质就会引起严重的腐蚀，使轴承出现斑点、麻坑，甚至整块金属剥落。所以，对柴油机油的抗腐蚀性要求更严格。

发动机油的腐蚀程度一般与发动机油的氧化程度一致，因此，影响发动机油腐蚀性的因素与影响发动机油氧化的因素类似。提高发动机油抗腐蚀性的途径是：加深发动机油的精制程度，减小酸值，同时添加抗腐蚀剂。

评定发动机油抗腐蚀性的指标是中和值，通过相应的发动机试验来测定。中和 1 g 试油中的酸性或碱性组分所需要的碱量或酸量称为中和值。中和值表示油品在使用期间，经过氧化后酸碱值的相对变化。酸值表示中和 1 g 试油中的酸性组分所需要的 KOH 毫克数，碱值表示中和 1 g 试油中的碱性组分所需要的酸量换算为等效的 KOH 毫克数。中和值的单位是 mg KOH/g。

（7）良好的抗泡沫性。

发动机油消除泡沫的性质称为发动机油的抗泡沫性。

当发动机油受到激烈搅动，将空气混入油中时，就会产生泡沫。泡沫如果不及时消除，会产生气阻、供油不足等故障。因此，发动机油要具有良好的抗泡沫性，在出现泡沫后能及时消除，以保证正常工作。

评定发动机油抗泡沫性的指标是泡沫性。泡沫性测定按照《润滑油泡沫特性测定法》（GB/T 12579—2002）的规定进行。

3. 发动机油的分类

（1）按发动机油的使用性能分类。

发动机油的使用性能分类是根据发动机油在发动机台架试验中表现出的润滑性、清净分散性、抗氧化性和抗腐蚀性等性能确定的。

1969—1970 年，美国材料与试验协会（ASTM）、美国石油学会（API）和美国汽车工程师学会（SAE）共同提出了发动机油的使用性能必须通过规定的发动机试验来确定，即新的 API 使用性能分类法。该分类法将汽油机油定为 S 系列，将柴油机油定为 C 系列。这一分类法成为现代润滑油等级划分的全球基准。为了保证发动机油的使用性能，以上两个系列的各级油品，其质量除应符合各自规定的理化性能要求外，还必须通过规定的发动机试验。API 使用性能分类法是一种开端分类法，随着发动机和发动机油生产技术的发展，将不断增加发动机油的新级别。

（2）按发动机油的黏度分类。

目前国际上广泛采用 SAE 制定的发动机油黏度分类。该分类始于 1911 年首次发布的 SAE J300，并经过多次修订。该分类将发动机油分为 6 个含字母 W（Winter，冬季用油）的低温黏度级（0W、5W、10W、15W、20W、25W）和 8 个不含字母 W 的高温黏度级（8、12、16、20、30、40、50、60）。

按 SAE 黏度分类的发动机油，还有单黏度级和多黏度级（多级机油）之分。只能满足低温或高温一种黏度级要求的润滑油为单黏度级润滑油。既能满足低温时的黏度级要求，又能满足高温时的黏度级要求的润滑油为多黏度级润滑油。它由低温黏度级号与高温黏度级号组合来表示，如 5W-30、15W-40 等。以 5W-30 为例，这是一种多黏度级发动机油，在低温使用时符合 SAE 5W 黏度级，在 100 ℃时符合 SAE 30 黏度级。

4．发动机油的选择

发动机油的选择应兼顾使用性能级别和黏度级别两个方面。

（1）使用性能级别的选择。

发动机油使用性能级别的选择主要依据发动机的性能、结构、工作条件和燃料品质。

发动机油使用性能级别的选择一般应考虑以下因素。

① 发动机压缩比、排量、最大功率、最大扭矩。

② 发动机油负荷，即发动机功率与曲轴箱机油容量之比。

③ 曲轴箱强制通风、废气再循环等净化处理装置的采用对发动机油的影响。

④ 城市汽车时开时停等运行工况对生成沉积物和机油氧化的影响等。

（2）黏度级别的选择。

发动机油黏度级别的选择依据气温、工况和发动机的技术状况。

发动机油的黏度要保证发动机低温易于启动，而达到工作温度后，又能维持足够的黏度，保证正常润滑。在选择黏度级别时应考虑工况，重载低速和高温下应选择黏度较大的发动机油，轻载高速应选择黏度较小的发动机油。

发动机油黏度级别的选择还与发动机的技术状况有关。新发动机应选择黏度较小的发动机油，磨损严重的发动机应选择黏度较大的发动机油。

发动机油黏度级别选择的实例如表 4-8 所示。

表 4-8　SAE 黏度级号适用的气温

| SAE 黏度级别 | 适用气温（℃） |
| --- | --- |
| 5W-30 | －30～30 |
| 10W-30 | －25～30 |
| 15W-30 | －20～30 |

续表

| SAE 黏度级别 | 适用气温（℃） |
| --- | --- |
| 15W-40 | －20～40 |
| 20W-20 | －15～20 |
| 30 | －10～30 |
| 40 | －5～40 |

需要注意的是，机油有汽油机油和柴油机油之分。汽油机和柴油机虽然同样在高温、高压、高速和高负荷条件下工作，但二者仍有较大的区别。柴油机的压缩比是汽油机的两倍多，其主要零件受到高温高压冲击要比汽油机大得多，因而有些零部件的制作材料有所不同。例如，汽油机主轴瓦与连杆轴瓦可用材质较软、抗腐蚀性好的巴氏合金来制作；而柴油机的轴瓦则必须采用铅青铜或铅合金等高性能材料来制作，但这些材料的抗腐蚀性较差。为此，在柴油机油的炼制过程中，要多加些抗腐蚀添加剂，以便使用中能在轴瓦表面生成一层保护膜来减轻轴瓦的腐蚀，并提高其耐磨性能。由于汽油机油没有这种抗腐蚀添加剂，如果将其加入柴油机，轴瓦在使用中就容易出现斑点、麻坑，甚至成片剥落的不良后果，机油也会很快变脏，并导致烧瓦抱轴事故发生。另外，柴油的含硫量比汽油大，这种有害物质在燃烧过程中会形成硫酸或亚硫酸，连同高温高压废气一道窜入油底壳内，加速机油的氧化与变质，故在柴油机油炼制过程中需要加入一些抗氧化的添加剂，使机油呈碱性。若有酸性气体窜入，可起到一定的中和作用，不致使机油过快地氧化变质。而汽油机油则不加这种添加剂，因为呈中性，若将其用于柴油机，会因上述酸性气体的腐蚀而很快变质失效。

5. 在用发动机油的更换

在使用过程中，由于添加剂的消耗，发动机油本身在高温下的氧化，燃烧产物的影响，外部尘埃、水分等的混入，使发动机油劣化变质。发动机油劣化变质后，沉积物增多，润滑性能下降，导致零件腐蚀和磨损加剧，因此，应对在用发动机油进行适时更换。

发动机油使用时间的长短，不仅与发动机油的使用性能有关，还与发动机的技术状况和维修质量有关。为减缓发动机油变质，延长换油周期，必须采取以下技术措施。

① 正确选择发动机油。

② 认真执行维护作业，维持汽车良好的技术状况。

发动机油的更换可以根据汽车的行驶里程（或发动机的工作时间）确定，称为定期换油；也可以根据发动机油的使用性能确定，称为按质换油；还可以采用在发动机油油质监测下定期换油的方法。

（1）定期换油。

发动机油的劣化，尤其是化学变化，受使用时间的影响较大。定期换油是根据行驶里程或使用时间对发动机油使用性能变化的影响规律来确定的。换油周期与发动机油使用性能级别、发动机技术状况和运行条件有关。

（2）按质换油。

对能反映在用发动机油质量的一些代表性项目规定换油限值。当在用发动机油的某一项指标达到换油指标时，应更换新油。

(3) 油质综合监测下的定期换油。

这种方法在规定了发动机油换油周期的同时，也监测在用发动机油的综合指标，必要时可提前换油。

### 4.2.2 车辆齿轮油的选用

**1. 车辆齿轮油的使用性能**

车辆齿轮油用于机械式变速器、驱动桥和转向器的润滑。车辆齿轮油的作用与发动机油的作用基本相同，起润滑、冷却、抗腐蚀和缓冲作用。

车辆齿轮油应具有以下使用性能。

(1) 良好的润滑性和极压抗磨性。

车辆齿轮油应具有适宜的运动黏度，以保证形成良好的润滑状态。车辆齿轮多处于混合润滑和边界润滑状态，所以车辆齿轮油的极压抗磨性非常重要。车辆齿轮油的极压性是指油中的极压抗磨剂在高压、高速、高温的苛刻工作条件下，能在齿轮齿面上与金属发生化学反应生成反应膜，从而防止齿面擦伤或烧结的性质。

(2) 良好的低温操作性和黏温性。

车辆齿轮油要求在低温下保持必要的流动性，以保证轴承等零件的润滑和齿轮容易启动。车辆齿轮油的工作温度范围较宽，因此不但要求车辆齿轮油低温启动性好，而且要求高温时黏度不能太小，即有良好的黏温性。

为了保证车辆齿轮油具有良好的低温操作性，还规定了成沟点和黏度指数等关键指标。

成沟点是指在规定的试验条件下，试油成沟的最高温度。把容器内的试油在规定的温度下放置18 h，然后用金属片把试油切成一条沟，10 s后观测试油的流动情况。若10 s内试油流回并完全覆盖容器底部，则报告试油不成沟，反之则报告试油成沟。

低温时，车辆齿轮油会经历低温高剪切工况。与发动机油的低温动力黏度类似，车辆齿轮油在不同剪切速率下的黏度并非恒定值。试验证明，对于双曲线齿轮式主减速器，当车辆齿轮油表观黏度小于150 Pa·s时，汽车起步后能在15 s内使车辆齿轮油流至小齿轮轴承，确保正常润滑。因此，150 Pa·s被确定为汽车低温起步的极限黏度值。在车辆齿轮油规格中，将"黏度达到150 Pa·s时的最高温度"列为关键指标。该温度值也是车辆齿轮油SAE黏度分类的重要依据之一。

(3) 良好的热氧化安定性。

车辆齿轮油抵抗高温氧化的能力称为热氧化安定性。汽车驱动桥使用的齿轮油温度较高，使齿轮油的氧化倾向增大，再加上齿轮箱中金属的催化作用，容易使齿轮油的使用性能变差。因此，要求车辆齿轮油在较高温度下不易氧化变质。

(4) 良好的抗腐蚀性和防锈性。

在齿轮传动装置的工作条件下，车辆齿轮油防止齿轮、轴承腐蚀和生锈的能力称为抗腐蚀性和防锈性。

齿轮传动装置内可能从外界渗入水分，工况变化、冷热交替也可能出现冷凝水分。车辆齿轮油内的水分和氧化生成的酸性产物，是齿轮和轴承生锈、腐蚀的主要原因。此外，车辆齿轮油内极压抗磨剂的作用实际上是一种控制性的腐蚀现象，对金属有一定的腐蚀作用。极压抗磨剂的活性越强，腐蚀作用越强。生锈和腐蚀将加速磨损，使材料强度降低。

因此，车辆齿轮油中应加入适当的极压抗磨剂、抗腐蚀剂和防锈剂，使车辆齿轮油具有良好的抗腐蚀性和防锈性。

车辆齿轮油的抗腐蚀性和防锈性通过铜片腐蚀试验和防锈性试验来评定。

车辆齿轮油除上述要求的使用性能外，还有一些与发动机油相同的使用性能，如抗泡沫性、清净分散性等。

2. 车辆齿轮油的分类和规格

（1）车辆齿轮油的分类。

① 按车辆齿轮油的使用性能分类。世界上广泛采用 API 的车辆齿轮油使用性能分类法，根据其特性和使用要求等划分为 GL-1、GL-2、GL-3、GL-4、GL-5 和 GL-6。这些等级标志通常可以在车辆齿轮油的外包装上找到。GL-1 是最早的车辆齿轮油标准，它要求在低速和高温条件下具有良好的润滑性能；GL-2 在 GL-1 的基础上进一步提高了高温性能；GL-3 要求在高温条件下具有更好的氧化稳定性和抗泡沫性；GL-4 在 GL-3 的基础上提高了抗磨性能，适用于高负载和高转速的工况；GL-5 在 GL-4 的基础上进一步提高了抗磨性能，适用于大多数汽车；GL-6 则是最高级别的车辆齿轮油标准，适用于高温和高负荷的工况，具有最佳的抗磨性能和抗氧化性能。其中，GL-1、GL-2、GL-3 已淘汰，GL-6 未广泛应用，现行主流为 GL-4 和 GL-5。

② 按车辆齿轮油的黏度分类。目前国际上广泛采用 SAE 车辆齿轮油黏度分类法，如表 4-9 所示。该分类方法根据车辆齿轮油在高温和低温条件下的黏度划分黏度级别，采用包含字母 W 和不含字母 W 的两组级别表示。前者以黏度达到 150 Pa·s 时的最高温度和 100 ℃时的运动黏度划分，后者以 100 ℃时的运动黏度划分。

表 4-9  SAE 车辆齿轮油黏度分类

| SAE 黏度级别 | 黏度达到 150 Pa·s 时的最高温度（℃） | 100℃时的运动黏度（mm²/s） | |
|---|---|---|---|
| | | 最低 | 最高 |
| 70W | −55 | 3.8 | |
| 75W | −40 | 3.8 | |
| 80W | −26 | 8.5 | |
| 85W | −12 | 11.0 | |
| 90 | | 13.5 | <18.5 |
| 140 | | 24.0 | <32.5 |
| 250 | | 41.0 | |

车辆齿轮油的黏度级别不应与发动机油的黏度级别相混淆。当车辆齿轮油与发动机油具有相同的黏度时，二者黏度分类所定义的黏度级别相差较大。例如，75W 的车辆齿轮油与 10W 的发动机油具有相同的黏度。

（2）车辆齿轮油的规格。

表 4-10 所示为重负荷车辆齿轮油（GL-5）的技术要求和试验方法。

表 4-10 重负荷车辆齿轮油 (GL-5) 的技术要求和试验方法

| 分析项目 | | 75W-90 | 80W-90 | 80W-110 | 80W-140 | 85W-90 | 85W-110 | 85W-140 | 90 | 110 | 140 | 试验方法 |
|---|---|---|---|---|---|---|---|---|---|---|---|---|
| 黏度等级 | | | | | | | | | | | | |
| 运动黏度(100 ℃)/(mm²/s) | | 13.5~<18.5 | 13.5~<18.5 | 18.5~<24.0 | 24.0~<32.5 | 13.5~<18.5 | 18.5~<24.0 | 24.0~<32.5 | 13.5~<18.5 | 18.5~<24.0 | 24.0~<32.5 | GB/T 265 |
| 黏度指数 | | 报告 | | | | | | | | 不小于 90 | | GB/T 1995 |
| KRL剪切安定性 (20 h) 剪切后100 ℃运动黏度/(mm²/s) | 不大于 | 在黏度等级范围内 | | | | | | | | | | NB/SH/T 0845 |
| 倾点/℃ | 不高于 | 报告 | 报告 | 报告 | 报告 | 报告 | 报告 | 报告 | 不高于 -12 | 不高于 -9 | 不高于 -6 | GB/T 3535 |
| 表观黏度(-40 ℃)/(mPa·s) | 不大于 | 150 000 | — | — | — | — | — | — | — | — | — | GB/T 11145 |
| 表观黏度(-26 ℃)/(mPa·s) | 不大于 | — | 150 000 | 150 000 | 150 000 | — | — | — | — | — | — | |
| 表观黏度(-12 ℃)/(mPa·s) | 不大于 | — | — | — | — | 150 000 | 150 000 | 150 000 | — | — | — | |
| 闪点(开口)/℃ | 不低于 | 170 | 180 | 180 | 180 | 180 | 180 | 180 | 180 | 180 | 200 | GB/T 3536 |
| 泡沫性(泡沫倾向)/mL 24 ℃ | 不大于 | 20 | | | | | | | | | | B/T 12579 |
| 93.5 ℃ | 不大于 | 50 | | | | | | | | | | |
| 后 24 ℃ | 不大于 | 20 | | | | | | | | | | |
| 铜片腐蚀(121 ℃, 3 h)/级 | 不大于 | 3 | | | | | | | | | | GB/T 5096 |
| 机械杂质(质量分数)/% | 不大于 | 0.05 | | | | | | | | | | GB/T 511 |
| 水分(质量分数)/% | 不大于 | 痕迹 | | | | | | | | | | GB/T 260 |
| 皮蒽不溶物(质量分数)/% | | 报告 | | | | | | | | | | GB/T 8926 A 法 |
| 硫酸盐灰分(质量分数)/% | | 报告 | | | | | | | | | | GB/T 2433 |
| 硫(质量分数)/% | | 报告 | | | | | | | | | | GB/T 17040 |
| 磷(质量分数)/% | | 报告 | | | | | | | | | | GB/T 17476 |

### 3. 车辆齿轮油的选择

与发动机油一样，车辆齿轮油的选择也包括使用性能级别和黏度级别两个方面。

（1）使用性能级别的选择。

车辆齿轮油使用性能级别的选择主要依据齿面压力、滑移速度和油温等工作条件，而这些工作条件又取决于传动装置的齿轮类型。因此，一般可按齿轮类型和传动装置的功能来选择车辆齿轮油的使用性能级别。一般来说，驱动桥工作条件苛刻，而双曲线齿轮式主减速器工件条件更为苛刻，对齿轮油使用性能的要求更高。

为降低用油级别，在汽车各传动装置对齿轮油使用性能级别要求相差不大的情况下，可选用同一级别的齿轮油。

（2）黏度级别的选择。

车辆齿轮油黏度级别的选择主要依据最低气温和最高油温，并考虑车辆齿轮油的换油周期。

车辆齿轮油的黏度应既能保证车辆在低温下起步，又能满足油温升高后的润滑要求。如前面所述，车辆齿轮油以表观黏度 150 Pa·s 时作为低温流动性的极限，所以在 SAE 黏度分类中表观黏度为 150 Pa·s 时的最高温度，就是保证低温操作性能的最低温度。

由此可知，黏度级为别 75W、80W 和 85W 的双曲线齿轮油最低使用温度分别是 －40 ℃、－26 ℃和－12 ℃。也就是说，车辆使用地区的最低气温不应低于所选齿轮油的上述各温度。当传动装置不是双曲线齿轮时，车辆使用地区的最低气温可比上述相应温度低一些。黏度级别选择应同时考虑高温时的润滑要求。

#### 4.2.3　汽车润滑脂的选用

### 1. 汽车润滑脂的使用性能

润滑脂由基础油、稠化剂和添加物（添加剂和填料）组成，俗称黄油。

润滑脂能长时间抹在金属表面上不流失，并且易于涂抹和清除，在垂直表面上也有保持足够厚度的能力，使被涂抹的物件与空气隔绝，可以作为轻金属的保护材料和密封材料，也可以使用在难以密封的摩擦面上，以及难以及时规律加注润滑剂的摩擦副中，如汽车轮毂、闭式滚动轴承等。

润滑脂的结构是指润滑脂的稠化剂和基础油组分颗粒的物理排列。润滑脂是具有结构骨架的分散体系，基础油是这种分散体系中的分散介质，稠化剂粒子或纤维构成骨架，即分散相，将基础油保持在骨架中。

润滑脂的主要功能包括润滑、防护和密封，其中绝大多数润滑脂用于润滑目的，称为减摩润滑脂。由于润滑脂在分散或简单摩擦副的润滑应用中具有操作简便等优势，因此汽车上许多部件都采用润滑脂润滑，如轮毂轴承、各拉杆球节、发电机轴承、水泵轴承、离合器分离轴承以及传动轴花键等。

考虑润滑脂的结构特性和用脂部位的工作条件，汽车润滑脂应具有以下使用性能。

（1）适当的稠度。

稠度是指像润滑脂一类的塑性物质在受力时抵抗变形的程度。稠度是塑性的一个特征，它仅是反映润滑脂的变形和流动阻力的一个笼统概念。

稠度是一个与润滑脂在所润滑部位上的保持能力和密封以及润滑脂的泵送和加注方式

有关的重要性能。稠度级号是润滑脂代号的组成部分,是润滑脂选择的一个重要方面。

评定润滑脂稠度的指标是锥入度。

锥入度是在规定的时间和温度条件下,标准锥体沉入润滑脂的深度,以 1/10 mm 为单位。

按测定方法不同,锥入度分为多种。

① 不工作锥入度。将润滑脂试样在尽可能少的搅动下,从试样容器移到标准工作器脂杯内所测定的锥入度。

② 工作锥入度。将润滑脂试样在标准工作器脂杯内经受往复工作 60 次后,立即测定的锥入度。

③ 延长工作锥入度。将润滑脂试样在标准工作器脂杯内经受往复工作 10 万次后,立即测定的锥入度。

(2) 良好的低温性。

在寒冷地区使用的汽车,要求润滑脂仍能保持良好的润滑性能。评定润滑脂低温性的指标是相似黏度。

润滑脂不是牛顿液体,但仍按牛顿液体的黏度概念表示,在一定温度和一定剪切速率下,将润滑脂流动时的切应力与剪切速率的比值称为润滑脂的相似黏度。由于润滑脂的相似黏度以温度和剪切速率两个固定条件为前提,因此要对相似黏度注明这两个前提条件。例如,汽车通用锂基润滑脂规格中相似黏度表示为"相似黏度(−20 ℃,10 $s^{-1}$),Pa·s"。

(3) 良好的高温性。

温度升高,润滑脂变软,使得润滑脂的附着性能降低而易于流失。另外,在较高温度条件下还易使润滑脂的蒸发损失增大、氧化变质和分油现象严重。高温性好的润滑脂可以在较高的使用温度下保持其附着性能,其变质失效过程也较缓慢。

评定润滑脂高温性的指标有滴点、蒸发量、漏失量和分油量。

(4) 良好的抗水性。

润滑脂遇水后抵抗结构和稠度改变的性能称为润滑脂的抗水性。抗水性差的润滑脂,遇水后往往稠度降低,甚至乳化而流失。汽车用润滑脂润滑的底盘各摩擦点可能与水接触,故要求润滑脂具有良好的抗水性。

评定润滑脂抗水性的指标是水淋流失量。

(5) 良好的防腐蚀性。

润滑脂的防腐蚀性是指润滑脂防止零件锈蚀、腐蚀的性能。防腐蚀作用机理是润滑脂能在金属表面保持足够的脂层,防止金属表面被腐蚀。此外,有的润滑脂能吸收腐蚀性气体或液体,以免零件遭受侵蚀。

评定润滑脂的防腐蚀性能需通过抗腐蚀性试验、腐蚀试验和游离碱测定。

(6) 良好的机械安定性。

机械安定性是指润滑脂在工作条件下抵抗稠度变化的能力。润滑脂在工作时受剪切作用,且剪切速率的变动范围很大。润滑脂在受到剪切后,其结构遭到破坏,皂纤维也可能遭到一定程度的破坏,导致体系的稠度发生变化。如果润滑脂的机械安定性不好,则在长期工作中,可能因过分软化而流失,从而缩短其使用寿命。

评定润滑脂安定性的指标是延长工作锥入度或延长工作锥入度与工作锥入度的差值

（对一种润滑脂，选择其一）。

（7）适当的胶体安定性。

胶体安定性是指润滑脂抵抗温度和压力影响而保持胶体结构的能力，也就是基础油与稠化剂结合的稳定性。如上所述，润滑脂是一个具有骨架胶体的分散体系，其胶体结构的稳定性常受温度和压力的影响而在不同程度上遭受破坏，使固定在纤维空间骨架中的基础油分离出来。然而，润滑脂如果不能在压力的作用下分离出一部分油，就不能使润滑脂起到润滑作用。因此，要求胶体安定性要适当。

评定润滑脂胶体安定性的指标是分油量。

（8）良好的氧化安定性。

氧化安定性是指润滑脂在储存和使用中抵抗氧化的能力。润滑脂氧化后，其外观、理化指标和结构都会发生不同程度的改变，具体表现为游离酸增加，滴点下降，颜色变深，锥入度、极限剪切能力和相似黏度降低，生成腐蚀性产物，导致油脂分离等。

2. 汽车润滑脂的分类、规格和选择

（1）汽车润滑脂的分类。

《润滑剂和有关产品（L类）的分类　第8部分：X组（润滑脂）》（GB 7631.8—1990）是根据润滑脂的操作条件（温度、水污染和负荷等）对车用润滑脂进行分类的。

该分类体系的产品也采用《润滑剂、工业用油和有关产品（L类）的分类　第1部分：总分组》（GB/T 7631.1—2008）的原则进行标记，具体为：类别-品种代号。

类别用L表示，品种代号由组别代号X和4个表示操作条件的字母组成。第一个字母（位于X之后）表示润滑脂在设备启动、运转或润滑脂泵送时适用的最低温度，具体可参考表4-11第2列。第二个字母表示润滑脂适用的最高温度，具体可参考表4-11第4列。第三个字母是对水污染条件下的综合评价，由环境条件和防锈性两个参数组合而成。环境条件分为L、M、H三级，表示不同的水污染程度；防锈性同样分为L、M、H三级，表示防锈能力。这两个参数的组合共有9种可能，分别用字母A至字母I表示，其中环境条件字母在前，防锈性字母在后。需要注意的是，单独的环境条件字母或防锈性字母（L、M、H）仅用于参数判定，不会出现在最终代号中。第四个字母表示负荷条件，A代表普通非极压润滑脂，B代表极压润滑脂（适用于重负荷）。

举例说明：若某润滑脂需要耐受水洗（环境条件为H），同时在淡水环境下具备防锈能力（防锈性为M），则由表4-11可知HM对应的综合评价字母为H。

表4-11　润滑脂按操作条件的分类

| 操作温度 | | | | 水污染 | | | | 负荷条件 | |
| --- | --- | --- | --- | --- | --- | --- | --- | --- | --- |
| 最低温度（℃） | 字母 | 最高温度（℃） | 字母 | 环境条件 | | 防锈性 | | 综合性字母 | 字母和备注 |
| | | | | 字母 | 备注 | 字母 | 备注 | | |
| 0 | A | 60 | A | L | 干燥环境 | L | 不防锈 | A | A：非极压润滑脂<br>B：极压润滑脂 |
| −20 | B | 90 | B | L | | M | 淡水存在下的防锈性 | B | |

续表

| 操作温度 | | | | 水污染 | | | | 负荷条件 |
|---|---|---|---|---|---|---|---|---|
| 最低温度（℃） | 字母 | 最高温度（℃） | 字母 | 环境条件 | | 防锈性 | | 字母和备注 |
| | | | | 字母 | 备注 | 字母 | 备注 | 综合性字母 |
| −30 | C | 120 | C | L | | H | 盐水存在下的防锈性 | C |
| −40 | D | 140 | D | M | 静态潮湿环境 | L | | D |
| <−40 | E | 160 | E | M | | M | | E |
| | | 180 | F | M | | H | | F |
| | | >180 | G | H | 水洗 | L | | G |
| | | | | | | M | | H |
| | | | | H | | H | | I |

在润滑脂的产品代号中，只有字母按规定的顺序标记时才有特定含义，而且表示操作条件的字母单独存在时也无意义。

润滑脂产品代号的最后数字是按工作锥入度（25 ℃，往复工作60次，单位为1/10 mm）范围划分的润滑脂稠度等级号。

润滑脂代号的构成和标记示例如下：

$$L\text{-}XCCHA2$$

其中　L——类别（润滑剂）；

　　　X——组别代号（润滑脂）；

　　　C——最低温度（−30 ℃）；

　　　C——最高温度（120 ℃）；

　　　H——水污染（经受水洗、淡水能防锈）；

　　　A——极压性（非极压润滑脂）；

　　　2——稠度等级（2号）。

（2）汽车润滑脂的规格和选择。

汽车润滑脂的规格有《汽车通用锂基润滑脂》（GB/T 5671—2014）、《石墨钙基润滑脂》（SH 0369—1992）、《通用锂基润滑脂》（GB/T 7324—2010）、《工业凡士林》（NB/SH/T 0039—2024）。

润滑脂规格的选择包括润滑脂品种（使用性能）和稠度级号的选择，考虑的主要因素有工作温度、转速、负荷、工作环境和供脂方式等。

汽车减摩部位通常选用锂基润滑脂；钢板弹簧由于处于极压工况，应选用石墨钙基润滑脂；对于工作温度过高或过低的特殊工况，则应选用专用润滑脂。此外，为保护蓄电池接线柱，应涂抹工业凡士林。

汽车润滑脂选择特别提示如下：

① 选择润滑脂时要确定部件的工作环境及温度。如一些高转速的轴承及其他在高温

环境下工作的机械，就要选择滴点高且质量较好的润滑脂。一般锂基润滑脂可耐120 ℃左右的温度，短时间可耐180 ℃的高温；而合成脂可耐更高温度（滴点在300 ℃以上）。一般车辆的轮毂轴承的润滑选用2号、3号锂基润滑脂及复合锂基润滑脂即可。

② 要考虑机械的负载和对极压性能方面的要求。例如，一些大型载重卡车、严重超载车辆的轮毂轴承应选用极压性和机械安定性较好的润滑脂，如3号极压复合锂基润滑脂或合成润滑脂。

③ 润滑脂的合理选用与节能关系密切。试验表明，润滑脂的稠度牌号不宜太大。如汽车轮毂轴承选用2号润滑脂要比选用3号润滑脂更节能，其综合经济效益可提高约60%；对于汽车底盘中的其他摩擦节点，使用0号润滑脂较好。原则上，我国南方地区的车辆宜全年使用2号润滑脂；北方地区的车辆冬季用1号润滑脂，夏季用2号润滑脂。

## 4.3 汽车油料管理及节油

### 4.3.1 汽车的油料管理

#### 1. 燃料质量变化及其影响因素

燃料质量的变化表现为蒸发、氧化和脏污。

影响蒸发损失的因素首先与汽油的物理安定性有关。汽油的物理安定性是指汽油在储存、运输和加注时，保持其组分不被蒸发损失的性能。它主要由汽油中所含的低沸点馏分决定。为了改善汽油的低温雾化性，汽油中含有一定量的低沸点馏分是必要的，但低沸点馏分容易蒸发逸散，导致蒸发损失增加。另外，温度、表面积、空气流速和充满程度也会影响蒸发损失。温度高、面积大、流速快、充不满会加剧汽油的蒸发损失。

氧化安定性不好的汽油，在储存和运输过程中容易氧化，使汽油实际胶质增加，诱导期缩短。影响汽油氧化安定性的因素主要是化学组成、温度、充满程度、容器密封性、金属屑和水分等。一般来说，饱和烃的氧化安定性好，不饱和烃的氧化安定性差。当温度升高时，汽油氧化速度加快。空气与油面接触量大小以及液面上空气变换的强度对汽油的氧化安定性也有很大影响。储油容器中汽油装满程度决定了汽油与空气的接触量。储油容器盖是否密封决定了汽油液面空气变换的强度。金属也能对汽油的氧化速度起催化作用，但不同的金属所起的催化作用有很大差别，其中铜的催化作用最强，其次是铅。

燃料脏污是指燃料中混入机械杂质或其他油品。

#### 2. 预防燃料蒸发和变质的措施

① 采用合理的储存方式，选择正确的储油容器。尽可能采用地下油库，用油罐储油。储油容器要清洁，封闭严密，防止水和杂质混入。

② 采用浸没的灌装方式。

③ 在保证预留膨胀空间的前提下尽量充满燃料。

#### 3. 燃料的安全保管

汽车燃料（尤其是汽油）易蒸发、燃烧、爆炸，易产生静电，有一定毒性。保管和使用中应注意防火、防爆，避免中毒。

① 禁止烟火。易产生火种的作业区与油库距离应在50 m以外，不能在油库附近检修车辆。

② 防止电火花。油库中应采用防爆型电气设备，储油区的上空不能有电线穿行，禁止在油库中使用金属工具。

③ 清洁通风。油库内要有通风设施，不能存放其他易燃、易爆品。

④ 配备消防器材。

⑤ 储油容器和油罐车要配备接地装置。

#### 4.3.2 汽车使用节油的基本途径

根据影响汽车燃料消耗量的使用因素，可以找出汽车使用节油的基本途径。

目前，国内外汽车节油途径概括起来有政策性措施和技术管理措施。

**1. 政策性措施**

政策性措施是指制定正确的能源运输政策，包括燃料价格政策、燃料与道路税收政策、燃料分配与奖惩制度、燃料管理制度、各种运输方式的合理分配与转换政策、新能源开发政策、限制燃料消耗量及车速的标准法规等。

由于各国采取的燃料政策不同，汽车的平均燃料消耗量差异较大。节能管理、营运管理以及交通管理措施对汽车节能有很大的影响，是降低运输企业燃料消耗成本的重要措施。

（1）节能管理。节能管理包括制定有关运行燃料消耗量的法规和标准，完善燃料消耗考核奖惩制度，正确选择与合理使用车辆，正确选用燃料、润滑材料与轮胎，推广节能新技术、新产品，进行驾驶员轮训等。

（2）营运管理。营运管理包括掌握运输市场信息，建立现代化调度系统，做好运输组织，提高现有车辆的实载率，大力研究结合全球卫星定位系统、地理信息系统和先进运输信息系统的新型货运系统和客运系统等。例如，优选公共汽车、载货汽车的路线；选择与道路、货物相匹配的车型；加快信息反馈，完善物流系统，以便统一调配运输；做好物流集散点的调整；改善运输方式，加强运输的集中管理，研制封闭容器运输、高架运输等新型运输系统。

（3）交通管理。交通管理措施包括改善交通基础设施，设计合理的管理模式，从而改善交通流的运行特性。例如，改善道路设施，如建设高速公路、汽车专用公路，改善道路结构，提高路面质量，实行立体交叉等；优化交通管理，如采用信号控制及运行路线诱导、速度限制指示系统等；改善交通系统，如双层公共汽车、特定需要的公共汽车、城市汽车系统、快速运输系统及复合运输系统等。

此外，工程技术也是节约燃料的重要手段。

① 改善发动机的燃料经济性。改善燃烧室，提高压缩比；改善进气、排气系统；选择合理的配气相位；采用绝热燃烧室；采用新式燃料供给系统；采用稀混合气；减少怠速燃料消耗和强制怠速燃料消耗；提高发动机功率的有效利用；减少发动机内部摩擦损失；回收废气能量；减少附件功率损失；发展低速大扭矩发动机；在发动机上安装各种节油装置；改善燃油性质；提高空调机、电气装置等辅助设施的效率。

② 提高汽车功率的有效利用。减轻汽车质量；减少空气阻力，如长途运输商用汽车采用导流罩等；减少滚动阻力；回收制动能量；提高传动系统效率；选择最佳传动比。

③ 开发代用燃料，如液化气、石油气、甲醇汽油和乙醇燃料等。

④ 研制新型动力装置，如转子发动机、塑料发动机、燃料电池发动机、氢气发动机、

蓄电池车和电动车等。

⑤ 增加专用车辆，发展大吨位汽车列车运输。

⑥ 改进汽车维修方法，提高维修质量，提高车辆完好率。

⑦ 优化运行工况，提高驾驶技能。

2. 技术管理措施

(1) 提高汽车燃料经济性的结构措施。

① 提高压缩比。当压缩比提高时，热效率增加，发动机动力性提高，发动机燃料消耗量降低。试验表明，当压缩比在 7.5～9.5 时，压缩比每提高 1 个单位，燃料消耗量可以下降 4% 以上。

汽油机压缩比的提高主要受爆燃和 $NO_x$ 排放的限制。当压缩比提高到一定程度后，不仅对提高发动机的功率和效率无明显效果，而且会增加排气中 $NO_x$ 的浓度。另外，提高压缩比需要配套提升汽油辛烷值，使得汽油的炼制成本提高。

改善燃烧室和进气系统，提高发动机结构的爆燃极限；使用爆燃传感器自动调整点火提前角以抑制爆燃；掺水燃烧抗爆；开发高辛烷值汽油等都是提高压缩比的措施。掺水燃烧抗爆方式通常向进气管、增压器内喷水以及使用乳化燃料等。掺水燃烧主要采用乳化液方式，其通过某种外来作用使油水混合均匀，消除油水两相分界处的表面张力，形成均匀的油包水或水包油乳状液。在燃烧过程中，油包水乳状液在高温作用下体积急剧膨胀，水汽化体积可增大数千倍，这种微爆效应使油膜分散更细，增加与空气的接触面积，促进燃烧充分。由于燃烧完全，过剩空气减少，燃料消耗量及有害排放物随之减少。同时，掺水混合气的冷却作用与水蒸气的惰性气体效应协同抑制爆燃，延缓燃烧后期化学反应速度及炽热点的形成。但乳化液掺水燃烧仍存在锈蚀机件、稀释机油及油水分层等问题。

② 改善进气、排气系统。改善进气、排气系统的目的是减少进气管气流阻力，减少排气干扰，提高充气效率。进气管的结构和尺寸要保证有足够的流通截面，并保证管道的表面光洁，连接处平整，要减少气流转折以及流通截面突变，以减少气流的局部阻力。进气门是整个进气管道中产生阻力最大的地方。例如，大众捷达汽车发动机每缸采用 5 气门（3 个进气门、2 个排气门）结构，以增加进气充量。

汽油机进气管断面的形状和尺寸对燃料的雾化、蒸发和分配影响很大。进气管断面过大，气流速度低，燃油液态颗粒易沉积于管壁，而且液态燃油的蒸发速率比较慢，结果使各缸混合气的分配不均匀，发动机燃料消耗量增加。

③ 选择合理的配气相位。充气效率的变化特性、换气损失、燃烧室扫气作用、排气温度以及排放净化程度是综合评定配气相位的指标。

合理的配气相位选择与发动机常用工作区相关。通常，当配气相位的持续角较宽时，发动机在高速运转时充气特性好，在低速运转时充气特性差；当配气相位的持续角较窄时，则反之。汽车在我国城市运行条件下，车速偏低，发动机转速较低，所以应适当将配气相位持续角变窄些。最佳配气相位可以通过计算图解法或试验法确定，确定时应综合考虑动力性和低速动力性的要求，一般可参考同类发动机的配气相位值进行反复试验。正确的排气相位角可充分利用气流的惯性以及排气系统的压力波动进行排气。

试验表明，当配气相位偏离最佳值较远时，其变化对发动机性能影响较大，而在最佳值附近时，发动机性能对此并不敏感。不敏感区最高可达 10° 以上，这为选定配气相位提供了一定的自由度。

上述所谓的最佳配气相位是在常用工况下的局部最佳。现已出现电液控制的可变配气相位控制方法，可保证发动机在各种工况下均处于最佳状态。

（2）合理组织汽车运输。

① 提高实载率。根据汽车的单位容积载质量，提高载质量利用率。为了提高实载率，还要做好货运调查，安排好调运方案。

② 合理组织拖挂运输。发动机的负荷率越低，发动机的燃料消耗量越高。据统计，多数载货汽车的负荷率低于50%，因而燃料经济性差。组织汽车拖挂运输会使发动机的负荷率提高，从而使发动机的燃料消耗量下降。

（3）保持完好的汽车技术状况。

汽车具有完好的技术状况是使用节油的重要保证，而提高汽车维修质量是维持或恢复汽车技术状况的措施。汽车在使用过程中，若能按合理的维护周期、作业项目和技术要求进行清洁、润滑、紧固、检验、调整并及时排除故障，就能减小零件的磨损和保证各系统或装置作用的充分发挥，从而降低汽车燃料消耗。

（4）采用节油装置和技术。

① 采用稀化混合气的装置。稀混合气能够提高发动机燃料经济性，主要原因包括以下几个方面：第一，稀混合气中的汽油分子与氧气接触更充分，有利于实现完全燃烧；第二，混合气越接近于空气循环，绝热指数越大，热效率就越高；第三，稀混合气燃烧峰值温度较低，既减少了气缸壁传热损失，又降低了燃烧产物离解程度，进一步提高了热效率；第四，稀混合气可降低气缸内的压力和温度，抑制爆燃倾向，使得提高压缩比成为可能，这样既能增大混合气膨胀比和温度，又能减少残余废气量，从而提升燃料的能量利用效率。

然而，当混合气过稀时会产生以下不利影响：燃烧速度显著减慢，等容燃烧速率下降；混合气发热量和分子改变系数减小，导致指示功降低，而机械损失功基本保持不变，致使机械效率下降；发动机工作对混合气分配的均匀性以及汽油、空气、废气三者混合的均匀性更为敏感，循环变动率增大，个别气缸失火的概率增加。

对均质混合气采用稀混合气的主要技术途径包括：提高燃烧速度；增加点火能量，适当增大点火提前角，延长火花持续时间；清除火花塞周围的残余废气；确保汽油充分雾化，实现汽油、空气和废气的均匀混合，并保证各缸混合气分配的均匀性。为使汽油充分雾化，可采取预热、提高进气流速度、增强进气扰动以及改善汽油乳化度等措施。

② 采用强制怠速节油器。采用强制怠速节油器是完善化油器工作系统、扩大其功能的节油措施。在不切断发动机与传动系统联系的情况下，发动机被汽车惯性拖动（例如下长坡）而高速运转，此时节气门虽然处在关闭位置，但进气管真空度却高于正常怠速时的真空度，这种工况称为强制怠速工况。实践证明，经常在山区行驶的汽车，若装设强制怠速节油器可获得10%的节油效果。强制怠速节油器是在发动机处于强制怠速工况时停止向化油器供油的装置。为切断发动机强制怠速工况时的供油，基本上有三种途径：切断向化油器的供油，控制主油道的供油，直接切断怠速油道的供油。控制执行机构有电磁式、气动式和机械式等。

③ 采用电子控制多点汽油喷射系统。采用电子控制多点汽油喷射系统的发动机可以对空燃比进行精确控制，使发动机在任何工况下都处于最佳工作状态。与化油器式发动机

相比，其燃料消耗量可降低 5%～10%。

④ 采用高能电子点火系统。采用高能电子点火系统能从根本上克服传统点火系统存在的高速缺火、触点易烧蚀和火花能量提高受到限制等缺点，因此可以提高汽车的动力性和经济性。

⑤ 采用风扇离合器。驱动冷却风扇所消耗的功率为发动机额定功率的 5%～10%。目前，一些载货汽车仍采用直接驱动式风扇，而在较多的情况下不需要风扇工作。采用风扇离合器一般可获得 3%～5% 的节油效果，气温越低，节油效果越显著。

⑥ 改善润滑。润滑油的主要作用是减少零件的磨损，以期提高传动效率和延长汽车使用寿命。资料显示，汽车的机械摩擦损失约占发动机功率的 25%～29%，通过改善润滑，机械摩擦损失约减少 30%，这对汽车节油有实际意义。

改善润滑的主要措施：一是在保证润滑效果的前提下尽可能选用低黏度级润滑油；二是选用多黏度级润滑油。

⑦ 减少汽车行驶阻力。减少滚动阻力的主要措施是采用子午线轮胎。子午线轮胎的滚动阻力比普通斜交轮胎小 25%～30%，一般能使燃料消耗量减少 5%～8%。

减少空气阻力的主要措施是加装导流装置，一般可获得 2%～7% 的节油效果。目前，常采用的导流装置如下：

A. 导流板，装在驾驶室顶上。
B. 间隙密封罩，装在驾驶室与车厢之间。
C. 防护罩，装在车厢下部。

（5）推广节油驾驶技术。

通过汽车驾驶实践，广大驾驶员总结了一些有效的汽车节油驾驶技术，可概括为：预热保温、中速行驶、脚轻手快、合理滑行、正确制动等。

① 预热保温。发动机工作温度对燃料消耗量有显著的影响。在冷启动工况下，发动机需要采取预热措施；启动后应进行暖机运行，待冷却液温度达到 50 ℃时方可起步。在正常行驶工况下，应确保冷却液温度维持在规定的范围内。

② 中速行驶。中速是略高于经济车速的速度。汽车的经济车速是指汽车行驶时燃料消耗量最低的车速。中速行驶时，发动机的燃料消耗量较低，汽车行驶空气阻力较小，运输生产率较高。

③ 脚轻手快。脚轻是指踏加速踏板要轻，缓缓提速。手快是指换挡要及时，动作要快，使汽车在合理挡位下行驶。

④ 合理滑行。在保证安全的前提下，合理滑行可达到节油的目的。滑行有两种：一种是加速与滑行两个过程交替进行；另一种是根据地形等行驶条件伺机进行，如下坡或停车前的滑行。汽车滑行要保证安全，滑行速度要合理。

⑤ 正确制动。在保证安全的前提下，尽量减少制动，特别是减少紧急制动。

## 4.4 汽车辅助工作液的选用

### 4.4.1 发动机冷却液的选用

1. 发动机冷却液的使用性能

汽车发动机广泛采用强制循环冷却系统，冷却液是发动机冷却系统中带走高温零件热量的一种工作介质。为保证汽车发动机正常工作和延长发动机的使用寿命，发动机冷却液应具有以下使用性能：

① 冰点低、沸点高。冰点是指在没有过冷的情况下，冷却液开始结晶的温度。若汽车在低温条件下停放时间较长，而发动机冷却液的冰点达不到应有的温度，则发动机的冷却水套和散热器就会被冻裂。因此，要求发动机冷却液防冻性好。沸点是指在发动机冷却系统与外界标准大气压相平衡的条件下，冷却液开始沸腾的温度。发动机冷却液在较高温度下不沸腾，可保证汽车在满载、高负荷、高速条件下或在山区、热带夏季正常行车。

② 防腐蚀性好，不损坏汽车有机涂料。发动机冷却液要接触多种金属材料，如果它对金属有腐蚀性，就会影响发动机的正常工作。为使发动机冷却液有良好的防腐蚀性，要保持冷却液呈碱性状态，要求发动机冷却液的 pH 值在 7.5～11.0。发动机冷却液是一种化学物质的调和物，在加注中很容易接触到汽车的有机涂料层，这就要求发动机冷却液对汽车有机涂料不能有不良影响，如剥落、鼓泡和褪色等。

③ 不易产生水垢，抗泡沫性好。水垢对发动机冷却系统的散热强度影响很大。试验表明，水垢的导热系数比铸铁小几十倍，比铝合金小 100～300 倍。

发动机冷却液如果产生过多的泡沫，不仅会降低传热效率、加剧气蚀，而且会造成冷却液溢流。发动机冷却液的使用性能是通过国家标准规定的理化指标和使用性能试验来检验的。

2. 发动机冷却液的规格

发动机冷却液是以防冻剂和缓蚀剂等原料复配而成的功能性液体，应用于发动机冷却系统，具有冷却、防腐、防冻、防结垢等作用。目前，汽车广泛使用的发动机冷却液是用乙二醇或丙二醇等化学物质与水按一定比例混合而成的混合液，还要加入防腐蚀剂、清洁剂和着色剂等添加剂。

国外典型的发动机冷却液规格是由 ASTM 制定的。ASTM D3306 对发动机冷却液的技术要求适用于轻负荷发动机，ASTM D4985、ASTM D6210 和 ASTM D6211 对发动机冷却液的技术要求适用于重负荷发动机。

我国汽车发动机冷却液现行标准是《机动车冷却液 第 1 部分：燃油汽车发动机冷却液》（GB 29743.1—2022）。冷却液按冰点分为－25 号、－30 号、－35 号、－40 号、－45 号和－50 号等。

3. 发动机冷却液的选择

发动机冷却液的选择应注意以下问题：

① 发动机冷却液的冰点要低于环境最低气温 10 ℃左右。
② 按发动机的负荷性质选择汽车制造厂要求的发动机冷却液。
③ 对浓缩液进行稀释时，应使用去离子水或蒸馏水。
④ 经常检查发动机冷却液的液面高度和冷却系统的密封性。
⑤ 按制造厂规定的发动机冷却液更换周期进行更换，但应经常注意冷却液的颜色和气味的变化。
⑥ 不同厂家、不同牌号的发动机冷却液不能混用，以免发生化学反应、沉淀或产生气泡，对橡胶密封造成损害。发动机冷却液泄漏后应及时补充同品牌产品，若无同品牌产

品，可暂时补充蒸馏水或纯净水。

⑦ 发动机冷却液兼具防冻和防沸功能。部分制造厂要求，即使在夏季或炎热地区也禁止在冷却系统中添加纯净水。

发动机冷却液选用特别提示如下：

① 定期检查冷却系统堵塞情况。

② 加注前需用专用清洗剂清洗系统。

③ 加注发动机冷却液时避免过满。建议通过4S店或正规厂商购买发动机冷却液。

④ 常规更换周期为2～3年或3万～4万千米，使用满4年或6万千米必须更换；若发现悬浮物、沉淀物或变色变质，需立即更换并清洗系统。

⑤ 发动机冷却液含毒性成分，接触后需用大量清水冲洗。

⑥ 夏季擅自换水会导致发动机腐蚀，合格的发动机冷却液在两年内无须更换。

#### 4.4.2 汽车自动变速器油的选用

**1. 汽车自动变速器油的使用性能**

汽车自动变速器的应用日益广泛，我国许多进口汽车及近年来生产的新型乘用车普遍采用了自动变速器。由于汽车自动变速器的工作原理基于液力传动和液压控制，因此，自动变速器油（ATF）是一种多功能工作液，兼具传递动力、调节扭矩、控制液压、润滑及冷却等作用，其性能对自动变速器的正常运行和使用寿命具有重要影响。

汽车自动变速器油应具有以下使用性能：

① 适当的黏度和良好的黏温性。黏度过小，不易形成油膜，会加剧零件磨损，并使执行机构的油压降低，从而出现换挡异常等故障。若低温下自动变速器油的黏度过大，流动性差，发动机启动后，油液供至各控制阀和执行机构的时间延迟，造成换挡滞后时间增加，严重时可能引起离合器打滑或烧结。为改善黏温性，需要添加黏度指数改进剂（如聚甲基丙烯酸酯）。

② 良好的摩擦特性。摩擦特性是指对静摩擦系数（$\mu s$）和动摩擦系数（$\mu d$）的控制能力。静摩擦系数通常大于动摩擦系数。合格的ATF要求$\mu d>0.12$，$\mu s/\mu d<1.0$，且摩擦特性在-40～175 ℃保持稳定。动摩擦系数过低会导致扭矩传递损失大于15%，延长换挡时间至500 ms以上。静摩擦系数过高会使换挡末期扭矩波动大于±8%，引发异响。摩擦特性主要由有机钼化合物类摩擦改进剂决定。

③ 良好的抗热氧化性。极端工况下，ATF油温可达150～170 ℃，氧化产物会导致油泥生成量大于5 mg/100 mL，引发滤清器堵塞。此时需要添加酚类/胺类抗氧化剂（如二烷基二苯胺）。

④ 良好的抗磨性。需通过FZG 9级测试，依赖二烷基二硫代磷酸锌类抗磨剂。

⑤ 防锈蚀性。需通过D665A（蒸馏水）和D665B（海水）测试，添加磺酸盐类防锈剂。

⑥ 密封材料适应性。要求丁腈橡胶体积变化率在-5%～+5%，硅橡胶硬度变化不大于10 IRHD。

⑦ 抗泡沫性。需满足泡沫倾向性不大于50 mL，稳定性不大于10 mL，添加聚硅氧烷类消泡剂。

## 2. 汽车自动变速器油的分类和规格

（1）汽车自动变速器油的分类。

汽车自动变速器油多采用由 ASTM 和 API 共同提出的 PTF 使用分类（如表 4-12 所示），将汽车自动变速器油分为 PTF-1 和 PTF-2 两类。

表 4-12 汽车自动变速器油的使用分类

| 分 类 | 应用范围 |
|---|---|
| PTF-1 | 乘用车、普通载货汽车（原轻型货车）等自动变速器 |
| PTF-2 | 普通载货汽车（原重型货车）和越野汽车等自动变速器 |

（2）汽车自动变速器油的规格。

① 通用汽车公司的 DEXRON 系列自动变速器油。DEXRON-Ⅱ规格汽车自动变速器油比 DEXRON 规格自动变速器油具有更小的静摩擦系数（$\mu s=0.09\pm0.02$），且低温使用性能、抗氧化能力和摩擦稳定性更好。1990 年，通用汽车公司推出 DEXRON-ⅡE 规格汽车自动变速器油，与 DEXRON-Ⅱ规格相比，新油品低温黏度降低、抗泡沫性能增强，并更新试验标准：抗磨性试验改用 FZG 10 级测试、摩擦试验采用 SAE No.2 试验机、热氧化安定性试验执行 300 h 循环测试、耐久性试验标准升级至 100 000 次换挡循环。2003 年，通用汽车公司推出的 DEXRON-Ⅲ规格汽车自动变速器油新增 ECU 兼容性测试。

② 福特汽车公司的 MERCON 自动变速器油。自 1998 年起，美国福特汽车公司开发了含有机钼摩擦改进剂的 MERCON V 型汽车自动变速器油。我国将汽车自动变速器油分为：ATF-Ⅱ（DEXRON-Ⅱ）、ATF-ⅡE（DEXRON-ⅡE）和 ATF-Ⅲ（DEXRON-Ⅲ）（兼容 SAE J1344-2020 电子控制标准）。

## 3. 汽车自动变速器油的选择

汽车自动变速器油的选择原则是一定要加注原厂推荐规格的自动变速器油。以上介绍的仅是国外汽车自动变速器油的典型规格，实际上部分汽车制造厂推荐使用自有技术规范的自动变速器油，具体自动变速器油规格如表 4-13 所示。

表 4-13 部分汽车原厂要求的具体自动变速器油规格

| 车型 | 油品规格 |
|---|---|
| 北京吉普切诺基（AW-4 型，经典车型） | MERCON 或 DEXRON-Ⅱ |
| 奥迪 A6（C8 平台，2023 款） | G 052 162 A2 VW-ATF（兼容 DEXRON-Ⅵ） |
| 上汽通用别克 GLX（4T65-E 型，老款） | DEXRON-Ⅵ（通过 FZG 12 级测试） |

### 4.4.3 汽车制动液的选用

#### 1. 汽车制动液的使用性能

在轿车和轻型汽车上，广泛采用液压制动系统。液压制动系统的材料种类较多，包括金属（如铸铁、铝和铜等）和橡胶（如丁苯橡胶和三元乙丙橡胶等）。汽车制动液是液压制动系统中用于传递压力的工作介质。

汽车制动液的工作温度范围较宽，通常为 −40～150 ℃。低温时，汽车制动液的黏度增大，低温流动性变差；而在高速行驶或频繁制动时，汽车制动液的温度可能超过150 ℃，夏季易因高温产生气阻。汽车制动液在吸水后沸点会降低。

汽车制动液应具有以下使用性能：

① 良好的高温抗气阻性。如果汽车制动液的沸点过低，在高温时就会汽化形成蒸气，导致液压制动系统管路中产生气阻，造成制动失灵。为保证行车安全，要求汽车制动液具有高沸点、低挥发性，在夏季不易产生气阻等特性。评定汽车制动液高温抗气阻性的指标包括平衡回流沸点、湿平衡回流沸点和蒸发性。

② 适当的运动黏度。汽车制动液应在使用温度范围内保持良好的流动性，以确保液压制动系统内的压力能随制动踏板的动作迅速响应，并使橡胶皮碗在制动缸中顺畅滑动。因此，要求汽车制动液在较宽的温度范围内保持适当的黏度。在汽车制动液的规格中，通常规定了-40 ℃时的最大运动黏度和100 ℃时的最小运动黏度。

③ 良好的与橡胶配伍性。汽车液压制动系统包含橡胶皮碗等橡胶件，要求汽车制动液不会对橡胶件造成明显的溶胀、软化或硬化等不良影响。汽车制动液的与橡胶配伍性通过橡胶皮碗试验评定。

④ 良好的抗腐蚀性。汽车液压制动系统的主缸、轮缸、活塞、回位弹簧、导管和阀门等部件通常采用铸铁、铝、铜和钢等金属材料制成，因此要求汽车制动液不会对金属产生腐蚀。此外，当汽车制动液渗入橡胶时，可能从橡胶中析出部分成分，这些析出物对金属的腐蚀作用也应受到限制。汽车制动液的金属腐蚀性通过金属腐蚀试验评定。

⑤ 良好的稳定性。汽车制动液的稳定性包括高温稳定性和化学稳定性，即其在高温条件下以及与相容液体混合后，平衡回流沸点的变化情况。汽车制动液的稳定性通过稳定性试验评定。

⑥ 良好的耐寒性。汽车制动液的耐寒性是指其在低温环境下的流动性和外观变化情况。汽车制动液的耐寒性通过低温流动性和外观试验评定。

⑦ 良好的水溶性。要求汽车制动液吸水后能与水互溶，不产生分层和沉淀。

⑧ 良好的抗氧化性。零件腐蚀通常由汽车制动液氧化引起，因此要求汽车制动液在高温条件下具备优异的抗氧化性能。汽车制动液的抗氧化性通过氧化试验评定。

⑨ 良好的润滑性和材料适应性。为保证橡胶皮碗在制动缸中顺畅滑动，要求汽车制动液具有良好的润滑性。同时，汽车制动液还需与液压制动系统的零件相适应。汽车制动液的润滑性和材料适应性通过制动液行程模拟试验评定。

汽车制动液通常由溶剂、润滑剂（基础聚合物）和添加剂组成。溶剂决定汽车制动液的初沸点；润滑剂可维持汽车制动液的高温黏度（100 ℃运动黏度不小于1.5 $mm^2/s$），减少蒸发量（蒸发损失不大于80%），并提高化学稳定性；添加剂则用于长期保持汽车制动液的物理性质，同时弥补溶剂和润滑剂缺少的物理性质，是必须加入的成分，如抗氧化剂、防锈剂和防腐剂等。

目前，国内外汽车制动液主要为合成型制动液。根据合成原料的不同，合成型制动液可分为醇醚型和酯型两种。

2. 汽车制动液的规格

国外典型的汽车制动液标准如下：

① 美国交通运输部（DOT）制定的联邦机动车辆安全标准（FMVSS），具体包括

FMVSS No.116 DOT3、DOT4 和 DOT5。这是国际公认的汽车制动液通用标准。

② SAE 标准,具体包括 SAE J1703e 和 SAE J1703f。

我国的汽车制动液标准有《机动车辆制动液》(GB 12981—2012)。

3.汽车制动液的选择

汽车制动液的选择应坚持两条原则：一是选择合成型制动液,二是质量等级以 FMVSS No.116 DOT 为准。

汽车制动液选用特别提示如下:

① 不同规格的汽车制动液不得混用。

② 应防止水分或矿物油混入汽车制动液。

③ 制动缸橡胶皮碗不可长时间暴露于空气中。

④ 汽车制动液多以有机溶剂为原料制成,易挥发、易燃,在储存和使用时需要远离火源。

## 4.5 汽车轮胎的合理选用

### 4.5.1 汽车轮胎的结构特点

汽车轮胎的作用如下:

(1)承载汽车总质量产生的静载荷与动载荷。

(2)与汽车悬架共同吸收和缓解路面冲击,保障车辆行驶平顺性与乘坐舒适性。

(3)通过胎面花纹设计提升轮胎与路面的附着性能,优化车辆加速、制动及复杂路况通过能力。

汽车轮胎按胎体帘线排列方向可分为普通斜交轮胎和子午线轮胎。

1.普通斜交轮胎的特点

普通斜交轮胎胎体帘布层的帘线按斜线交叉排列,如图 4-8 所示。普通斜交轮胎的胎体强度高,胎侧抗机械损伤能力强,低速行驶时减振性能优异,制造成本较低。其缺点是滚动阻力大,使用寿命较子午线轮胎缩短 30%～50%。

2.子午线轮胎的特点

子午线轮胎胎体帘布层的帘线与胎面中心线垂直排列,并采用钢丝带束层箍紧胎体,如图 4-9所示。

子午线轮胎在性能上有以下优点:

(1)使用寿命长。子午线轮胎耐磨性好,使用寿命较普通斜交轮胎提升 30%～50%。

(2)滚动阻力小,燃料经济性提高。带束层采用高强度钢丝帘线,胎面刚性增强,滚动阻力降低 25%～30%,综合燃料消耗量减少 5%～8%。

(3)承载能力大。子午线轮胎帘线利用率达 92%～95%,承载能力较普通斜交轮胎提高约 14%。

(4)缓冲性能优异,湿地附着系数提升 15%～20%。胎侧采用柔性结构设计,可吸收 83%～87%的冲击能量;接地面积较普通斜交轮胎增大 10%～15%,可以有效降低胎面滑移率。

子午线轮胎的缺点是:胎侧易产生周向裂纹,制造工艺精度要求高(帘线角度公差为

±1°），生产成本增加25％～35％，翻新合格率低于普通斜交轮胎约40％。

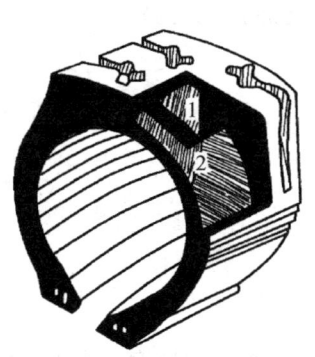

图4-8　普通斜交轮胎

1—缓冲层；2—帘布层

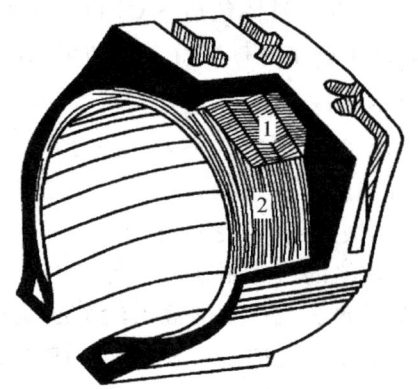

图4-9　子午线轮胎

1—带束层；2—帘布层

### 4.5.2　汽车轮胎的规格

**1. 轮胎主要技术指标及术语**

(1) 轮胎的主要尺寸。

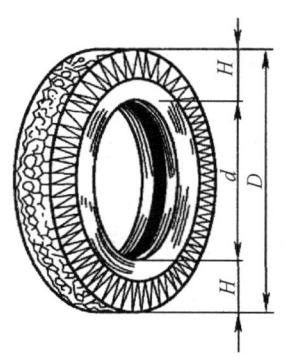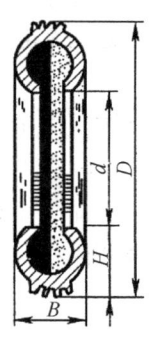

图4-10　汽车轮胎的主要尺寸

轮胎的主要尺寸（如图4-10所示）包括轮胎断面宽度（$B$）、轮辋名义直径（$d$）、轮胎断面高度（$H$）和轮胎外直径（$D$）等。

① 轮胎断面宽度。轮胎按规定气压充气后，两外侧胎壁间的最大水平距离。

② 轮辋名义直径。轮辋规格中直径大小的代号，与轮胎规格中轮辋直径参数一致。

③ 轮胎断面高度。轮胎按规定气压充气后，轮胎外直径与轮辋名义直径之差的一半。

④ 轮胎外直径。轮胎按规定气压充气后，在无负荷状态下测得的最大直径。

(2) 轮胎的扁平比和轮胎系列。

轮胎的扁平比是指轮胎断面高度占轮胎断面宽度的百分比，通常用数值表示，如"80""75""70"等。轮胎系列则是按照扁平比名义值划分的类别，如"80系列"代表扁平比为80％。

(3) 轮胎的层级。

轮胎的层级是表示轮胎承载能力的相对指数，用于区分同尺寸不同结构的轮胎承载差异。层级数与帘布层实际数量无直接关系，而是指轮胎强度相当于棉帘线层数的倍数。

(4) 轮胎最高行驶速度和速度级别符号。

轮胎最高行驶速度是指在规定条件（如标准轮辋、额定载荷）下允许连续行驶1h的极限速度。速度级别符号以字母表示，需标注于胎侧。表4-14所示为部分轮胎速度级别符号与最高行驶速度。不同轮辋名义直径的轿车轮胎最高行驶速度如表 4-15 所示。

表 4-14　部分轮胎速度级别符号与最高行驶速度

| 轮胎速度级别符号 | 轮胎最高行驶速度（km/h） | 轮胎速度级别符号 | 轮胎最高行驶速度（km/h） |
|---|---|---|---|
| L | 120 | R | 170 |
| M | 130 | S | 180 |
| N | 140 | T | 190 |
| P | 150 | U | 200 |
| Q | 160 | H | 210 |

表 4-15　不同轮辋名义直径的轿车轮胎最高行驶速度

| 轮胎速度级别符号 | 轮胎最高行驶速度（km/h） | | |
|---|---|---|---|
| | 轮辋名义直径 10 in | 轮辋名义直径 12 in | 轮辋名义直径≥13 in |
| Q | 135 | 145 | 160 |
| S | 150 | 165 | 180 |
| T | 165 | 175 | 190 |
| H | | 195 | 210 |

（5）轮胎负荷指数与轮胎负荷能力。

轮胎负荷指数是指在规定条件下（如轮胎最高速度、最大充气压力等）表征轮胎负荷能力的数字代码。表 4-16 所示为部分轮胎负荷指数与轮胎负荷能力的对应关系。

表 4-16　部分轮胎负荷指数与轮胎负荷能力的对应关系

| 轮胎负荷指数 | 轮胎负荷能力（N） | 轮胎负荷指数 | 轮胎负荷能力（N） |
|---|---|---|---|
| 79 | 4370 | 84 | 5000 |
| 80 | 4500 | 85 | 5150 |
| 81 | 4620 | 86 | 5300 |
| 82 | 4750 | 87 | 5450 |
| 83 | 4870 | 88 | 5600 |

2. 轮胎规格的表示方法

本部分以实例说明汽车轮胎规格的表示方法，基本反映了欧洲国家、美国、日本和我国对汽车轮胎规格的规定。

（1）轿车轮胎规格。

① 斜交轮胎规格，如：

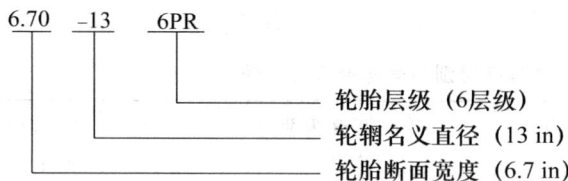

② 子午线轮胎规格，如：

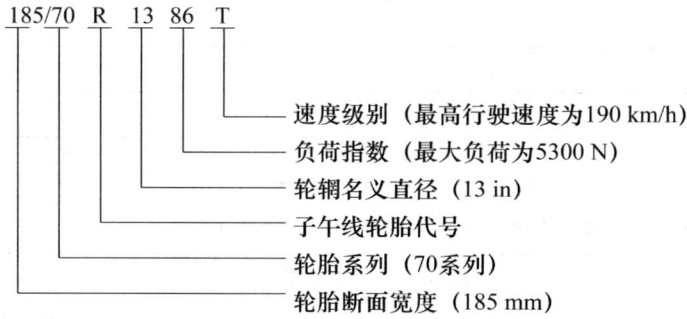

(2) 载货汽车轮胎规格。

① 微型载货汽车普通斜交轮胎规格，如：

② 轻型载货汽车普通斜交轮胎规格，如：

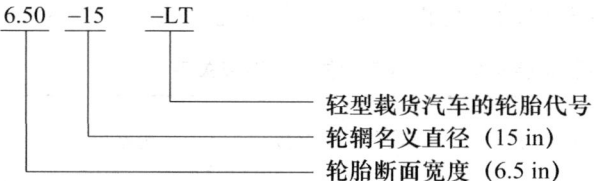

③ 轻型载货汽车子午线轮胎规格，如：

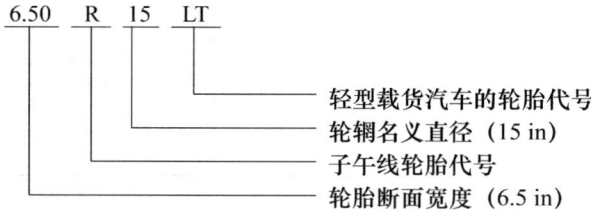

### 4.5.3 影响汽车轮胎使用寿命的因素

轮胎的使用性能是以压缩空气的物理特性和内外胎的弹性为基础的。汽车车轮承受和传递汽车与路面的全部作用力，在各种外力作用下产生复杂的变形。这种变形会因摩擦产生大量内热，使轮胎温度升高、强度降低。轮胎的损坏主要是机械应力与热效应综合作用的结果。当轮胎受力变形时，帘线和橡胶在拉压应力及高温作用下发生材料疲劳，导致弹性和强度下降。当应力超过帘布层强度极限时，帘线会折断。轮胎变形产生的层间切应力若超过帘布层与橡胶的黏附力，则会出现帘线松散、脱层现象。轮胎的主要损坏形式包括胎面磨损、帘布脱层、帘线松散/折断、胎面与胎体脱胶及由此引发的胎体破裂。

影响汽车轮胎使用寿命的因素如下。

1. 轮胎气压

轮胎气压不同会导致负荷分布差异。气压偏离标准值（如低于标准20%）是轮胎早期损坏的主因。其中，气压不足的危害尤为突出。

轮胎气压越低，胎侧变形越大，使胎体帘线产生较大的循环应力。由于帘线能承受较大的伸张变形，而承受压缩变形的能力较差，故周期性的压缩变形会加速帘线的疲劳破坏。轮胎以低压状态滚动时，除增大胎体的应力外，还因摩擦加剧而使轮胎温度升高，这会降低橡胶和帘线的抗拉强度。试验表明，轮胎气压降低20%，轮胎使用寿命会降低15%以上。轮胎因气压不足而损坏的主要特征是：初期外胎内壁和内胎表面出现黑色环圈，后期出现局部帘线松散或环状断裂、帘布脱层、胎肩加速磨损等现象；后轮双胎并装时可能因摩擦导致周边磨损；胎面花纹易嵌入异物而引发机械损伤；外胎与轮辋错位导致胎圈磨损及气门嘴撕裂。

当轮胎气压过高时，接地面积减小，单位面积负荷增大，胎体帘线过度伸张导致应力集中。在不良路况下，动负荷增大，易引发胎面剥离或爆胎。气压过高时的磨损强度通常低于低压状态，但爆胎风险显著上升。

2. 轮胎负荷

轮胎最大负荷已在设计中限定。超载时，外胎损坏特征与气压不足时类似但更严重，因胎侧弯曲变形加剧。试验表明，超载10%时，轮胎寿命缩短约20%。超载轮胎受冲击时易发生爆破。

3. 汽车行驶速度和气温

汽车在高速行驶时，胎面滑移加剧导致温度升高，胎压上升。动负荷增大会加速结构损伤。在不同车速下，高温与高速叠加时，胎压急剧上升，轮胎寿命显著缩短。

4. 道路条件

影响轮胎使用寿命的道路因素主要是路面材料与平整度，它们决定摩擦力和动负荷强度，进而影响轮胎寿命。

轮胎在良好路面上行驶时，载荷以静负荷为主，主要损坏形式为正常磨损；汽车在不良路面上行驶时，动负荷可达静负荷的2.3倍（中速行驶时），导致轮胎寿命显著缩短。试验证明，若以沥青路面上的轮胎寿命为100%基准，非铺装路面上的轮胎寿命会降低至45%~52%。

5. 汽车技术状况

汽车底盘系统技术状态（重点为悬架、转向、制动系统）不良会导致轮胎异常磨损，如图4-11所示。图4-11（a）、（b）所示为多边形/波浪形磨损，其成因包括轮辋径向跳动超差、轮毂轴承轴向间隙超标、车轮动不平衡以及紧急制动频繁等；图4-11（c）所示为轮胎单侧偏磨，其成因包括轮辋偏心、轮毂与转向节轴偏心以及转向节轴弯曲等；图4-11（d）所示为轮胎局部剧烈磨损，主要由制动器拖滞导致；图4-11（e）所示为轮胎胎肩偏磨，当外倾角偏差超出±1°范围时会发生此类磨损。若轮胎外侧偏磨，是由外倾角过大导致；若轮胎内侧偏磨，则是由外倾角过小导致；若胎面出现锯齿状磨损，主要因前束角失准导致。实际异常磨损形态复杂，但足以证明汽车技术状况对轮胎使用寿命的影响。

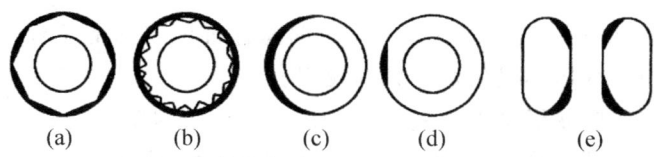

图 4-11　汽车技术状况对轮胎使用寿命的影响

6．汽车驾驶方法

轮胎的使用寿命与汽车驾驶方法紧密相关，如起步过猛、紧急制动、频繁制动、转弯过急和碰撞障碍物等，会加速轮胎的损坏。

起步过猛使驱动轮上的负荷骤然增加，轮胎与地面发生强烈摩擦，并易发生滑转现象，增加轮胎磨损。当紧急制动时，轮胎由滚动变为滑移，局部胎面受到剧烈摩擦而产生高温，使胎面胶软化而加剧磨损。同时，在缓冲层和帘布层中产生较大的切应力，会使胎面花纹发生崩裂、胎面胶脱空或胎体脱层。频繁制动会使轮胎产生高温，加速磨损。如果转弯过急，会使车轮侧向滑移，增加胎面磨损，并使胎侧过度变形，在胎圈部位产生较大应力，可使胎圈破裂、胎体脱层，甚至爆破。如果行驶中轮胎碰撞障碍物，会使轮胎受到强烈冲击，引起过度变形，损坏帘布层。

7．轮胎维护质量

在轮胎维护过程中，若不认真执行强制维护规范，或在汽车二级维护中没有将拆检轮胎和轮胎换位作为主要内容，则无法保持轮胎的良好技术状况。

如果将型号、规格、花纹和新旧程度不同的轮胎混装，则会使部分轮胎因超载而早期损坏。拆装轮胎时不使用专用工具或操作不当，也会影响轮胎的使用寿命。

8．轮胎管理技术

不执行轮胎储运技术要求，轮胎保管条件不良或方法不当，都将引起轮胎早期损坏。

轮胎与矿物油、酸类物质和化学药品接触，会使橡胶、帘布层遭受腐蚀。保管期间受阳光照射、室温过高或空气过分干燥，会加速轮胎老化；空气中水分过多，轮胎受潮，会使帘布层霉烂变质；内胎折叠存放，会产生裂痕；外胎堆叠存放，将引起变形。

4.5.4　延长汽车轮胎使用寿命的措施

为了加强汽车轮胎的合理使用，国家发布了以下技术标准：《轮胎使用与保养规程》（GB/T 9768—2017）、《轿车轮胎规格、尺寸、气压与负荷》（GB/T 2978—2024）、《轮胎翻新生产技术条件》（GB/T 45292—2025）。

上述标准规定了轮胎的管理、使用和维修技术要求。

1．保持轮胎标准气压

按负荷指数设定标准气压（如指数 81 对应 220 kPa，指数 86 对应 250 kPa），定期校准可延长轮胎寿命 30% 并提升行车安全。

### 2. 防止轮胎超载

轮胎的负荷不应超过轮胎的额定负荷。在汽车使用过程中不得超载。载货汽车装载分布要均匀，不可质心偏移，保持货物均匀分布，如图4-12所示。

### 3. 掌握车速，控制胎温

汽车行驶速度与轮胎生热的关系很大，车速越高，挠曲变形速度就越快，轮胎生热量也越大，轮胎胎体温度上升至100 ℃以上时轮胎会分层、脱空、爆胎。近年来，随着公路状况的改善，特别是高速公路的增加，汽车运行速度显著提高，如果汽车所使用的轮胎仅具有低速特性，那么在较高车速

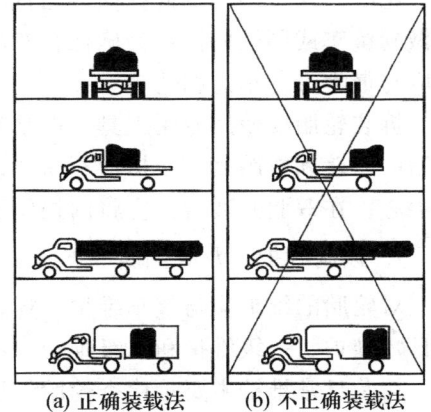

图4-12 载货汽车装载分布

行驶时可能出现爆胎等故障。因此，要求汽车所使用的轮胎应与最大设计车速相适应。最大设计车速较高的汽车必须选用具有高速特性的轮胎。汽车在夏季行驶时应增加停歇次数，如果轮胎发热或内压增高，应停车休息散热，严禁放气以降低轮胎气压，也不要用冷水浇泼。这是因为放气后轮胎温度并未降低，而轮胎的变形因气压降低而增大，使胎温继续升高，直到轮胎的发热量与散热量重新达到平衡为止。此时轮胎的温度比原来更高，致使轮胎受到严重损伤。而浇泼冷水降温会使轮胎在高温时骤然冷却，因各部收缩不均衡而产生裂纹。

### 4. 保持汽车技术状况良好

从延长轮胎使用寿命的角度出发，汽车维护中要特别注意下列作业：
(1) 前束和外倾角应符合标准。
(2) 行车制动器应调整良好，不拖滞。
(3) 轮毂轴承的间隙应调整适当。
(4) 轮胎螺母紧固，车轮应平衡。
(5) 钢板弹簧的挠度应尽量一致，前后轴应平行。
(6) 轮毂油封和液压制动轮缸无漏油现象。
(7) 车轮总成的横向摆动量和径向跳动量应符合《机动车运行安全技术条件》（GB 7258—2017）的要求。

### 5. 正确驾驶

汽车应起步平稳，加速均匀，选择平坦路面，少用紧急制动。在滑路上要缓慢起步，以均匀速度行驶，车轮打滑空转时应及时采取防滑措施；行驶中注意选择路面，尽量避开障碍物和难行路段；道路不良或转弯时应减速行驶；遇有沟槽、坑洼或铁轨等障碍时，要以低速缓慢通过；在保证安全的前提下，少用制动器，尽量避免紧急制动。

### 6. 合理搭配，正确拆装

轮胎必须装配在规定规格的轮辋上；同一车轴应装配相同规格、花纹和层级的轮胎；普通斜交轮胎与子午线轮胎不能混用；轮胎花纹应根据道路条件选择，装配有向花纹轮胎

时,花纹"人"字尖端的指向要与汽车前进时轮胎的旋转方向一致;在换装新胎时,应尽量做到整车或同轴同换;为确保行车安全,翻新轮胎不得装在转向轮上;汽车所使用的轮胎应与最大设计车速相适应。

拆装轮胎要使用专用工具,严禁使用大锤或其他尖锐器械敲击;在安装内胎时,应在外胎的内壁和内胎表面涂抹滑石粉,以便于内胎的伸展;内胎气门嘴应对准轮辋气门嘴孔的中心;在双胎并装时,应将内挡轮胎的车轮螺栓完全紧固后,再安装外挡轮胎。

7. 强制维护,及时翻新

对轮胎的维护应与整车维护一样,贯彻"预防为主、强制维护"的原则。轮胎维护分为日常维护、一级维护和二级维护,维护周期按车辆规定的维护周期执行。

轮胎日常维护主要是检查轮胎气压是否符合规定,检查轮胎螺母有无松动,清理轮胎夹石和花纹中的石子、杂物等。轮胎的一级维护除日常维护作业外,以一般性检查和紧固为主:检查轮胎螺母是否缺少和检查松紧程度;检查胎面磨损情况,必要时(如单边偏磨严重)应进行轮胎换位,以使胎面花纹磨损均匀。轮胎的二级维护除一级维护作业外,主要是拆检轮胎并进行轮胎换位。拆检时需要检查外胎有无内伤、脱层、起鼓,检查内胎有无老化、脱胶现象,检查垫带有无开裂等;清理伤洞后烘补修复;测量胎面花纹磨损量;最后进行轮胎换位。

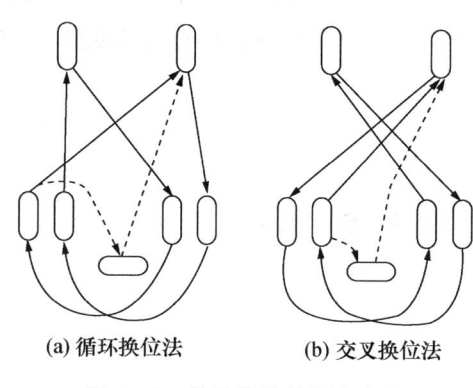

(a) 循环换位法　　(b) 交叉换位法

图 4-13　轮胎换位的基本方法

由于负荷、驱动形式和道路条件的影响,汽车各轮胎磨损的部位和程度不同。为使全车轮胎磨损均匀,应按规定周期进行换位。轮胎换位的基本方法有循环换位法和交叉换位法两种(如图 4-13 所示)。循环换位法定义为"一次换位不使所有轮胎从一侧完全换至另一侧",交叉换位法定义为"一次换位即可实现所有轮胎从一侧完全换至另一侧"。

轮胎换位的注意事项如下:

(1) 换位方法选定后不得变更。

(2) 对有方向性花纹的轮胎,换位后不得改变其旋转方向。

(3) 换位后应按规定调整轮胎气压。

当轮胎花纹磨损至极限时,应及时送厂翻新,不可直接使用至报废。轮胎翻新是将胎面花纹超限但胎体完好的轮胎进行修复的工艺。翻新后的轮胎需符合上述标准对普通斜交轮胎和子午线轮胎的技术要求。

8. 正确装运,妥善保管

在装运轮胎时,不得与油类、易燃物、化学腐蚀品等混装,应用篷布遮盖,以免阳光照射或雨淋。长途运输必须竖直放置,内胎如无包装,需要放在外胎内,并适量充气。轮胎库房应清洁干燥,避免阳光射入库内,室内温度应保持在 -10～30 ℃,相对湿度应为 50%～80%。库房应与热源、发电设备和其他产生臭氧的地点保持 1 m 以上的距离。外胎或成套轮胎应竖直立放,严禁平置或堆叠,以免变形,至少每两个月转动其支点一次。

内胎如需单独存放,应在适当的充气状态下,悬挂在半圆形的托架上,并定期转动其支点,不得折叠堆置。轮胎在保管时,应有库存卡片,记载轮胎的类型、规格、层级、厂牌、生产时间和入库时间,并按生产时间和入库时间分批存放,先进先出,顺序使用。

轮胎选用特别提示:

(1) 高速行驶的车辆应首选子午线轮胎。子午线轮胎具有升温低、散热快、制动性好、滚动阻力小、噪声小、节油、耐久性好等优点。子午线轮胎从安全性、经济性、高速性、耐久性、舒适性等方面来看都优于普通斜交轮胎。

(2) 高速行驶的车辆应尽量选用无内胎轮胎。无内胎轮胎由于内腔有一层高密封性能的胶层,当轮胎不慎被刺破后,内压不会瞬间泄漏,而是缓慢降压,驾驶员有充裕的时间进行应急处理,以保证车辆行驶安全。

(3) 高速行驶的车辆应尽量选用有速度级别的轮胎。速度级别以字母代号表示(如H-210 km/h、V-240 km/h、W-270 km/h),对应轮胎在额定负荷下的最高安全行驶速度。若车辆实际行驶速度超过轮胎速度级别限值,则会导致胎体过热、帘线断裂甚至爆胎。选择时应通过轮胎侧面的速度符号匹配车辆的最大设计车速,且需要留出10%~15%的安全冗余。

(4) 选用轮胎时要注意区别轿车(乘用)轮胎和货车(载重)轮胎。如185R14为轿车轮胎,185R14C为货车轮胎,虽仅有一字之差,但其负荷和性能相差很大,因此不能混装代用。如果用低负荷轮胎在超负荷状态下高速行驶,则十分危险。

(5) 适时更换。轮胎的使用寿命为4万千米左右,如果行驶里程较少但使用时间超过两年,同样建议更换。

(6) 轮胎不可混合使用。不同规格、结构、磨损程度的轮胎不可混合使用,否则会影响车辆的操控性和稳定性。为了最大限度地发挥车辆设计性能,最好所有车轮均选用同一种轮胎,至少同轴使用相同规格和结构的轮胎。如果购买的两条新胎与车上所剩的两条轮胎的规格和结构相同,则建议将新胎安装到后轴上。如果只换一条新胎,则建议放到后轴上,并将其余三条中磨损最轻的一条也放到后轴上。

## 学习训练

1. 车用汽油主要有哪些使用性能?各种性能的评定指标是什么?
2. 车用汽油的馏程包括哪些项目?分别对发动机的工作有何影响?
3. 如何选择车用汽油?
4. 什么是子午线轮胎?它在性能上有哪些特点?
5. 汽车轮胎常见的损坏形式有哪些?
6. 列举三种汽车轮胎不正常磨损的现象,并分析其原因。
7. 延长汽车轮胎使用寿命的措施有哪些?
8. 为什么要对汽车轮胎进行换位?

## 📝 任务报告

| 任务 4：汽车运行材料的合理选用 ||
|---|---|
| 1. 接受任务（10 分） | 得分： |
| 登录宝马官方网站并结合电子客户手册，查找宝马 5 系 2021 款 528 轿车的参数配置，并对信息进行归纳分析。 ||
| 2. 信息收集（40 分） | 得分： |
| <table><tr><td>整车型号</td><td></td></tr><tr><td>发电机排量</td><td></td></tr><tr><td>综合油耗</td><td></td></tr><tr><td>输出功率</td><td></td></tr></table> ||
| 3. 任务解答（50 分） | 得分： |
| <table><tr><td>节油技术</td><td></td></tr><tr><td>汽油型号及含义</td><td></td></tr><tr><td>机油型号及含义</td><td></td></tr><tr><td>防冻液型号及含义</td><td></td></tr><tr><td>轮胎型号及含义</td><td></td></tr></table> ||
| 评价 | 任务得分： |

任务5

# 汽车维修管理

## 任务导入

为了规范机动车维修经营活动,维护机动车维修市场秩序,保护机动车维修各方当事人的合法权益,保障机动车运行安全,促进机动车维修业的健康发展,根据《中华人民共和国道路运输条例》及有关法律、行政法规的规定,交通运输部于2023年对《机动车维修管理规定》进行第五次修正。

该规定第三十一条明确指出:机动车维修经营者对机动车进行二级维护、总成修理、整车修理的,应当实行维修前诊断检验、维修过程检验和竣工质量检验制度。承担机动车维修竣工质量检验的机动车维修企业或机动车检验检测机构应当使用符合有关标准并在检定有效期内的设备,按照有关标准进行检测,如实提供检测结果证明,并对检测结果承担法律责任。

## 知识目标

(1)了解汽车维修的分类及我国汽车维修制度。
(2)掌握汽车维修方式。
(3)学会汽车维修作业的主要内容。

## 能力目标

(1)能够分析维修作业中的服务质量和业务质量两部分内容。
(2)能够正确认识汽车维修质量管理体系的内容。

## 素质目标

(1)培养学生严谨的意识,养成精益求精的服务理念。
(2)培养学生懂法、遵法、依法办事的法律思维。

## 5.1 汽车维修制度

### 5.1.1 汽车维修

**1. 汽车维修分类**

汽车维修是汽车维护和修理的统称,是指对出现故障的汽车通过技术手段排查,找出故障原因,并采取一定措施使其排除故障并恢复到一定的性能和安全标准的状态。汽车维修包括汽车大修和汽车小修。汽车大修是指使用修理或更换汽车任何零部件(包括基础件)的方法,恢复汽车的完好技术状况和完全(或接近完全)恢复汽车寿命的恢复性修理。而汽车小修是指使用更换或修理个别零部件的方法,保证或恢复汽车工作能力的运行性修理。

汽车维修思想是指组织实施汽车维修工作的指导方针和政策,是人们对维修目的、维修对象、维修活动的总体认识。正确的维修思想是客观规律的正确反映,它将直接影响维修活动的全局。

按维修的性质,维修可分为预防维修和非预防维修。

(1)预防维修。

预防维修是指维护作业的内容和时机是按预先规定的计划执行的,其目的是预防故障，维持汽车的工作能力。预防维修又可分为例行维修和计划维修。例行维修的时机和内容与汽车的行驶里程无关，如日常维修、停驶维修和换季维修等。计划维修的时机和内容与汽车的行驶里程有关，如一级维修和二级维修等。

(2) 非预防维修。

非预防维修通常是在汽车出现故障后进行的，它适用于突发性故障，因为这类故障的出现具有很大的随机性，在故障出现前是很难预测的，因而无法预先安排维修计划。

2. 汽车维修方式

汽车维修方式是维修类型、维修时机和维修内容的综合体现，通常可分为定期维修、按需维修、事后维修和以可靠性为中心的维修。

(1) 定期维修。

定期维修是预防维修的一种，它根据技术情况的变化规律及故障统计分析，规定相应的维修周期，每隔一定的时间（或行驶里程）对汽车进行一次按规定作业内容执行的维修。

定期维修方式可使维修工作在有准备的情况下进行，便于组织安排，并保证维修质量。但汽车是一个复杂系统，由于各零部件的工作条件各异，初始技术状况也不一致，因而其寿命长短不一。若均按规定周期进行维修，必然会使有些部件的寿命不能得到充分的发挥。此外，由于维修工作是按计划强制进行的，会不可避免地存在执行作业的盲目性，增加维修的工作量，甚至会破坏部件的配合特性，降低汽车的固有可靠性，而且对突发性故障采用定期维修方式也是无效的。

(2) 按需维修。

按需维修也是预防维修的一种。它以故障机理分析为基础，通过诊断或检测设备，定期或连续地对汽车技术情况进行诊断或检查，根据检查结果组织维修工作。如果要做到按需维修，则必须具备下述三个条件：①掌握汽车技术状况变化的规律；②掌握技术状况参数的极限值；③掌握故障的现象、特性及对汽车工作能力的影响。

由于按需维修是在发现故障征兆时进行的，因此，它既能提高汽车的有效度，又能发挥汽车零部件的寿命潜力，是一种比较理想的维修方式。

(3) 事后维修。

事后维修方式的特点如下：

① 事后维修方式可充分发挥每个零件的寿命潜力，避免因盲目拆卸而引起的人为差错。

② 在采用事后维修方式时，由于故障的出现是随机的，因而维修工作无法做计划性安排，进行组织和管理比较困难。

③ 在采用事后维修方式时，由于预先不能掌握故障发生的时机，无法对其进行控制，因而故障率较高，甚至会导致安全事故。

根据事后维修方式的特点，它可在以下两种情况下采用：故障是突发性的，无法预测，而且事故的后果不涉及运行安全；故障是渐发性的，但故障的出现不涉及运行安全，其所造成的经济损失小于预防维修的费用。从经济的角度考虑，这两种情况采用事后维修方式都是有利的。

(4) 以可靠性为中心的维修。

在以可靠性为中心的维修思想指导下所制定的是以可靠性为中心的维修大纲。它是一种为实现汽车的固有可靠性而设计的维修方式。以可靠性为中心的维修主要是采用费用效果和安全分析方法，根据汽车可能出现的故障后果和可靠性的要求，运用决断图来分析各总成的维修要求和选择维修方式，它能以最低的费用实现汽车的固有可靠性。

以可靠性为中心的维修的主要特点是：在确定维修工作时，对汽车可能产生的故障和后果进行分析，以零部件的功能、功能故障、故障原因及其后果来确定应进行的维修工作和选择维修方式。

### 5.1.2 汽车维修制度的制定

汽车维修制度是指汽车使用过程中，为了维持和恢复汽车的技术性能，保持汽车的工作能力而实施的一系列维修作业的技术与管理规定。该制度具体规定了汽车维修工作的性质、内容、技术标准、作业流程和实施时机、各类作业的相互协调与分工，以及作业的人员配置和劳动定额等。

制定汽车维修制度是一项复杂的工作，必须针对企业的服务对象、技术、经济和管理等方面的情况做出综合考虑。

1. 制定汽车维修制度的原则

（1）要进行科学的试验。

汽车技术状况的变化是一个随机过程，而影响汽车技术性能变化的因素是多方面的。因此，汽车维修制度的制定必须建立在大量观测数据的基础上，必须采用数理统计方法和可靠性理论对大量统计数据进行科学分析，才能获得符合客观规律的结果。

（2）要进行充分的技术-经济分析。

在制定汽车维修制度时，必须采用技术-经济分析方法，即不仅要考虑汽车的完好率，而且必须考虑维修费用对运输成本的影响。合理的维修制度应保证汽车在寿命周期内的单位费用最低，使汽车在规定的运行和维修条件下具有最佳的经济效果。

（3）要进行合理的分级。

在制定汽车维修制度时，应充分考虑汽车的使用条件与使用强度，并进行必要的分级。

（4）要从科研、生产和使用三个方面获取足够的基础资料。

在制定汽车维修制度时，主要依据汽车制造厂的建议、科学研究部门的试验资料，以及使用部门根据使用数据分析拟定的条例。由于不同运输企业的车型和使用条件不同，必须在分析上述资料的基础上，结合当地使用条件和使用经验进行具体分析后拟定。

2. 制定汽车维修制度的步骤

（1）选择适宜的维修方式。

系统地收集维修对象（车型）在规定使用条件下，技术性能变化的规律和故障数据，分析技术性能变化时对汽车使用性能的影响以及故障后果，运用可靠性理论对上述资料进行技术-经济分析，针对汽车使用中出现的故障特性，选择适宜的维修方式。

（2）确定各项作业的维修周期。

对定期维修和按需维修的作业项目，应通过使用数据的统计分析，确定各项作业的维修周期。

（3）确定维修作业的分级及各级作业内容。

根据维修作业周期，对维修工作进行分级，确定各级维修作业的内容。

（4）按维修作业分级调整维修作业周期。

对各级维修作业的周期进行调整，使其形成一定的周期结构，即在大修周期内，使维修次数和级别按一定方式排列，以便于组织实施。

### 5.1.3 我国现行汽车维修制度

我国现行汽车维修制度基本上沿用计划预防维修制度，规定车辆维修必须贯彻"预防为主、定期检测、强制维护、视情修理"的原则。近几年，随着汽车生产技术的不断提高和检测手段的现代化，汽车售后服务体系逐渐完善，汽车所属主体也发生了较大的变化。相应地出现了一种并行的汽车维护制度，即"按需（视情）维修制"。其具体内容是"严格保养、定期检测、视情修理、强制报废"。总体来说，这种维修制度更加科学，是今后汽车维修发展的方向。

## 5.2 汽车维修制度的主要内容

### 5.2.1 汽车维修原则和维修目的

**1. 汽车维修原则**

道路运输车辆技术管理应当坚持分类管理、预防为主、安全高效、节能环保的原则。道路运输经营者是道路运输车辆技术管理的责任主体，负责对道路运输车辆实行择优选配、正确使用、周期维护、视情修理、定期检测和适时更新，保证投入道路运输经营的车辆符合技术要求。

**2. 汽车维修目的**

汽车维修目的在于保持车容整洁，及时发现和消除故障隐患，防止汽车早期损坏，使汽车达到下列要求：

(1) 汽车经常处于良好的技术状况，随时可以出车。
(2) 在合理使用的条件下，不致因中途损坏而停车，不致因机械事故而影响行车安全。
(3) 在汽车运行过程中，降低燃料、配件和轮胎的消耗。
(4) 各总成的技术性能尽量保持均衡，以延长汽车大修间隔里程。
(5) 减少车辆噪声和污染物排放对环境的污染。

### 5.2.2 汽车维修作业的分级和主要内容

**1. 汽车维修作业的分级**

根据汽车维修作业周期的不同，汽车维修可分为定期维修和非定期维修。

定期维修分为日常维修、一级维修和二级维修，非定期维修分为走合期维修和季节性维修。

我国现行维修制度着重于加强强制性日常维修，增加检测性定期维修的次数。即对日常维修和一级维修实行定期强制执行，以便提高汽车的安全、节能、环保等性能，以及汽车的使用寿命；对二级维修要先进行检测诊断和技术评定，根据检测结果，确定附加作业或小修项目，结合二级维修一并进行。

**2. 汽车维修作业的主要内容**

(1) 日常维修。

日常维修是各级维修的基础，属于预防性的维修作业，由驾驶员每天在出车前、行车中和收车后负责执行，以清洁、补给和安全检视为中心内容。

① 出车前维修。

A. 清洁汽车外表，检查报修项目是否修复良好。

B. 检查机油、燃油、冷却水、制动液是否符合要求，电解液是否充足，轮胎气压是否符合标准。

C. 检查汽车主要外露部位的螺栓、螺母是否齐全、紧固、有效。

D. 检查转向装置和横拉杆、直拉杆等连接部位是否牢固可靠，手制动器、脚制动器、离合器的工作情况是否良好。

E. 检查乘员乘坐货物装载是否符合规定，挂车、半挂车的牵引或连接装置是否牢固可靠，随车装备是否齐全。

F. 检查驾驶证、行驶证等必须携带的行车证件是否齐全。

G. 检查照明、信号、喇叭、刮水器、后视镜、门锁、门窗玻璃及其升降摇柄是否齐全有效。

H. 启动发动机，检查发动机运转是否正常，有无异响，各仪表工作是否正常；检查汽车各部有无漏水、漏油、漏气、漏电现象。

② 行车中维修。

行车中维修包括途中行驶（A～F）和途中停车（G～L）两方面内容。

A. 注意发动机水温高于 50 ℃、气压高于 390 kPa 时才能行驶。

B. 注意发动机和底盘有无异响和异味。

C. 注意转向系统、制动系统是否灵活、有效，离合器工作是否正常。

D. 注意各仪表工作是否正常。

E. 注意电喇叭、气喇叭的音响是否正常。

F. 注意乘客和货物的状态。

G. 检查轮胎外表及气压，清除胎纹中的杂物。

H. 检查有无漏水、漏气和漏油现象。

I. 检查制动器有无拖滞发热现象。

J. 检查转向机构、操纵机构等连接部位是否牢固可靠。

K. 检查拖挂装置是否安全可靠。

L. 检查货物装载是否安全可靠。

③ 收车后维修。

A. 清洁汽车外表及驾驶室内部。

B. 检查有无漏水、漏气和漏油现象，并补充燃油、润滑油和制动液。

C. 检查冷却系统情况，夏季需要定期换水，以免堵塞；冬季应放水。

D. 当冬季气温低于 −30 ℃ 时，露天放置的汽车应拆下蓄电池放入室内保温。

E. 检查各连接装置有无松动。

F. 检查钢板弹簧总成的情况。

G. 检查轮胎气压状况并清除胎纹中的杂物。

H. 对于叠片式粗滤器，应顺时针转动其手柄 3～5 圈。

I. 需排净储气筒内的积水和油污，并关好阀门。

J. 排除故障并上报小修项目。

通过日常维修，使汽车车容整洁，螺栓、螺母不缺不松，油、气、电、水不渗不漏，轮胎气压正常，手脚制动及转向系统灵活可靠，润滑良好，发动机和底盘无异响，灯光、喇叭和刮水器等工作正常。

（2）一级维修。

一级维修由专业维修工负责。除日常维修作业外，以清洁、紧固和润滑为中心内容，并检查有关制动、操纵等安全部件。

① 清洁汽车外部及各总成的表面。

② 检查并调整风扇皮带和空气压缩机皮带的松紧度。

③ 检查变速器和减速器的润滑油油面，清洁通气塞。

④ 检查传动轴上的十字轴 U 形螺栓、中间支承的万向节 U 形螺栓和其他传动部件螺栓的紧固情况。

⑤ 检查转向机构各连接螺栓的紧固情况。

⑥ 检查前后钢板弹簧 U 形螺栓及其支架的紧固情况。

⑦ 清洁蓄电池外壳，检查电解液并在必要时添加蒸馏水。

⑧ 检查并紧固车前钣金零件、驾驶室和车厢等部位的连接螺栓。

⑨ 检查并紧固发动机的悬置件。

⑩ 按维修手册的规定进行润滑作业。

（3）二级维修。

二级维修由专业维修工负责。除一级维修作业外，以检查、调整为中心内容，并拆检轮胎和进行轮胎换位。

① 一级维修的全部项目。

② 清洗机油细滤器转子外罩内壁沉积的污垢。

③ 更换机油粗滤器纸滤芯。

④ 拆检车轮制动器，润滑制动蹄轴，清洗、润滑并调整轮毂轴承，调整制动蹄摩擦片与制动鼓之间的间隙，进行轮胎换位。

⑤ 检查发动机、变速器、转向器和减速器的润滑油，并根据需要添加或更换。

⑥ 排放汽油箱内的沉积物，清洗汽油滤清器和化油器进油接头上的滤网，清洁空气滤清器。

⑦ 调整气门间隙，确保发动机运行平稳。

⑧ 清洁并润滑分电器。

⑨ 清除火花塞积炭，并校正电极间隙。

⑩ 检查蓄电池电解液密度，必要时进行充电。

⑪ 检查离合器踏板自由行程，润滑踏板轴。

⑫ 检查转向器油面，不足时添加。

⑬ 检查转向盘的自由转动量，必要时进行调整。

⑭ 检查传动轴十字轴承及中间支承有无松旷，检查各叉形凸缘螺母的紧固情况。

⑮ 检查并调整前轮前束。

⑯ 清洗空气压缩机的空气滤清消声器的滤芯及储气筒单向阀。

⑰ 清洗气压调节阀接头处的滤芯罩和滤芯。
⑱ 检查曲轴箱通风装置，清洗单向阀。
⑲ 清洁并润滑起动机和发电机。
⑳ 按润滑规定进行润滑。

（4）走合期维修。

走合期是指汽车在运行初期，通过行驶使零件摩擦表面几何形状和表面层物理机械性能得到改善的过程。

汽车在新车出厂或大修（包括发动机大修）后，有一段特定的初期行驶里程（一般为1000～1500 km），即走合期。在这段时期对汽车进行的维修，称为走合期维修。

走合期维修一般分为走合前维修、走合中维修和走合后维修三个阶段。

① 走合前维修。

走合前维修是为了防止汽车出现事故和损伤，顺利地完成走合。其主要内容如下：

A. 清洗汽车，检查各部位的连接及紧固情况。
B. 检查散热器的存水量及冷却系统有无漏水现象。
C. 检查发动机、变速器、减速器以及转向器内润滑油油面是否符合规定，不足时应予补加，并检查有无漏油现象。
D. 检查制动系统的工作是否正常，检查各管路接头处有无漏气现象。
E. 检查转向机构各部位有无松旷和卡滞现象。
F. 检查电气设备、灯光和仪表工作是否正常，同时检查蓄电池的电解液液面高度是否符合规定。
G. 检查轮胎气压是否符合标准。
H. 检查变速器各挡是否正确啮合。

② 走合中维修。

A. 应在平坦良好的路面上行驶。
B. 正确驾驶，平稳地接合离合器，及时换挡。严禁拖挡、猛冲，避免突然加速和紧急制动。
C. 走合期内不允许拖带挂车，载质量不得超过限额。
D. 经常注意变速器、后桥、轮毂以及制动鼓的温度，若存在严重发热，应查找原因并予以排除。
E. 尤其应注意机油压力和控制发动机冷却水的正常温度。
F. 走合200 km以后，应按规定力矩和顺序拧紧气缸盖及进气歧管和排气歧管的螺栓和螺母。
G. 走合500 km以后，应在热车状态下更换发动机油，并防止铁屑、脏物等杂质堵塞油道，刮伤轴承。

③ 走合后维修。

A. 清洗发动机油底壳和粗滤器，并更换发动机油，按规定力矩检查连杆螺栓和曲轴轴承盖螺栓的紧固情况。
B. 清洗变速器、后桥、转向器，并更换润滑油。
C. 紧固前后悬架的U形螺栓的紧固螺母（在满载情况下进行），检查后钢板弹簧固定端的螺栓以及小 U 形螺栓的紧固情况。

D. 按规定力矩紧固转向机构各带有开口销的螺母。

E. 按规定力矩检查并紧固制动底板的紧固螺栓、螺母。

F. 按规定力矩检查底盘和传动部分的各部连接情况。

G. 检查并紧固车身、车厢各部的连接情况，调整车厢栓钩。

H. 调整点火正时，调整发动机怠速和检查气门间隙。

I. 按一级维修作业项目进行润滑和维修。

（5）季节性维修。

由于冬季和夏季气温相差较大，为保证车辆在冬季和夏季的合理使用，在季节转换之前，应结合定期维修，附加一些相应的项目，使汽车适应气候变化的运行条件，此种附加性维修称为季节性维修。季节性维修可分为换入夏季的维修和换入冬季的维修。

① 换入夏季的维修。

A. 检视发动机散热器的百叶窗能否全开，拆除发动机附加的保温罩及启动预热装置。

B. 清洗发动机水套，清除散热器水垢；测试节温器性能。

C. 放出发动机及底盘各总成的润滑油，清洗后加注夏季润滑油。若使用的是通用润滑油，则不必更换。

D. 清洗燃料供给系统，调整化油器；进气歧管和排气歧管上有预热阀装置的调整到"夏"字位置。

E. 调整蓄电池电解液密度（适当降低）；校正发电机调节器，适当降低充电电流和充电电压，并清洁触点。

F. 调整火花塞间隙（适当增大）和分电器断电触点间隙（适当增大）。

G. 采取防暑降温措施。

② 换入冬季的维修。

A. 检查发动机散热器的百叶窗能否全闭，安装发动机附加的保温罩及启动预热装置。

B. 测试节温器性能。

C. 发动机及底盘各总成换用冬季润滑油。

D. 清洗燃料供给系统，调整化油器；进气歧管和排气歧管上有预热阀装置的调整到"冬"字位置。

E. 调整蓄电池电解液密度（适当增大，严寒地区电解液密度为 1.25～1.26 g/cm$^3$），校正发电机调节器，适当增加充电电流和充电电压。

F. 调整火花塞间隙（适当减小）和分电器断电触点间隙（适当减小），以增强火花强度。

G. 采取防寒、防冻和防滑等保护措施。

## 5.3 汽车维修的组织方式

### 5.3.1 汽车维护的组织方式

汽车维护的组织方式按专业分工程度不同，分为全能工段法和专业工段法。

1. 全能工段法

全能工段法是把除外表维护作业外的其他规定作业组织在一个工段上实施，把执行各维护作业的人员编成一个作业组,在额定时间内,分部位有顺序地完成各自的作业项目。

全能工段法可以是技术较高的全能工人对汽车的固定部位完成维护作业,也可以是专业工种的工人在不同部位执行指定专业维护作业。前者称为固定工位作业,后者称为平行交叉作业。

2. 专业工段法

专业工段法是把规定的各项维护作业按工艺特点分配在一个或几个工段上,各专业工人在指定工段上完成各自的工作。工段上配有专门的设备。当专业工段按维护作业的顺序排列时,这些专业工段即组成汽车维护作业流水线。汽车可以依靠本身的动力或利用其他驱动方式在流水线上移动。

### 5.3.2 汽车修理的组织方式

1. 汽车修理的方法

汽车修理的方法分为就车修理法和总成互换修理法。

(1) 就车修理法。

就车修理法是指汽车在修理过程中,原车的零件、组合件及总成不能互换,修理后仍装回原车的修理方法。由于就车修理法各总成的修理周期不同,装配的连续性经常受到影响,只有等修理周期最长的总成修竣后方能装配汽车,因此大修周期较长。

就车修理法的大修工艺过程如图 5-1 所示。

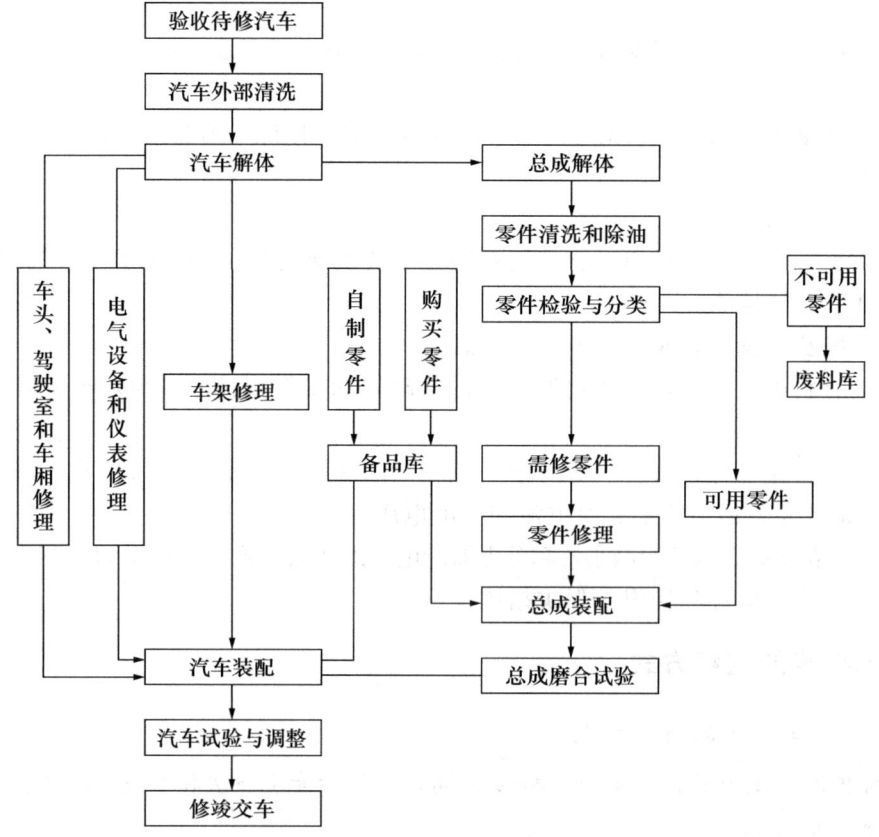

图 5-1　就车修理法的大修工艺过程

(2) 总成互换修理法。

总成互换修理法是指汽车在修理过程中，除车架外，其余需修的总成都可以换用周转总成库中预先修好（或新）的总成，而替换下来的总成另行安排修理以备下次换用。

由于总成互换修理法利用了备用总成，保证了修理的连续性，从而大大缩短了汽车的修理停厂周期。这种修理方法要求企业承修的车型必须单一，而且互换总成的修理质量必须达到统一的修理标准，否则实施时会遇到困难。

总成互换修理法的大修工艺过程如图 5-2 所示。

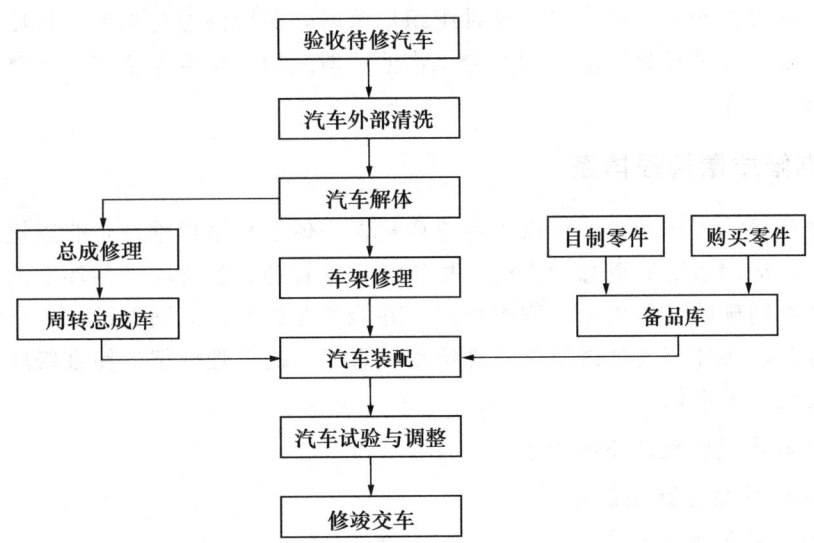

图 5-2　总成互换修理法的大修工艺过程

2. 汽车修理的作业方式

汽车修理的作业方式分为固定工位作业法和流水作业法。

(1) 固定工位作业法。

固定工位作业法是指汽车拆装作业固定在一定的工作位置上完成，而拆散后的修理作业仍分散到各专业工组进行。这种作业方式的优点是占地面积小，所需设备简单，拆装作业不受连续性限制，生产的调度与调整比较方便。其缺点是总成及笨重零件要来回运输，工人劳动强度大。因此，固定工位作业法适用于产量不大、承修车型较为复杂的小型汽车修理厂。

(2) 流水作业法。

流水作业法是将汽车的拆装作业按照流水顺序，分别在各个专业工组或工位上逐步完成全部拆装和修理作业。这种作业方式的优点是专业化程度高，分工细致，修理质量高，总成和笨重零件的运输距离短，工效高。其缺点是设备投资大，占地面积大。因此，流水作业法适用于承修车型单一、生产规模较大的修理企业。

3. 汽车修理的组织形式

按照修理方法和作业方式的不同，汽车修理的组织形式可分为综合作业和专业分工作业。

(1) 综合作业。

综合作业是一种适用于固定工位作业法的组织形式，由一个作业组承担一辆汽车的大部分修理工作。这种组织形式需要全能的修理工人,具有修理周期长、成本高的特点。综合作业一般只适用于生产规模小、车型复杂的修理厂。

(2) 专业分工作业。

专业分工作业是将汽车修理作业按工种、部位、总成、组合件或工序进行分工,由一个或几个专业组专门负责修理的组织形式。分工的繁简程度取决于企业的规模。这种组织形式既适用于固定工位作业法,又适用于流水作业法。它便于采用专用工艺装备,能保证修理质量,提高工效,易于提高工人的操作技术水平,缩短修理周期,同时也便于组织各单元之间的平衡交叉作业。但在采用这种组织形式时,需要注意各单元间进度的协调,做好生产计划调度,保障材料供应。专业分工作业一般适用于承修车辆多、车型单一的修理企业。

## 5.4 汽车维修质量管理体系

汽车维修质量管理体系(亦称汽车维修质量保证体系)是指维修企业以提高和保证维修质量为目标,运用系统的概念和方法,把维修质量管理的各阶段、各环节的职能组织起来,形成一个有明确的任务指标、职责权限,并能相互协调、共同促进的有机整体。该体系将企业各部门、各环节的维修质量管理活动纳入统一的管理框架,使维修质量管理工作规范化、制度化、经常化。

1. 汽车维修质量管理体系的内容

① 有明确的质量方针和目标。
② 有完整的维修质量计划。
③ 建立严格的维修质量责任制度。
④ 建立专职质量管理机构。
⑤ 实行管理业务标准化和管理流程程序化。
⑥ 建立高效灵敏的质量信息反馈系统。
⑦ 做好配件的质量管理工作。

2. 业务接待过程中的质量管理工作

业务接待是维修企业进行业务活动的首要环节。业务接待人员的工作质量不仅对企业的维修质量有着特别重要的意义,而且会影响客户对企业的第一印象。因此,做好接待工作是维修质量管理的重要内容。

业务接待人员的工作质量包括服务质量和业务质量两个方面。

(1) 服务质量。

服务质量是指业务接待人员在接待客户时的周到程度。业务接待人员的服务质量受自身条件、事业心、文化修养、知识技能、管理机制和竞争对手的情况等多方面因素的影响。

(2) 业务质量。

业务质量是指业务接待人员完成自身业务工作使客户达到满意的程度。业务质量包括以下几个方面:

① 业务接待人员要做好维修车辆的情况登记,如车辆的牌号、型号、发动机号、底

盘号等。

② 业务接待人员要填写详细的进厂报修单。填写完毕后，业务接待人员应请客户过目，待客户无异议后，请客户在进厂报修单上签字。

③ 当车上有贵重物品时，业务接待人员最好请客户带走或妥善保管，避免出现不必要的纠纷。

④ 若需要增加维修项目，则业务接待人员应及时与客户说明。

⑤ 当车辆修竣后，业务接待人员应查看车辆，确认进厂报修单上的所有维修内容已经完成，再通知客户接车和结算。

⑥ 在财务结算之前，业务接待人员应把维修中的大致情况和所要花费的维修费用告诉客户，这是赢得客户信赖的重要环节。

⑦ 当客户结算后准备离开企业时，业务接待人员应与客户道一声"走好""再见""欢迎再来"，或者送上一件小纪念品。

⑧ 业务接待人员要做好客户档案管理工作。

⑨ 业务接待人员要经常与客户保持联系，了解维修车辆的使用情况，这样能增进与客户的感情。

⑩ 业务接待人员要学会与"挑剔"的客户打交道的本领。

业务接待工作既繁杂又重要。业务接待人员面对的是双重对象，即企业内部的维修人员和广大客户，他们在中间起着纽带与桥梁的作用。因此，业务接待人员要做好接待工作，对企业的维修质量起到推动作用。

3. 维修作业中的质量管理工作

维修作业中的工作质量分为服务质量和业务质量两个方面。

（1）服务质量。

维修作业中的服务质量是指在维修作业中，维修人员通过文明服务使客户达到的满意程度。主要包括以下内容：

① 文明维修工作。在维修过程中，要坚持做到零件、工具和油品不落地，防止发生零件磕碰、工具乱扔乱放等现象。

② 保持维修部位的清洁。维修人员的服装要整洁干净，并定期清洗；非工作需要不要随便进入车内，如确需进入，应以不弄脏车辆为准；维修过的部位必须清洁如新；在维修过程中，若存在可能划伤车辆漆面的情况，应在身体与车辆之间垫上衬垫。

③ 做好工种之间的协调工作。在维修过程中，如有妨碍其他工种维修的内容，应及时与该工种的维修人员进行协商，必要时可同时进行作业。

（2）业务质量。

维修过程中的业务质量是指工作人员严格按工艺要求完成维修作业使客户达到的满意程度。在维修过程中，因工作人员的岗位不同，对业务质量的要求也不同。

对车间管理人员与技术人员的业务质量要求：

① 拟订完善的维修方案。

② 制定合理的维修工艺规程。

③ 协调好班组、工种之间的工作，合理安排生产任务。

④ 对出现的质量问题，制定合理的质量改进方案。

⑤ 加强设备的管理工作。
⑥ 做好待修车辆和修竣车辆的管理工作。

对维修人员的业务质量要求：
① 认真阅读进厂报修单，正确理解每一项要求，分析达到要求可能出现的问题。
② 按照维修标准规定的要求进行操作。
③ 在维修过程中，注意力要集中。
④ 严把零配件、原材料的质量关。
⑤ 在每项维修作业结束时，应进行详细的检查，待确认无误后方可进行下一项维修作业。

对检验人员的业务质量要求：
① 拟定检验项目、检验方式、检验手段及检验数据的处理方法。
② 协调好与调度人员、维修人员的工作关系，处理好生产进度与检验工作的关系。
③ 严把质量关，检验中发现质量问题应及时让维修人员返工。
④ 加强质量分析，对出现的问题应及时组织有关人员进行分析，并采取相应的措施加以解决。此外，还应定期将有关质量问题以书面形式向有关领导汇报。

4. 配件供应中的质量管理工作

现代汽车维修越来越多地采用换件维修方式，只有对部分采购困难或价格十分昂贵的配件才采用旧件修复的方式。这种维修方式的变化主要是由于购置新件比修复旧件更快、更经济、质量更好。因此，配件供应在整个维修过程中的地位越来越重要。

配件供应中的质量管理工作包括以下内容：
① 提高配件采购人员和配件管理人员的服务意识和质量意识。
② 企业应建立自己的配件供应渠道，避免使用假冒伪劣配件。
③ 加强配件入库前的质量检查工作。
④ 收集配件的质量反馈信息，以便及时调整进货渠道。
⑤ 对配件采购人员进行职业道德和技术培训，提高其对配件质量的鉴别能力。
⑥ 在配件的运输、存放、发放过程中，要注意防水、防潮、防腐、防磕碰等。
⑦ 建立完善的配件档案管理制度和账务管理制度，以便在出现质量问题时有据可查。

## 学习训练

1. 简述汽车维修的含义。
2. 汽车的维修方式有哪四种？
3. 在制定汽车维修制度时必须考虑哪些原则？
4. 汽车维修的目的是什么？
5. 汽车维修作业的主要内容是什么？
6. 日常维修的主要内容是什么？
7. 一级维修的主要内容是什么？
8. 季节性维修的主要内容是什么？
9. 业务接待人员的业务质量包括哪些内容？

## 任务报告

| 任务 5：汽车维修管理 |||
|---|---|---|
| 1. 接受任务（10 分） | 得分： ||
| 2023 年 4 月，交通运输部公布了新修订的《道路运输车辆技术管理规定》。请同学们结合汽车维修作业的要求和主要内容等知识点，以小组为单位进行车辆维修作业的分析。 |||
| 2. 信息收集（30 分） | 得分： ||
| 整车型号 |  ||
| 发电机排量 |  ||
| 综合油耗 |  ||
| 输出功率 |  ||
| 3. 任务解答（60 分） | 得分： ||
|  | 日常维修 |  |
|  | 一级维修 |  |
|  | 二级维修 |  |
|  | 季节性维修 |  |
| 评价 | 任务得分： ||

## 任务6

# 汽车在特殊条件下的合理使用

## 任务导入

汽车在行驶过程中,有关部件都在高速运转,各相关运动的零部件之间相互摩擦,摩擦带来的磨损最终将导致零部件的配合遭到破坏,使汽车的性能变差,故障增多,从而使汽车损坏无法正常行驶乃至报废,缩短了汽车的使用寿命。合理使用汽车,采取相应的养护措施,可以有效减缓零部件的磨损,延长汽车的使用寿命。

## 知识目标

(1) 掌握汽车在特定条件下的使用特点。
(2) 学会汽车在特定条件下合理使用的措施。

## 能力目标

(1) 能够制定汽车在特定条件下合理使用的措施。
(2) 能够在特定条件下合理使用汽车。

## 素质目标

(1) 深入钻研汽车在特定条件下合理使用的知识,培养精益求精的精神。
(2) 合理运用汽车在特定条件下使用的措施,培养严谨的工作态度。

## 6.1 汽车走合期的使用

汽车走合期是指新车或大修后的汽车开始投入使用,汽车各零部件正处于磨合状态,还不能全负荷运行的阶段。新车或大修后的汽车,尽管经过了生产磨合,但零件的加工表面总是存在微观加工痕迹,使零件几何形状与相互配合存在微量偏差以及装配误差等,其摩擦表面的单位压力较理论计算值更高。此时若汽车全负荷运行,零件摩擦的单位压力会显著增大,润滑油膜被破坏,导致零件迅速磨损或损坏。因此,新车或大修后的汽车必须遵循轻载限速原则行驶。

走合期在汽车整个使用期中虽然短暂,但对延长汽车的使用寿命、提高汽车的可靠性和经济性有重大影响。因此,应根据汽车零部件在此阶段的工作特性,采取相应措施实现正确合理使用。

### 6.1.1 汽车走合期的使用特点

1. 磨损速度较快

由图 6-1 配合件的磨损特性曲线可知,第一阶段($0 \sim k_1$)走合期曲线斜率较大,即零件磨损速率较高。主要原因包括:①新配合件表面粗糙度大;②摩擦表面的单位压力过高,导致润滑油膜破裂;③装配间隙过小,引发磨粒磨损。此阶段金属屑脱落量较大,脱落的金属屑进入配合面形成磨粒磨损,同时摩擦升温导致润滑油黏度下降,润滑条件恶化,最终使零件磨损量快速增长。

2. 行驶故障较多

零部件加工装配质量不良、紧固件松动,或未严格执行走合规范,导致走合期故障频

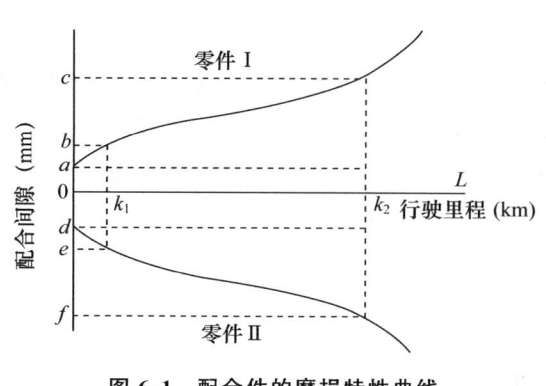

图 6-1 配合件的磨损特性曲线

发。典型故障包括：

① 动力系统故障。装配间隙过小、高速行驶引发润滑不良，易导致发动机过热、拉缸、烧瓦。

② 制动系统故障。新维修的制动摩擦片接触不均匀，常出现制动效能不足的现象。

**3. 润滑油易变质**

因为新车或大修后的汽车零件表面比较粗糙，加工后的形状和装配位置都存在一定偏差，配合间隙较小，因此走合时零件表面和润滑油的温度都很高，同时有较多的金属屑被磨落进入配合间隙，经润滑油循环进入曲轴箱，导致润滑油污染、氧化变质。因此，走合期对润滑油的更换有严格规定：通常在行驶 300 km、1000 km、2500 km 时，需分阶段更换发动机油底壳润滑油，更换时必须清洗发动机油底壳、变速器、后桥主减速器等总成，再添加新润滑油。如发现润滑油杂质含量大于 0.5% 或氧化变质指数超标，应缩短换油周期。

### 6.1.2 汽车走合期的使用措施

**1. 走合里程的规定**

汽车走合期行驶里程称为走合里程。走合里程取决于表面加工精度、装配质量、润滑油品质、运行条件和驾驶技术等。一般按汽车制造厂规定执行，走合期里程不得少于 1000 km，通常为 1000~2500 km。

走合期大致可分为三个阶段。

第一阶段：走合初期。此阶段零件表面粗糙度较大，加工形状与装配位置存在偏差，配合间隙较小，导致零件磨损率较高，机械摩擦损失显著。此阶段建议空载行驶。

第二阶段：走合中期。走合 100~200 km 后，零件表面粗糙度下降，机械摩擦损失减少。

第三阶段：走合后期。走合 800~2200 km 后，零件表面形成润滑边界膜，进入稳定磨损阶段。

**2. 汽车在走合期的使用措施**

为延长汽车的使用寿命、提高汽车的可靠性和经济性，在汽车走合期内应采取相应措施，合理使用汽车，应做到以下几点：

① 走合期减载。汽车走合期的载质量一般按其载质量标准减载 20%~25%，并禁止拖带挂车；半挂车按其载质量标准减载 25%~50%。因载质量直接影响机件寿命，载质量越大，发动机与底盘部件受力越大，导致润滑条件恶化，影响磨合质量，故走合期必须减载。

② 走合期限速。载质量一定时，车速越高，发动机与传动机件负荷越大。新车或大修后的汽车零件表面粗糙度较高，易引发拉缸、烧瓦、差速器齿轮损坏等故障。因此，走合期内禁止发动机转速大于 2500 r/min，行驶速度需按说明书规定控制，各挡位车速应

降至最大车速的75%～80%。

③ 选择优质燃料和润滑油。为了防止汽车在走合期中产生爆燃等不正常燃烧而加速机件磨损,应采用符合《车用汽油》(GB 17930—2016)标准的燃料。另外,由于各部分配合间隙较小,应选用低黏度优质润滑油,使摩擦表面充分润滑。同时应按走合期规定及时更换润滑油,行驶中监控润滑油压力和温度,异常时立即排查。

④ 走合期的正确驾驶。走合期内应保持发动机水温在80～90 ℃。严禁拆除发动机限速装置,启动后,应低速运转至水温达到50～60 ℃再起步。避免猛踩加速踏板导致转速大于2500 r/min,行驶时选择良好路面减少部件冲击,严禁紧急制动或连续制动超过10 s。

⑤ 加强走合期车辆的维护。为提高汽车走合质量,除严格按走合规定使用车辆外,应加强车辆维护,定期检查,紧固外露螺栓、螺母,监控各总成运行声响和温度变化,如有不当及时调整。

## 6.2 汽车在低温下的使用

汽车在低温下使用时,易出现发动机启动困难、总成磨损严重、润滑油消耗量增加、橡胶制品强度减弱、行车条件变差等现象。为此,汽车使用者应采取保温、防冻措施,以延长汽车的使用寿命。

### 6.2.1 汽车在低温下的使用特点

**1. 发动机低温启动困难**

发动机低温启动困难的主要原因是:曲轴转动阻力矩增大、燃料雾化性变差、蓄电池工作能力降低。一般气温在-25～15 ℃时启动尚可,-40～-25 ℃时冷车启动困难,低于-40 ℃时无法冷启动。

(1) 曲轴转动阻力矩增大。

在低温环境下,发动机油黏度增加会导致润滑油内摩擦阻力增大,进而使曲轴转动阻力矩增大,造成发动机启动转速下降。当环境温度低于某一临界值时,发动机启动所需的最低转速会随温度降低而升高。

(2) 燃料雾化性变差。

低温会使汽油黏度和密度增大,导致流动性和雾化质量下降。试验数据表明,低温条件下汽油的蒸发率显著降低。对于柴油机,低温还会降低压缩终点的压力和温度,使柴油黏度增大,雾化不良,燃烧过程恶化。当温度过低时,柴油的流动性会进一步下降,甚至导致供油量减少或供油中断,加剧启动困难。

(3) 蓄电池工作能力降低。

低温环境下,蓄电池电解液黏度增大,内阻增加,渗透能力下降,导致启动时端电压明显降低。同时,低温启动需要更大的功率,但蓄电池的输出功率反而下降,可能无法使发动机达到最低启动转速。此外,低温还会使可燃混合气密度增大,火花塞电极间电阻增加,加之蓄电池电压降低,导致点火能量减弱,进一步影响发动机的启动性能。

**2. 低温时汽车总成磨损严重**

汽车在低温下使用时,各部件的磨损均较为严重,特别是发动机的磨损更为明显。研

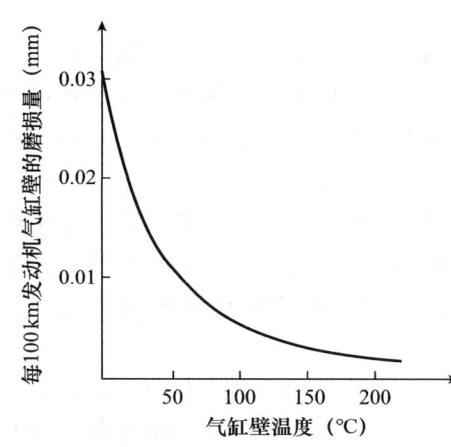

图 6-2 发动机气缸壁的磨损量与气缸壁温度的关系

究表明，在发动机的使用周期内，50%的气缸磨损发生在启动过程中，而冬季启动时占启动磨损的60%~70%。发动机的磨损不仅在冷启动过程中严重，而且启动后在达到正常工作温度之前，磨损强度一直较大。图6-2所示为发动机气缸壁的磨损量与气缸壁温度的关系。

发动机低温启动时，气缸壁磨损严重的主要原因有以下几点：

（1）低温启动时，润滑油黏度大，流动性差，机油泵不能及时将润滑油压入各润滑表面，使气缸壁和轴承等摩擦表面润滑条件恶化。

（2）冷启动时，燃料雾化不良，大部分油分子以液态形式进入气缸，稀释了润滑油，使其润滑作用降低。

（3）由于温度低，燃烧过程中的水蒸气凝结在气缸壁上，与硫化物发生氧化，生成酸性物质，加剧气缸壁的腐蚀和磨损。为此，在低温条件下应严格控制燃料中硫的含量。

（4）在低温时，曲轴主轴承及连杆轴承与轴颈的膨胀系数不同，使配合间隙变小且不均匀，从而加剧磨损。

另外，传动系统各总成在低温条件下工作时，零件正常升温较慢，轴承和齿轮得不到充分的润滑，使零件磨损加快。

3. 燃料消耗量增加

在低温条件下，发动机升温时间长，燃料雾化不良，燃烧不充分；再加上润滑油黏度大，摩擦损失大，使发动机输出功率下降，导致燃料消耗量增加。

4. 零件材料性能变差

在低温条件下，碳钢的冲击韧性下降，铸件变脆，焊缝易产生裂纹。汽车上的塑料、橡胶制品变硬而易脆裂。

5. 行车条件变差

在低温条件下，道路变硬，常被冰雪覆盖，致使轮胎与路面的附着系数降低。在行车中，制动距离增长，且车辆容易产生侧滑，影响行车安全。

此外，在低温条件下，冷却水易结冰而导致散热器和缸体冻裂，电解液也易冻结而使蓄电池不能正常工作。

### 6.2.2 汽车在低温下的使用措施

为保证汽车能在低温条件下可靠使用，根据其在此条件下的特点，可采取的措施有预热、保温、合理使用燃料和润滑油、正确使用防冻液等。

1. 预热

为了使发动机在低温时容易启动，一般采用的措施是在启动前对发动机进行预热，使曲轴转动轻便，改善燃油在启动时的雾化和蒸发性能，以便形成良好的可燃混合气。预热发动机的方法有热水预热和蒸汽预热两种。

热水预热是把热水注入冷却系统,水温应在 90~95 ℃。在刚注入热水时,应打开放水阀,使冷水流出,直到流出的水温达到 30~40 ℃时,再关闭放水阀。一般热水注入 10~15 min 后,发动机水套里的水温与气缸体的温度基本趋于一致,此时可以启动发动机。此种方法简便易行,但只能使发动机气缸得到预热,而曲轴、连杆轴承和曲轴箱机油得不到预热。

蒸汽预热是将蒸汽导入散热器的下水管,然后进入冷却系统,或者直接引入发动机冷却水套。当气温较高时,打开缸体放水阀;当气温较低(−30 ℃以下)时,需同时打开散热器的放水阀,以使蒸汽窜通。同时可以在曲轴箱内加设蒸汽管或散热容器,使发动机的润滑油得到预热,降低润滑油黏度,使发动机易于启动。预热的蒸汽压力不能大于 98 kPa,蒸汽不能直接对准机件。发动机经蒸汽预热后再加热水,可以保证良好的启动与工作条件。

2. 保温

在严寒地区,汽车发动机保温的目的是尽量减少热量散失,使发动机保持在正常温度范围内正常工作,并随时可以出车。在无车库条件下,一般主要对发动机保温,其次是蓄电池,只有在气温很低的情况下或承担某些特殊任务的车辆才进行油箱和驾驶室的保温。常用的保温措施如下:

(1)发动机的保温可采用关闭百叶窗或改进风扇参数(叶片数目或角度)的方法,也可以降低风扇转速或使风扇不工作(装离合器)。关闭百叶窗可减小流经散热器的空气流量,但由于气流阻力增大,风扇消耗的功率会略有增加。

(2)汽车发动机罩采用保温套是保持发动机温度状况的重要措施。这种常见的保温方法可以使汽车在−30 ℃左右的气温下工作时,发动机罩内温度保持在 20~35 ℃。保温材料可以是棉质或毡质的,其中棉质的保温性能要好一些。用很薄的乙烯基带来密封汽车发动机罩也取得了良好的效果。

(3)发动机油底壳除了采用双层油底壳保温外,还可以在油底壳的内表面用一层玻璃纤维密封。

(4)对蓄电池进行保温。一般采用木质的保温箱。有的保温箱设有夹层,夹层中装有保温材料。

3. 合理使用燃料和润滑油

合理使用燃料和润滑油也是汽车在低温条件下使用的重要措施。低温下使用的燃料应具有良好的蒸发性和流动性,硫含量低,以利于低温启动和减少磨损。

汽车在冬季使用时,应对发动机、变速器、主减速器与转向器换用冬季润滑油(或润滑脂),即选用黏度较低的润滑油;轮毂轴承则应使用低滴点润滑脂。同时,制动系统需更换为冬季专用制动液,减振器也应使用冬季减振液。在寒冷地区,发动机应采用稠化机油。

4. 正确使用防冻液

在冬季,汽车发动机冷却系统可使用防冻液,既可防止冻裂机件,又能避免每天加水、放水,减轻劳动强度。特别是将防冻液与专用启动预热设备配合使用,可显著缩短启动前的准备时间。

防冻液的使用性能主要通过凝固点、沸点、传热性和热容量等指标来衡量。为保证防冻液在冷却系统中的流动性，要求其黏度较低。此外，防冻液还应具备防止金属腐蚀、避免橡胶溶胀的性能，并保持较好的化学稳定性。

为防止发动机冷却系统结冰，汽车在露天停放后应及时排空冷却水或使用防冻液。常用的防冻液包括乙二醇-水型、乙醇-水型和甘油-水型三种。其中，乙醇-水型防冻液虽然流动性好，但易挥发，需要持续补充乙醇，并且冰点为－40℃的乙醇-水型防冻液的乙醇含量在55%以上，容易燃烧。甘油-水型防冻液的黏度较大，且黏度会随温度降低而增大，从而影响发动机的冷却效果。

目前最常用的是乙二醇-水型防冻液，按使用寿命可分为普通防冻液和长效防冻液。普通防冻液仅能使用一个冬季，而长效防冻液由于添加了有机磷酸盐等防锈、防腐蚀剂，可以长时间使用。此外，长效防冻液还能有效防止发动机冷却系统积垢，散热效果好。

使用防冻液时应注意下列几点：

(1) 在配制防冻液时，防冻液的冰点应比使用地区的最低气温低5℃。

(2) 加注前要仔细检查冷却系统的密封性，防止泄漏。

(3) 应在发动机熄火状态，待其温度降低后，再添加防冻液，以免烫伤。同时只能加到冷却系统总容积的95%，以免升温后防冻液溢出。

(4) 经常用密度计检查防冻液的浓度。使用乙醇-水型防冻液时，由于乙醇蒸发快，应视需要添加适量乙醇和少量的水；乙二醇-水型和甘油-水型防冻液在使用中，只添加适量的水即可。

(5) 不同类型的防冻液不能混装，以防变质。

(6) 乙二醇有毒，在使用中应注意，防止溅到皮肤上或进入体内，防止对环境造成污染。

## 6.3 汽车在高温下的使用

汽车在高温下使用易出现发动机功率降低、燃烧不正常、发动机油变质、发动机磨损加剧、燃料供给系统产生气阻、爆胎等问题，使汽车的动力性、经济性和行驶可靠性降低，影响汽车的正常运行。为此，汽车使用者应掌握汽车在高温下的使用特点，并采取相应措施，以便合理地使用汽车。

### 6.3.1 汽车在高温下的使用特点

1. 发动机功率降低

由于气温高，空气密度减小，充气系数下降，同时冷却系统散热效率低，冷却水易沸腾，致使发动机过热，从而使得发动机输出功率下降，汽车行驶无力。另外，由于充气系数下降，混合气相对变浓，汽车废气中的有害物质浓度增大，增加环境污染。

2. 燃烧不正常

环境温度高，进入气缸的混合气温度也高，发动机整个工作循环的温度也高，而散热器的散热效率又低，使发动机处于过热状态，燃烧室内末端混合气接受热量多，加剧焰前反应，这就容易产生爆燃。另外，过热的发动机使积存于活塞顶部、燃烧室壁、气门顶部及火花塞上的积炭形成炽热点，易造成可燃混合气的早燃。这种不正常的燃烧更加剧了发动机的过热现象，形成恶性循环，气缸体和缸盖易产生热变形甚至裂纹，较为常见的是烧坏气缸垫、气门及气门座。

3. 发动机油变质

发动机油在高温、高压的工况下工作时，其抗氧化安定性会降低，从而加剧热分解、氧化和聚合过程。同时，发动机油会与燃烧不完全的产物、冷凝的水蒸气以及进气系统中的灰尘混合，导致变质。此外，高温还会使发动机油黏度下降，造成油液变稀、润滑性能恶化，并使发动机油压力降低，导致发动机零部件表面难以形成有效的润滑油膜。高温还会使金属零件热膨胀加剧，导致配合间隙减小。这些因素都会加速机件磨损，严重影响发动机的使用寿命。

在我国西北高原地区，夏季炎热干燥，空气中灰尘含量较高；在我国南方湿热地区，空气中水蒸气浓度较大。这些灰尘和水蒸气会通过进气系统或曲轴箱通风口等途径进入发动机，污染发动机油。

4. 发动机磨损加剧

由于发动机温度较高，进气终了的温度随之升高，容易引发爆燃。同时，高温环境会使窜入气缸的润滑油在高温缺氧条件下形成积炭、胶质和沉淀物，这些物质黏附在气缸壁及其他零件表面，使导热性能下降。积炭形成的炽热点可能引发表面点火、早燃或爆燃等现象，加剧零件磨损。此外，在持续高温工况下，特别是当汽车超载爬坡或高速行驶时，发动机油温度进一步升高，黏度降低，氧化变质加速，导致润滑性能恶化，加剧发动机的磨损。

5. 燃料供给系统产生气阻

汽车在高温条件下行驶时，发动机罩内温度较高。燃料供给系统受热后，部分汽油蒸发形成气态，积聚在油管及汽油泵内，不仅增大了汽油的流动阻力，同时由于气体的可压缩性，泵出油管中的汽油蒸气会随着汽油泵的脉动压力不断被压缩和膨胀，从而破坏汽油泵在吸油行程中形成的真空度，造成发动机供油不足甚至中断，严重时产生气阻。在炎热地区，特别是当汽车满载爬坡或长时间低速行驶时，更容易产生气阻。

6. 爆胎

由于气温高，橡胶老化速度加快，强度减弱，行驶散热不良，轮胎内温度升高且气压增大，容易产生爆胎现象。

### 6.3.2 汽车在高温下的使用措施

在高温条件下使用汽车，针对其工作特点，常采取的措施如下。

1. 加强季节性维护

（1）加强冷却系统维护，提高冷却效果。

不同车型的冷却系统仅能适应特定使用条件。我国幅员辽阔，从严寒的北方到炎热的南方，气候差异显著。汽车在高温条件下使用时，需要在结构方面提高冷却系统的冷却强度，主要措施包括：增加风扇叶片数量、直径或调整叶片角度；提高风扇转速；采用形状圆滑过渡的护风圈；优化气流分布使其均匀流畅，降低风阻，消除热风回流现象；确保散热器正面无通风盲区，并扩大风扇对散热器的覆盖面积。

日常维护需确保冷却液充足并防止泄漏，定期检查节温器和水温表的工作状态，调整风扇传动带的松紧程度，及时清除冷却系统中的水垢。行驶中若遇散热器冷却液沸腾，应立即停车怠速运转进行自然冷却，切忌直接熄火以防发动机过热导致拉缸事故。待温度降至正常范围后，方可熄火并缓慢补充冷却液，操作时需注意防止蒸汽烫伤。

（2）选用黏度较高的润滑油并缩短换油周期，以改善润滑性能。

对于在高温环境下长途行驶车辆，建议加装机油散热器并使用全合成机油，同时将齿轮油更换为高黏度夏季专用型号并适当提前换油周期。轮毂轴承应选用高滴点润滑脂，并严格按周期进行保养维护。此外，高温会加速润滑油氧化变质，在多尘区域还应强化空气滤清器的维护。

（3）适当调整燃料供给系统和点火系统。

在高温条件下，由于空气密度降低，应适当减少燃料供给量。同时，需调整点火正时，适度推迟点火提前角。此外，还应调低发电机充电电流，定期检查蓄电池电解液密度，确保液面高度符合标准并保持通气孔畅通。高温会导致点火线圈发热、火花强度减弱，应将点火线圈安装在通风良好的位置以改善散热。

（4）选用高沸点制动液。

对于采用液压制动系统的汽车，在经常制动的情况下，制动液温度可达 80～90 ℃，极端情况下甚至升至 110 ℃。为确保制动效能，避免高温下产生气阻，应选用沸点不低于 115 ℃ 的高沸点制动液。

2. 防止爆燃

根据发动机的压缩比选用相应辛烷值的汽油。若汽车使用的汽油牌号低于要求，可安装爆燃限制器，同时保持发动机的正常工作温度；适当推迟点火提前角并加浓混合气；确保点火能量充足，并及时清除积炭。此外，由于发动机爆燃与进气温度密切相关，可通过改进进气方式降低进气温度，从而防止爆燃。

3. 防止气阻

防止气阻的措施是在原车基础上改善发动机的通风和散热，避免燃料供给系统温度过高。常用的方法包括：改变汽油泵的安装位置，使其通风和散热良好；在汽油泵周围加装隔热板或采用滴水降温；改进汽油泵结构（现代汽车通常将汽油泵安装在燃油箱内，通过增加燃料供给量或增设回油管路来有效防止气阻）等。此外，还可采用电动汽油泵来防止气阻，因其无须发动机驱动，可安装在远离热源的位置。若行车过程中发生气阻，可用湿布包裹汽油泵降温，或将汽车停至阴凉处冷却后继续行驶。

4. 防止爆胎

高温下行车时，由于外界气温高，轮胎散热慢，温度升高容易导致气压过高而引发爆胎。因此，在汽车行驶过程中，应经常检查轮胎的温度和气压，确保其符合规定的气压标准。在酷热地区中午行车时，还应适当降低车速，每行驶 40～50 km 便将车辆停放在阴凉处，待轮胎温度自然降低后再继续行驶。切勿中途采用放气或冷水浇泼轮胎的方法来降低气压，以免加速轮胎损坏。应特别注意，重型车辆在转弯时应减速，防止爆胎。

轮胎的最高工作速度有统一规定，表 6-1 所示为轮胎速度符号。子午线轮胎的胎侧注有速度符号，同一规格的轮胎可能生产不同速度级别的产品，使用中应避免超速行驶。

表 6-1 轮胎速度符号

| 符号 | C | D | E | F | G | J | K | L | M |
|---|---|---|---|---|---|---|---|---|---|
| （km/h） | 60 | 65 | 70 | 80 | 90 | 100 | 110 | 120 | 130 |
| 符号 | N | P | Q | R | S | T | U | H | V |
| （km/h） | 140 | 150 | 160 | 170 | 180 | 190 | 200 | 210 | 240 |

此外，汽车超载也是爆胎的重要原因之一。在炎热的夏季，地面温度较高，轮胎因升温会导致胎体强度下降。若此时超载行驶，容易引发胎面脱胶或胎体爆破。

检查轮胎气压时应注意：车辆停驶后，只有当轮胎内部空气温度与环境温度平衡时，所测得的轮胎气压才较为准确。仅凭轮胎外表温度来判断内部空气是否冷却是不准确的。一般情况下，在炎热夏季，应在停车 4 h 后测量轮胎气压，再根据实际需要进行补气。

## 6.4 汽车在高原和山区的使用

汽车在高原和山区行驶时，发动机动力性和燃料经济性下降，汽车制动效能降低。为了在高原和山区正常、安全行车，汽车使用者应掌握汽车在该条件下的使用特点并采取相应措施。

### 6.4.1 汽车在高原和山区的使用特点

1. 发动机动力性降低

随着海拔升高，气压逐渐降低，空气密度减小，发动机进气时的充气系数下降，发动机动力性降低。试验表明，海拔高度每增加 1000 m，大气压力下降约 11.5%，空气密度减小约 9%，发动机功率下降约 12%，扭矩下降约 11%。海拔高度、大气压力、密度及温度的关系如表 6-2 所示。

表 6-2 海拔高度、大气压力、密度及温度的关系

| 海拔高度（m） | 大气压力（kPa） | 气压比例 | 空气温度（℃） | 空气密度（kg/m³） | 密度比 | 发动机功率（%） |
|---|---|---|---|---|---|---|
| 0 | 101.325 | 1 | 15 | 1.2255 | 1 | 100 |
| 1000 | 90.419 | 0.887 | 8.5 | 1.1120 | 0.9074 | 88.6 |
| 2000 | 79.487 | 0.7845 | 2 | 1.006 | 0.8215 | 78.1 |
| 3000 | 70.101 | 0.6918 | −4.5 | 0.9094 | 0.7421 | 68.5 |
| 4000 | 61.635 | 0.6082 | −11 | 0.8193 | 0.6685 | 59.8 |
| 5000 | 54.009 | 0.533 | −17.5 | 0.7363 | 0.6008 | 51.7 |

2. 燃料消耗量增加

在高原行驶的汽车，由于空气密度下降，充气量将明显降低。根据热力学原理，随着海拔高度的增加，空燃比变小，混合气变浓，如不及时进行修正，会使发动机燃料消耗量增加。电子控制燃油喷射发动机的 ECU 可对空气状况（大气压力）进行修正。

由于大气压力降低，燃料蒸发性提高。实验数据表明，就燃料蒸气压力、蒸馏特性而言，大气压力从 101 kPa 降至 80 kPa（海拔高度约 2000 m）相当于外界气温下降 8～10 ℃所造成的影响。因此，高原行车易产生气阻和渗漏等问题，致使燃料消耗量增加。同时，因发动机功率不足，汽车需经常以低挡行驶，这也是燃料消耗量增加的原因之一。燃料消耗增加率与海拔高度的关系如图 6-3 所示。

3. 排气污染物受海拔高度影响

海拔高度对排气污染物的生成存在显著影响。海拔高度影响发动机的空燃比，空燃比的变化又导致排气成分浓度的改变，从而直接影响有害物质的排放量。图 6-4 所示为有害气体增长率与海拔高度的关系。由图 6-4 可以看出，随着海拔高度的上升，CO 和 HC 的排放浓度升高，而 $NO_x$ 的排放浓度则有所下降。

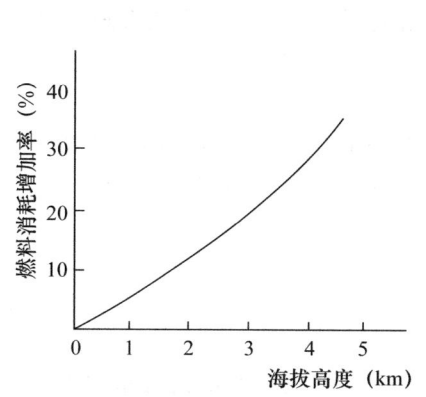

图 6-3　燃料消耗增加率与海拔高度的关系

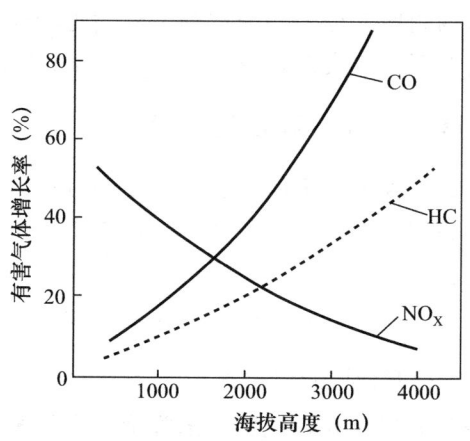

图 6-4　有害气体增长率与海拔高度的关系

4. 发动机油和润滑油易变质

由于发动机功率下降，且山区坡度长而陡，汽车经常在低挡大负荷下工作，这会导致发动机易过热，使发动机油黏度下降且易氧化变质。根据机械工程研究，燃烧不完全的混合气窜入曲轴箱后会稀释发动机油，也加剧润滑油的变质，从而影响润滑效果，最终加剧零部件的磨损。

5. 汽车制动效能减弱

山区坡度长而陡，汽车在下长坡时，需长时间连续制动，产生大量热量，使制动器温度常达 300 ℃以上。根据行业测试数据，制动器一般工作温度不超过 200 ℃，温度过高时，摩擦材料的性能减弱且摩擦系数明显降低，导致制动效能减弱，严重时可能烧毁制动蹄片，导致汽车丧失制动能力而引发安全事故。

### 6.4.2　汽车在高原和山区的使用措施

1. 提高发动机的动力性和燃料经济性的措施

（1）提高发动机的压缩比。

提高压缩比，不仅可以提高压缩终点气缸内的温度与压力，加快燃烧速率，改善燃烧过程，减少热损失；而且可采用较稀的混合气，从而显著提高发动机的动力性和燃料经济性。

发动机压缩比的选定与汽油的辛烷值有直接关系。汽油的辛烷值越高，爆燃倾向越小，压缩比就可以相应地选大一些。图 6-5 所示为允用压缩比与燃料辛烷值的关系。

随着海拔高度的增加，发动机的充气量下降，压缩终点的气缸压力及温度相应降低，因此爆燃倾向减小，从而为提高压缩比创造了有利条件。

（2）调整配气相位。

将气门间隙调大，缩短气门开启时间，使配气相位变窄，有利于提高充气量，从而提高汽车的低速动力性。合理选择配气相位可以提高发动机的充气系数，改善发动机的动力性和燃料经济性。配气相位的确定应与发动机的实际转速范围相适应。发动机的转速不同，进气、排气门的开闭角度对气流惯性的影响也不同，因而进气、排气门的最佳开闭角度应随转速变化。在进气、排气门开闭的四个时期中，进气迟关角和排气提前角的影响最大。为了使凸轮轴的设计（凸轮线型和各凸轮间的夹角等）更为合理，应使其与发动机常用转速工况相适应，以提高充气量，改善汽车在高原地区的使用性能。

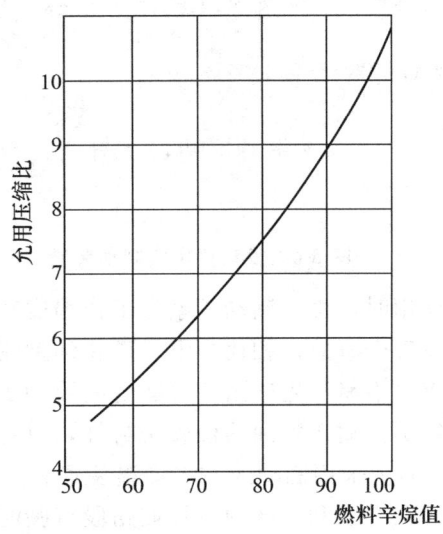

图 6-5　允用压缩比与燃料辛烷值的关系

（3）调整点火系统和燃料供给系统。

随着海拔高度的增加，发动机压缩终点的压力降低，火焰传播速度减慢。而空气稀薄使真空提前装置受到影响，所以应将点火提前角略微提前 1°～2°。此外，可以适当调整火花塞和断电器触点间隙，以使火花塞产生较强的火花。适当减小混合气中的汽油比例，可使燃烧更加充分，提高热效率，从而改善发动机的经济性。

（4）采用增压技术。

柴油机不受爆燃限制，适合采用增压技术。通过进气增压（通常采用废气涡轮增压），柴油机的充气量增加，压缩终点的压力和温度相应提高，从而改善了发动机的动力性和经济性。相比之下，汽油机增压技术的应用较少，这主要是因为发动机工况复杂且容易发生爆燃。

（5）采用含氧燃料。

含氧燃料是指在汽油中掺入乙醇、丙酮等含氧化合物的混合燃料。这些添加成分本身含氧，在燃烧过程中所需的理论空气量减少，从而能够缓解因海拔升高导致的充气量不足的问题。试验表明，含氧燃料的作用随海拔升高而更加显著。

2. 高原和山区的安全行车

（1）利用发动机制动。

汽车下长坡时需长时间连续制动，制动器温度可高达 300 ℃ 以上，影响制动效果。为此可利用发动机协助制动，发动机转速越高，变速器挡位越低，制动力越大。一般下长坡时，变速器挂入上坡所用挡位，严禁熄火空挡滑行。

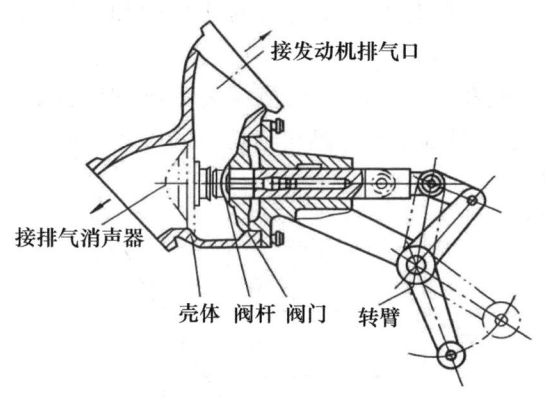

图 6-6 发动机排气制动装置

(2) 采用辅助制动器。

辅助制动器包括电涡流缓速器、液力缓速器和发动机排气制动装置等。其中，电涡流缓速器和液力缓速器因体积较大、结构较复杂，主要应用于山区重型车辆。发动机排气制动装置（如图 6-6 所示）通过关闭排气管阀门来增大排气阻力，其制动功率可达发动机有效功率的 80%～90%。

(3) 采用矿物油型制动液。

采用液压制动系统的汽车通常使用醇型制动液，该类型制动液极易挥发，在高原地区使用时，由于制动频繁且工作温度较高，制动管路容易产生气阻，可能导致制动失效，引发安全事故。相比之下，矿物油型制动液具有压力传递迅速、制动效果好、不易挥发等优点，不易产生气阻，更适合高原和山区使用。但需注意的是，使用矿物油型制动液时，必须更换耐矿物油的橡胶密封件，以免因腐蚀而造成泄漏。

(4) 采用制动鼓淋水降温装置。

在高原和山区的下长坡路段行驶时，为防止制动鼓过热并保持良好的制动效能，可采用制动鼓淋水降温装置，以降低制动鼓的温度。驾驶员应在下坡前提前开启淋水开关，使冷却水均匀喷洒在制动鼓外表面，从而有效防止摩擦片烧蚀。虽然这种降温方法效果良好，但需要保证充足的水源供应，同时必须根据实际行车情况合理使用，否则可能产生负面影响。

(5) 改善照明条件，确保夜间行车安全。

在高原和山区道路行驶时，由于路幅较窄且弯道多、转弯急，夜间行车应当扩大前照灯的照射范围，以帮助驾驶员更清晰地观察前方路况。建议采用智能随动转向车灯系统，该装置能够根据转向传动机构的工作状态和车架载荷变化自动调整照射角度。

另外，在高原和山区行车时，爬长坡、陡坡要注意提前换挡；在风沙严重地区，应注意车辆的密封性，加强发动机空气滤清器、机油滤清器和燃油滤清器的保养工作；同时应保持中速行驶，控制水温，防止冷却水沸腾。如遇泥石流、公路塌方、山洪等现象，要仔细观察，发现可疑迹象应果断处理，尽快驶离危险地带。此外，还应防止因轮胎气压过高导致爆胎。对于初到高原地区的驾驶员，还需注意高原反应，保证充分休息并随身携带必要的药品。

## 6.5 汽车在恶劣道路条件下的使用

恶劣道路条件是指雨季翻浆土路、冬季冰雪道路、沙土道路、松软土路、草地、沼泽地和灌木林等路况较差或无路的情况。汽车若经常在恶劣道路上行驶，会加剧机件磨损，因此，为延长汽车的使用寿命，必须了解汽车在恶劣道路条件下的使用特点，并采取相应的措施。

### 6.5.1 汽车在恶劣道路条件下的使用特点

汽车在坏路和无路条件下的使用特点是驱动轮与路面的附着力减小，车轮的滚动阻力增大。此外，路面突出的障碍物还会影响汽车的通过性。

1. 汽车在松软和泥泞的土路上行驶的特点

汽车在松软的土路上行驶时，路面会被破坏并形成车辙，导致滚动阻力增大，甚至可能陷车而无法行驶。汽车在泥泞的土路上行驶时，由于附着系数降低，轮胎的滚动阻力增大，容易引起轮胎打滑，从而使汽车的通过性变差。附着程度主要取决于轮胎与路面接触变形后的相互摩擦情况。在干燥平坦的土路上，附着系数为 0.5～0.6；在不平整的低级道路上，由于轮胎与路面的接触面积减小，附着系数会下降；若路面潮湿或泥泞，其表面的坑洼会被泥浆填满，阻碍轮胎与路面的直接接触，此时附着系数可能降低至 0.3～0.4，甚至更低。

2. 汽车在砂石路面上行驶的特点

砂石路表面松散，受压后变形较大，嵌入轮胎花纹内的沙土在水平方向的抗剪切能力较差，导致附着系数降低，轮胎的滚动阻力增大。沙路和流沙地容易使汽车打滑，尤其在流沙地上，汽车车轮的滚动阻力系数可达 0.15～0.3 或更大，而驱动轮因附着系数较低易发生空转，从而影响汽车的通过性。

3. 汽车在积雪路面上行驶的特点

积雪路面对车轮的滚动阻力比一般刚性路面更大，而车轮的附着系数显著下降。积雪路面对汽车通过性的影响主要取决于雪层密度和雪层厚度。雪层密度越大，其承压能力越强；雪层密度越小，车轮附着系数越低，汽车行驶条件越差。雪层厚度越大，汽车的通过性越差。−15～−10 ℃时，汽车在积雪路面的主要性能如表 6-3 所示。

表 6-3　−15～−10 ℃时，汽车在积雪路面的主要性能

| 雪的状态 | 雪的密度（kg/m³） | 车轮的滚动阻力系数 | 车轮的附着系数 |
| --- | --- | --- | --- |
| 中等密度的雪 | 250～350 | 0.10 | 0.10 |
| 密实的雪 | 350～450 | 0.05 | 0.20 |
| 非常密实的雪 | 500～600 | 0.03 | 0.30 |

经验表明，当雪层厚度超过汽车离地间隙的 1.5 倍且密度低于 450 kg/m³ 时，汽车将无法行驶。积雪路面对车轮的滚动阻力比一般刚性路面更大，而车轮的附着系数显著下降，雪层密度越小，汽车的行驶条件越恶劣。

4. 汽车在结冰路面上行驶的特点

汽车在结冰路面上行驶时，车轮与冰面的附着系数非常小。在冬季冰雪路面上，附着系数甚至可能降至 0.1 以下。为保证行车安全，在结冰路面上行驶时应保持低速，并加大行车间距。通过结冰河流时，需先检查冰层厚度和坚实程度，按预定路线匀速平稳通过，途中禁止换挡、紧急制动或停车。如发现冰面出现裂痕，应及时避让并绕行。

6.5.2　汽车在恶劣道路条件下的使用措施

1. 提高车轮与路面的附着系数，防止车轮打滑

在汽车驱动轮上安装防滑链是提高车轮与路面附着系数的有效措施。防滑链可分为普

通防滑链和履带式防滑链。

（1）普通防滑链。

普通防滑链（如图6-7所示）由带齿的链带组成，通过专用锁环固定在轮胎上。安装时应注意：轮胎应在装好防滑链后再充气，使其拉紧以避免行车时产生异响；链条与胎面保持10~20 mm的间距最为适宜。这种带齿的防滑链在冰雪路面和松软层较薄的土路上具有良好的通过性，但当链齿塞满黏土时，其使用效果会显著下降。

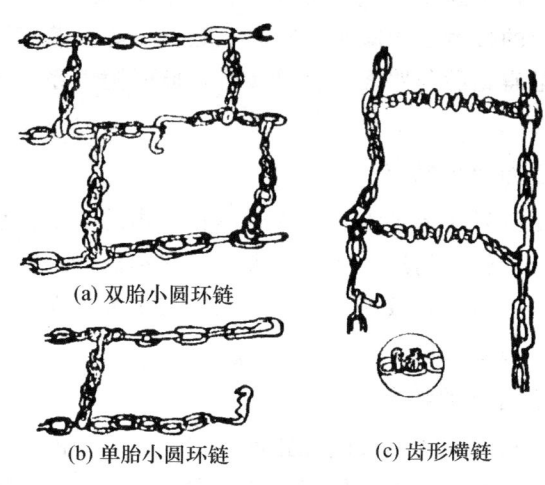

(a) 双胎小圆环链
(b) 单胎小圆环链
(c) 齿形横链

图6-7 普通防滑链

（2）履带式防滑链。

履带式防滑链（如图6-8所示）可分为菱形履带式防滑链和直形履带式防滑链。这种防滑链能确保汽车在恶劣路况下，甚至当驱动轮陷入泥土或积雪时仍能保持通过性。其中，菱形履带式防滑链还具有防侧滑功能。

防滑链的缺点是链条较重，拆装不方便，安装后会导致汽车的动力性和燃料经济性下降。因此，建议仅在通过困难路段时使用。对于较短且通行困难的临时路段，可选用拆装更方便的防滑带和防滑块（如图6-9所示）。

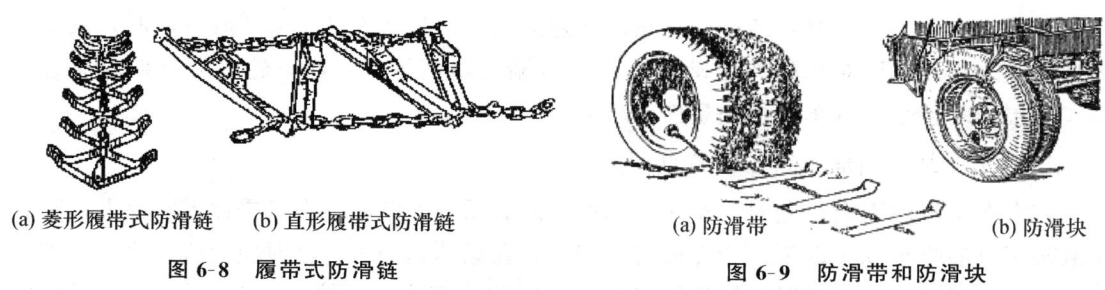

(a) 菱形履带式防滑链　(b) 直形履带式防滑链

图6-8 履带式防滑链

(a) 防滑带　(b) 防滑块

图6-9 防滑带和防滑块

2. 采用合理的驾驶方法

在恶劣道路上行驶时，应合理选择行车路线，尽量避开泥泞较深或滑度较大的路面。通过泥泞或翻浆路段时，最好一次性通过，避免中途换挡或停车。如遇被迫停车，重新起步时不应使用最低挡位，应轻踩加速踏板平稳起步，使牵引力始终小于附着力，从而防止车轮打滑。

松软道路的附着系数较低，需特别注意防止车辆侧滑。驾驶时应谨慎使用制动，尽量避免紧急制动，同时转向操作要平缓，以防发生侧滑。尤其是在坡道或急弯路段行驶时，更应控制车速。若出现侧滑，应立即松开加速踏板减速，并在路面条件允许的情况下，及时向侧滑方向轻打转向盘，以遏制侧滑趋势，避免事故发生。

当车轮陷入泥泞路面空转打滑时，切忌猛踩加速踏板强行脱困，否则可能导致车辆越陷越深。

3．合理选择轮胎

轮胎对汽车的通过性有很大影响。为了提高汽车的通过性，必须合理选择轮胎气压、花纹和结构参数等，以减小行驶阻力，同时获得较大的附着力。

汽车在松软道路上行驶时，轮胎对地面的单位压力越大，滚动阻力就越大，通过性就越差。因此，适当降低轮胎气压并加大轮胎宽度可以改善行驶条件。当汽车打滑陷入泥泞路面时，可以通过卸下部分货物来减轻轮胎对地面的单位压力。在摩擦系数较小的冰雪路面上，使用普通轮胎行驶较为困难，国外普遍采用具有特殊胎面花纹的雪地轮胎。这种轮胎在冰雪路面上具有良好的制动性能。制动力系数与滑动率的关系如图 6-10 所示。

另外，可选用调压轮胎。驾驶员可以在驾驶室内调节轮胎气压，使其从正常气压降到极低的气压。这样轮胎的接地面积可增大 2~3 倍，使汽车在松软和泥泞道路上的行驶性能得到改善。

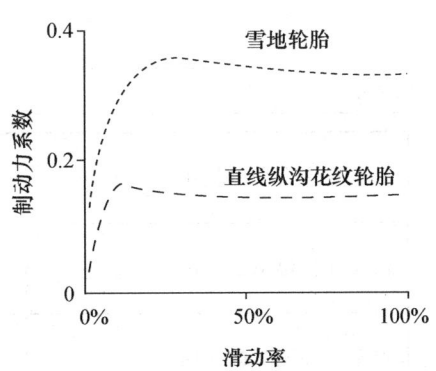

图 6-10　制动力系数与滑动率的关系

轮胎胎面花纹可分为普通花纹、越野花纹和混合花纹，即纵向花纹、横向花纹和纵横混合花纹。越野花纹轮胎的特点为：花纹呈横向排列、花纹沟槽深、凸出面积小，与地面附着力大、抗刺扎和耐磨性好，适合在坏路和无路条件下使用。

## 学习训练

1．汽车在走合期内使用有何特点？
2．在走合期内如何正确使用汽车？
3．低温条件对汽车发动机性能有何影响？
4．可以采取哪些措施改善汽车发动机在低温下的使用性能？
5．在高温条件下，汽车的使用有何特点？
6．在高温条件下，可以采取哪些措施改善汽车的使用性能？
7．在高温条件下使用汽车，针对季节性维护有哪些措施？
8．汽车在高原和山区条件下使用有何特点？
9．在高原和山区条件下行车的安全措施有哪些？
10．汽车在恶劣道路条件下合理使用的措施有哪些？

## 📝 任务报告

| 任务6：汽车在特殊条件下的合理使用 |||||
|---|---|---|---|---|
| 1. 接受任务（10分） |  | 得分： |||
| 请同学们结合本单元学习到的知识，通过网络收集相关技术信息，整理奥迪 A6L40 TFSI 豪华智雅型与奔驰 E 级 2021 款 260L 两款车型的性能参数及参考资料并进行技术分析，讨论两款车型在走合期、低温、高温、高原和恶劣条件下的使用特点，以及对应车型采取的措施，记录任务关键信息并完成报告。 ||||
| 2. 信息收集（40分） |  | 得分： |||
|  ||||
| 3. 任务解答（50分） |  | 得分： |||
|  | 汽车在走合期的使用 | 使用特点 |  |
|  |  | 措施要点 |  |
|  | 汽车在低温下的使用 | 使用特点 |  |
|  |  | 措施要点 |  |
|  | 汽车在高温下的使用 | 使用特点 |  |
|  |  | 措施要点 |  |
|  | 汽车在高原和山区的使用 | 使用特点 |  |
|  |  | 措施要点 |  |
|  | 汽车在恶劣道路条件下的使用 | 使用特点 |  |
|  |  | 措施要点 |  |
| 评价 |  | 任务得分： |||

# 任务7

# 汽车公害控制

> **任务导入**

近几年来,我国汽车工业实现了突飞猛进的发展,一方面为人类带来了效率提升,带来便捷和舒适的生活,使人们的生活更加丰富多彩;另一方面,汽车也带来一系列负面影响,在环保法规和环保治理水平得不到保证的情况下,汽车造成的污染可能是城市污染的主要来源之一。汽车在促进经济繁荣、给人民生活带来方便的同时,也带来了能源与环境问题。其中对环境影响最大的,莫过于随着机动车总量的飞速增长,日益严重的汽车尾气污染。在我国许多大城市,机动车已成为排放 CO、$NO_x$ 等污染物的第一大污染源。

> **知识目标**

(1) 掌握汽车公害的定义和种类。
(2) 掌握汽车公害的危害、形成机理及控制措施。

> **能力目标**

(1) 能够正确识别并判断汽车公害防治措施的有效性。
(2) 能够结合汽车公害防护措施进行优化处理。

> **素质目标**

(1) 结合防治汽车公害的意义,提升环保理念。
(2) 培养节约能源意识和家国情怀。

## 7.1 汽车排放污染控制

汽车公害是指汽车行驶时,产生的损害人体健康和自然环境的现象。汽车公害主要包括排气污染(排气公害)、交通噪声(噪声公害)、电波干扰三个方面。随着汽车保有量的急剧增加,汽车排放污染已成为环境的主要公害,直接危害人类的健康和破坏生态平衡。因此,研究和降低汽车排放污染对节约能源、减少环境污染、造福人类有着重要意义。

### 7.1.1 汽车排放污染及危害

汽车排放污染物的有害成分:对汽油发动机而言,主要有 CO、HC、$NO_x$、$SO_2$ 等;对柴油发动机而言,主要有碳烟。

1. CO

CO 是燃料中的碳在不完全燃烧下所生成的一种气体。CO 是一种无色、无味的气体,它的相对密度是 0.967。CO 与人体红细胞中血红蛋白的亲和力为氧的 300 倍。当被人吸入后,CO 经肺部吸收进入血液,与人体血红蛋白结合后形成碳氧血红蛋白,使血液的输氧能力大大下降。当进入血液中的 CO 达到一定浓度后,人体就会因缺氧而出现各种中毒症状,如头晕、恶心、四肢无力,严重时甚至昏迷不醒,直至死亡。CO 对人的影响如表 7-1 所示。

表 7-1 CO 对人的影响

| 浓度（百万分率，1/10⁶） | 影响程度 | 浓度（百万分率，1/10⁶） | 影响程度 |
|---|---|---|---|
| 10 | 人开始慢性中毒 | 120 | 人在 1 h 内中毒 |
| 30 | 人在 4～6 h 内中毒 | 1000 | 立即死亡 |
| 100 | 人立即头痛、恶心 | | |

**2. HC**

HC 是指气缸内的燃料或润滑油未经燃烧，或经分解而生成的碳和氢的化合物以及燃料蒸气。HC 对人的鼻、眼和呼吸道黏膜有刺激作用，可引起结膜炎、鼻炎、支气管炎等疾病。高浓度的 HC 对人体有一定的麻醉作用。

**3. $NO_X$**

$NO_X$ 是气缸内的氮在高温下被氧化生成的气体。汽车发动机排出的 $NO_X$ 主要由 NO 和 $NO_2$ 混合而成。NO 毒性不大，但高浓度的 NO 能引起神经中枢障碍，并且它很容易被氧化成剧毒的 $NO_2$。$NO_X$ 是棕色气体，有特殊的刺激性臭味，能刺激人眼黏膜，引起结膜炎等疾病。$NO_X$ 被吸入肺部后，与肺部的水分结合生成可溶性硝酸，严重时会引起肺气肿。当大气中的 $NO_X$ 浓度达 $5\times10^{-6}$ 时，就会对哮喘病患者有影响；若人在 $(100\sim150)\times10^{-6}$ 的高浓度下连续呼吸 30～60 min，就会陷入危险状态。此外，即使 NO 的浓度很低，也会对某些植物产生不良影响。汽车尾气排放出来的 $NO_X$ 和 HC 这两种物质，在紫外线作用下，会进行一系列的光化学反应，生成臭氧和过氧化酰基硝酸盐等光化学过氧化产物，以及各种游离基、醛、酮等成分，形成一种毒性较大的浅蓝色烟雾，即光化学烟雾。这种光化学烟雾滞留在大气中，使人感到呼吸困难、头晕目眩、眼红咽痛，甚至会引起中枢神经的瘫痪、痉挛，并损害农作物。

**4. $SO_2$**

$SO_2$ 有强烈的气味。当空气中的 $SO_2$ 浓度达 10 ppm 时，就可刺激咽喉与眼睛；当达 40 ppm 时，会使人中毒。若大气中含 $SO_2$ 过多，就会形成酸雨，损害生物，使土壤与水源酸化，影响自然界的生态平衡。从目前的石油炼制技术来看，已经能够控制车用燃油中硫的含量，这样就会减少 $SO_2$ 的排放。

**5. 碳烟**

碳烟是柴油机排放的主要有害成分之一。碳烟本身对人体健康的直接影响不大，对人体危害大的是炭粒上吸附的 $SO_2$ 和多环芳烃、苯并芘等有害物质。它们不仅对人的呼吸系统有害，还会致癌。

### 7.1.2 控制排放污染的措施

关于汽车发动机排气的控制与净化问题，各国都进行了大量的研究工作，并采取多种技术措施。这些净化方法大致可分为发动机自身改进和增加净化处理装置。

**1. 发动机自身改进**

从有害气体的生成机理出发，对发动机的燃烧方式进行改进，抑制其有害气体的产生，被认为是治理汽车排气公害的根本方法。如采用汽油直接喷射，实现分层燃烧（稀薄燃烧发动机技术），不但可以减少排气污染，而且能提高燃料经济性，是汽油机中最有前途的一种净化方法。

混合气形成与燃烧的控制，对排放中有害气体的生成有着直接影响，因此对那些混合气形成与燃烧影响大的因素进行最佳调节与控制，也是一种机内净化的有效方法。其中包括对空燃比、点火时刻、进气温度随工况变化进行最佳调节与控制等。

此外，通过改变燃烧室的形状，减少燃烧室的面容比，提高燃烧室的壁面温度，减少点火提前角，增大点火能量等，都能减少有害气体的排放。此外，可采用多气门、可变配气相位和进气旋流等技术，优化燃烧室形状。

在对有害气体生成机理的研究中发现，降低 NO 和降低 HC、CO 所采取的措施往往是相互矛盾的，因而要求针对不同机型的主要矛盾，提出适当的治理措施。一般来讲，在汽油机上采取的措施，要兼顾各种有害气体的全面净化和发动机的性能。

采用车载诊断系统，对汽油车排放控制系统进行自动监控。

2. 增加净化处理装置

当发动机自身的改进尚不能达到排放法规要求时，就需要采用附加的净化处理装置。净化处理装置的种类比较多，有的是单独使用，有的是两个装置组合使用，以达到满意的净化效果。这里介绍几种净化处理装置。

(1) 二次空气供给装置。二次空气供给装置系统（如图 7-1 所示）通过在排气管中利用燃烧后的高温，使废气中残留的 HC 和 CO 与空气混合后再燃烧，达到排气净化的目的。

(2) 热反应器。热反应器（如图 7-2 所示）是一种用于降低 HC 和 CO 排放量的后处理装置，它安装在发动机排气道的出口处，通常与二次空气供给装置一起使用。二次空气与废气相混合初步燃烧后，进入内筒后，又进入热反应器的核心区域，利用余热维持反应所需要的高温。通过足够大的热反应器容积设计和气流迂回路径结构，确保废气在热反应器内有充足的停留时间，促使未完全燃烧的 HC 和 CO 发生二次氧化反应，从而有效降低这两种污染物的排放水平。

(3) 排气再循环系统。排气再循环系统是目前用于降低 $NO_x$ 排放的一种有效措施。它将一部分排气引入进气管，使其与新混合气混合后进入气缸燃烧，从而实现排气再循环，并对送入进气系统的排气量进行精准控制。当新混合气和部分排气混合后，可使燃烧温度下降，这样就抑制了 $NO_x$ 的生成。采用排气再循环系统，会使混合气的着火性能和发动机的输出功率下降，因此，应选择 $NO_x$ 排放量高的发动机工况范围，进行适量控制。

3. 燃料的处理

作为前处理，对进入气缸的燃料和空气进行处理，也是一种较理想的净化措施，在不改变或较小改变发动机的情况下，改善排气成分。目前的处理方法有使用无铅汽油、液体代用燃料或气体代用燃料等。此外，采用燃油蒸发控制系统、高能电子点火和控制系统、车载诊断系统对汽油车排放控制系统进行自动监控；柴油车采用废气涡轮增压与中冷技术、电子控制可变进气涡流技术、电子控制柴油喷射技术、电子控制共轨喷射技术及微粒捕集器均可达到减少汽车排放的目的。

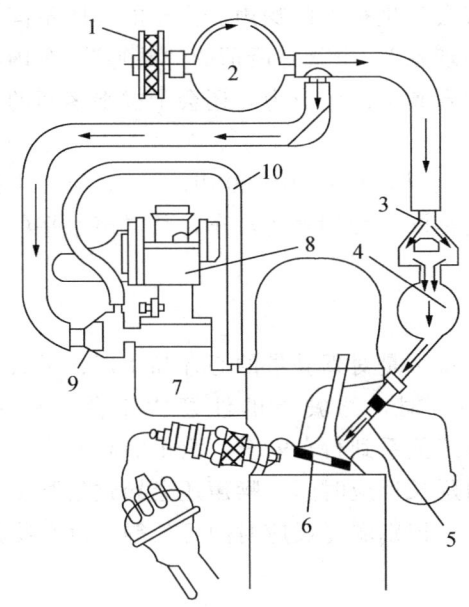
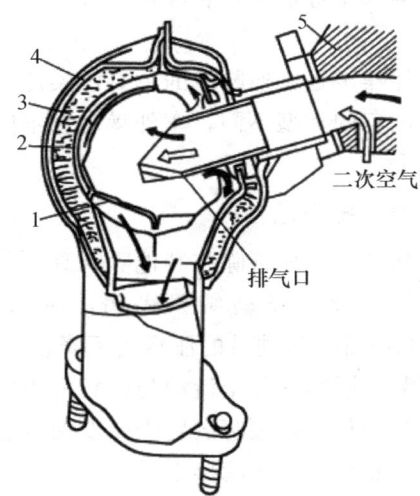

图 7-1 二次空气供给装置系统
1—空气滤清器;2—空气泵;3—空气分配管;
4—空气喷管;5—进气管;6—排气门;
7—回火防止阀;8—化油器;9—回火防止管;10—单向阀

图 7-2 热反应器
1—外壳;2—绝热材料;3—外筒;
4—内筒;5—气缸盖

## 7.2 汽车噪声污染控制

汽车噪声作为环境污染的主要来源之一,其污染现状、危害程度及控制措施备受关注。为有效实现汽车噪声污染的科学控制,需要首先明确其污染的表现形式及带来的具体危害。

### 7.2.1 汽车噪声污染及危害

**1. 汽车噪声污染**

噪声通常是由不同振幅和频率组成的杂乱无章的嘈杂声,是指人们不需要并希望用一定措施加以控制和消除掉的声音总称。噪声属于声波(在可听范围内的声波,频率为 20 Hz～20 000 Hz),具有声波的一切特征。

城市环境噪声的主要来源有交通噪声、生产噪声、建筑噪声和生活噪声等。按声强随时间分布,噪声可分为稳定噪声和非稳定噪声,对城市环境噪声影响最大的是非稳态噪声。交通噪声是主要的非稳态噪声,在城市噪声中可达 75% 左右。交通噪声的主要声源是机动车辆(如汽车、电车、摩托车等),其中以汽车噪声影响最大。

汽车噪声分为车内噪声和车外噪声,它们与汽车类型、运行工况和路面条件有关。

车内噪声主要是由于发动机及传动系统在运行中引起的车身振动和车身的孔缝透声而形成的。同时路面的凹凸不平也会引起车轮的振动,再通过悬架传至车身。当振幅较大、振动频率较低时,座椅传递的振动使乘客产生身体不适;当振幅较小、振动频率高时,车身各部分表面的振动也会产生车内噪声。空气与车身的冲击和摩擦,即风鸣声也会传到车内。汽车高速行驶时，如果车身密封不好，将会产生很大的噪声。汽车的车厢不同于建筑物，其空间狭小而密封，会产生音响的"空洞现象"，也就是所谓的"共鸣"。车内噪声直接影响乘坐舒适性，若噪声过大，不仅会影响驾驶员的注意力，还会干扰乘客间的语言交流。

车外噪声是交通噪声的主要污染源，其声级范围一般是 60～90 dB（A），属于中强度噪声。汽车的类型不同，车外噪声也不同。即使是同一种型号的汽车，其噪声水平的离散性也很大。

2. 汽车噪声危害

汽车噪声的危害除与其他噪声具有共性外，特别是对驾驶员的心理和生理、听力、视力的影响较大。试验结果表明：在 88 dB（A）时，驾驶员的注意力下降 10%；在 90 dB（A）时，驾驶员的注意力下降 20%，这直接关系到行车安全。汽车的高噪声会使驾驶员疲劳，影响其思维活动与注意力集中，进而延长反应时间。噪声还会导致驾驶员视觉产生异常变化，如眼睛区别光亮度的敏感性降低、识别弱光反应时间延长等。汽车噪声已成为影响安全行车的隐形杀手。

### 7.2.2 控制噪声污染的措施

1. 发动机噪声控制

（1）燃烧噪声控制措施。

燃烧噪声是柴油发动机的主要噪声源，降低柴油机燃烧噪声的根本措施是降低压力增长率。而压力增长率取决于着火延迟期和在着火延迟期内形成的可燃混合气的数量和质量。因此，可通过选用十六烷值高的燃料、合理组织喷油过程及选用良好的燃烧室来降低柴油机燃烧噪声。具体措施如下：

① 采用隔热活塞以提高燃烧室壁的温度，缩短滞燃期，降低空间雾化燃烧系统的直喷式柴油机的燃烧噪声。

② 提高压缩比和排气再循环系统也可降低柴油机的燃烧噪声。但压缩比主要决定了柴油机的机械负荷与热负荷水平。废气再循环技术通过降低气缸最高压力，在抑制 $NO_x$ 产生的同时，也降低了燃烧噪声。

③ 采用双弹簧喷油器实现预喷。即将原本在一个循环内一次性喷完的燃油改为分两次喷射。第一次先喷入其中的小部分，提前在主喷之前就开始进行着火的预反应，这样可减少滞燃期内积聚的可燃混合气数量。这是降低直喷式柴油机燃烧噪声的最有效的措施。

④ 共轨喷油系统是一种极具发展前景的直喷式轿车柴油机电子控制高压燃油喷射系统，它能减少滞燃期内喷入的燃油量，特别有利于降低燃烧噪声。

⑤ 采用增压。柴油机增压后进入气缸的空气密度、温度和压力增加，从而改善了混合气的着火条件，使着火延迟期缩短。虽然最大爆发压力有所增加，但是其压力增长率和压力升高比变小，使柴油机运转平稳，噪声降低。此外，一般来说，涡轮增压柴油机最大额定功率的转速要比同样气缸尺寸的非增压柴油机低，有利于降低燃烧噪声。

⑥ 燃烧室的选择和设计。对于分开式燃烧室，精确设计的喷油通道、扩大通道面积、控制喷射方向和优化燃烧室的进气涡流半径，均能抑制预混合燃烧，促进扩散燃烧，从而降低由低负荷到高负荷较宽范围的燃烧噪声、燃油消耗和碳烟排放。

对于直喷式燃烧室，可以通过合理设计，使其在保证足够涡流的同时具有高紊动能，强化燃料与空气之间的扩散，以此来改善燃烧过程，实现柴油机低燃料消耗、低噪声和低排放。

⑦ 减小供油提前角。当供油提前角较小时，喷油时间会相应延迟，气缸内温度和压力在燃油喷入时处于较高水平，燃油一经喷入便迅速雾化，瞬间达到着火点，从而缩短了滞燃期，使得最先喷入的燃油爆发燃烧。后续喷入火焰中的燃油因氧气不足而不会立即燃烧，由于初期燃烧的燃油量较少，压力升高率较低，有助于减少燃烧噪声。大多数柴油机的燃烧噪声随供油提前角的减小而降低。

⑧ 选用十六烷值高的燃料，着火延迟期较短，从而减少着火延迟期内形成的可燃混合气数量，使压力升高率降低，减小燃烧噪声。

（2）机械噪声控制措施。

降低活塞敲击噪声的措施有：

① 采取活塞销孔偏置设计，即将活塞销孔朝主推力面适当地偏移 1～2 mm。

② 通过在活塞裙部开横向隔热槽、在活塞销座镶调节钢件、在裙部镶配钢筒，以及采用椭圆锥体裙型等方式来减小活塞在 40 ℃冷态下的配缸间隙。

③ 提高缸套的刚度，可有效降低活塞敲击噪声及活塞与缸壁的摩擦噪声。为实现这一目标，可采用增加缸套厚度或加强肋的方法。

④ 改进活塞与气缸壁润滑状况，增加活塞敲击缸壁时的阻尼，减小活塞敲击噪声。

降低传动齿轮噪声的措施有：

① 通过控制齿轮齿形、提高加工精度、减小啮合间隙，可降低齿轮啮合撞击能量，从而降低传动噪声。

② 采用高阻尼工程塑料齿轮替代钢制齿轮，整机噪声可降低约 0.5 dB（A），降噪效果明显。

③ 合理布置齿轮传动系位置，如将正时齿轮布置在飞轮端，减少曲轴系扭振对齿轮振动的影响。

④ 采用正时齿形同步带传动替代正时齿轮传动，可明显降低噪声。

降低配气机构噪声的措施有：

① 良好的润滑可减少摩擦噪声。推荐怠速时凸轮与挺柱间的最小油膜厚度为 2 mm，1000 r/min 时最小油膜厚度为 3 mm。由于凸轮转速越高，油膜越厚，故内燃机高速运转时配气机构的摩擦噪声表现不突出。

② 减少气门间隙可降低摇臂与气门撞击声，但间隙不宜过小。采用液压挺柱可消除气门间隙，近年发展的气门液压驱动系统噪声更低。

③ 缩短推杆长度可减小系统质量并提高刚度。顶置式凸轮轴取消推杆，对降噪尤为有利。

降低进气、排气噪声的措施有：

① 合理设计进气管道与气缸盖通道，减少压力脉动和进气涡流强度。

② 引进消声措施。

③ 合理设计排气管长度与形状，避免气流共振并减少涡流。

④ 废气涡轮增压器可降低排气噪声，其中最有效的方法为采用高消声技术，选用低

功率损耗、宽消声频率范围的排气消声器。

降低风扇噪声的措施有：

① 适当控制风扇转速，风扇噪声随转速的增长幅度远高于其他噪声源。在冷却要求已确定的情况下，为降低转速，可在结构尺寸允许的范围内适当加大风扇直径或增加叶片数目，从而保证冷却风量和风压需求的前提下有效降低转速。

② 采用叶片不均匀分布的钢板制风扇，可降低风扇频谱中的线状峰值成分，使噪声频谱趋于平缓。

③ 采用工程塑料风扇替代钢板制风扇，可降低噪声并减少功率损耗，但当前成本略高于钢板制风扇。国外中小功率发动机已普遍采用工程塑料风扇。此外，还可采用安装角可变的"柔性风扇"，其叶片由薄钢板或塑料制成，高速运转时因气动效应叶片发生扭转变平（安装角减小），从而降低功率损耗与噪声；低速时叶片变形小，仍能保证足够风量。

④ 在车用发动机上采用风扇自动离合器。实验表明汽车行驶中仅需风扇工作的时间通常不足10%，此举不仅能优化发动机热管理，还能降低功率消耗和噪声。

⑤ 优化风扇与散热器系统设计，通过合理布局降速、降噪。

降低喷油系统噪声的措施有：

① 增强喷油泵的刚性。

② 采用单体泵结构，并选用高阻尼材料制造泵体。

2. 传动机构噪声控制

（1）降低齿轮噪声的措施。

齿轮噪声受设计、制造及使用等多种因素影响，如果控制噪声，则需要系统性优化这些参数。

① 合理选择齿轮结构类型并改进齿轮参数设计。对于圆柱齿轮，按噪声大小排列顺序为直齿、斜齿、人字齿；对于圆锥齿轮，按噪声大小排列顺序为直齿、螺旋齿、双曲线齿。因此，从降噪角度出发，宜优先选择低噪声齿轮结构。

涡轮参数低噪声设计原则是增加重合度，减小齿轮间相对滑移和冲击，使齿轮工作平稳。为此，首先应选择较大重合度的啮合副，但需要避免重合度过大导致多齿啮合振动加剧。其次，齿宽与齿隙需要精确控制，如果齿隙过大，则会导致冲击，如果齿隙过小，则因啮合排气速度过快引发干涉噪声。

齿轮设计时需要限制工作转速以防噪声超标，可通过以下措施降噪：优化辐板形式、设计合理侧隙、在频繁脱合齿轮副中增设同步装置、选用高阻尼材料。

② 改进工艺提高加工精度。在一般情况下，提高齿轮制造精度，降低误差与轮齿表面粗糙度，均可有效减小噪声。精度每降低一级，噪声增加7～10 dB（A）。因此，齿轮制造需要综合考虑工作要求、噪声限值与成本，以确定加工等级。

轮齿的成形方法不同会导致精度差异，进而影响噪声特性。磨齿与研齿工艺可获得较高加工精度，从而实现较低噪声水平。热处理过程中需严格控制轮齿变形。齿顶修形技术可改善轮齿受力分布并降低噪声。在实际运转中，齿轮工作变形及加工误差可能导致齿顶与啮合齿面产生干涉，引发冲击振动。齿顶修形工艺通过精确修整干涉区域，有效优化齿面接触状态。

③ 为正确安装及合理使用。在安装齿轮时，必须满足精度要求，确保两啮合齿轮轴

的中心线平行度控制在允许范围内,并适当调整各部位间隙。使用时应根据工况正确选用润滑油,保持齿轮处于合适的润滑状态,以减小齿间摩擦、吸收振动能量、降低工作噪声。

④ 齿轮阻尼减振措施。在齿轮基体上加装阻尼减振材料,可有效抑制振动幅度并阻隔噪声辐射。常用措施包括:在轮缘压入高摩擦材料环(如铸铁环),在轮辐加装聚硫橡胶垫圈,在表面涂覆高铅巴氏合金等阻尼材料。

(2) 降低轴承噪声的措施。

建议优先选用球轴承,因其点接触的特性使噪声水平低于滚子轴承。同时需提高轴承制造精度与套圈刚度,优化几何精度以减少摩擦振动冲击。安装时需准确定位、正确调整装配间隙与预紧力,在进行结构设计时应避免共振。使用中应保证良好润滑,加强密封性能,必要时可加装隔振衬套以屏蔽噪声。

(3) 降低变速器与驱动桥噪声的措施。

设计紧凑结构并确保箱体具有足够的刚度以避免共振。提高刚度的措施包括:增加壁厚、合理布置肋条与隔板、将箱壁内表面改为曲面设计、在转角处采用大圆弧过渡。选用高内阻材料(如铸铁、塑料、层合板)制造箱体。研究表明,铸铁箱体比钢板焊接箱体噪声级降低约 3~5 dB(A)。壳体表面涂覆阻尼材料可显著降噪。对变速器与分动器加装隔振装置并进行声学屏蔽,可有效阻隔噪声传播。

汽车驱动桥的噪声与变速器的噪声有许多相似之处,但驱动桥支承在悬架上,受簧上振动质量、扭转作用以及路面不平激励的影响,会产生强烈的弯曲振动和扭转振动,尤其在共振时噪声显著增强。因此在设计和制造时,驱动桥应进行振动特性计算。例如,某汽车通过增强后桥弯曲刚度、在万向轴节加装橡胶减振元件并降低主传动比,避免共振后噪声降低 6~15 dB(A)。

3. 轮胎噪声控制

改进轮胎结构尺寸,降低花纹接地宽度与轮胎直径的比值,可大幅降低轮胎噪声。花纹沟槽的宽度、位置、角度和形状对噪声会产生影响。当沟槽过宽或过窄,或沟槽趋向垂直胎壁时,噪声增加。当采用变节距花纹(配置两种以上不同节距花纹)时,沟槽周向排列不均匀,可有效降低噪声频谱峰值,尤其对高速车辆效果显著。进一步降噪措施包括:花纹间填入软橡胶、降低花纹刚度、优化花纹布局等。

合理选择和使用轮胎是降噪的主要途径。在针对特定车型选择轮胎时,除考虑牵引、抗滑、耐磨、耐撕裂及排水性外,需将低噪声列为关键指标。根据地区和使用条件选轮胎结构与花纹,优先选用子午线轮胎及纵向/近似纵向花纹。以东风 EQ140 汽车为例,平原地区使用条形花纹子午线轮胎可降噪 2~8 dB(A)。

控制轮胎噪声的传播途径是一种有效的降噪方法。在轮胎至车身的振动传播途径中,加入阻尼隔离材料,可减少振动向车身的传递,降低间接噪声。对轮胎进行屏蔽或部分屏蔽可显著降噪,关键需减小屏蔽罩与地面的距离,使噪声在内部被吸收。试验表明,带吸声设计的屏蔽罩可使干燥路面的轮胎噪声降低约 10 dB(A),湿路面的轮胎噪声降低约 5 dB(A);无吸声设计的屏蔽罩(距离 4.2 m)可降噪约 3 dB(A)。但全封闭屏蔽会导致轮胎散热不良,局部屏蔽仅针对主要辐射点和传播方向(例如在轮胎横向花纹接地区域的后方加装隔音罩)。

在汽车使用过程中，调整轮胎相关机构与转向系统，控制车速与加速度，均可降低轮胎噪声。

路面状况对轮胎噪声影响显著，需改善路面质量、减少弯道与坡道。路面存在粗糙度最佳值，偏离该值会加剧噪声。公路建设时应合理确定路面粗糙度。

综合采用上述方法可降噪 13～15 dB（A），结合低噪声路面与改进花纹设计可再降 20～25 dB（A）。

汽车定置噪声限值应符合《汽车定置噪声限值》（GB 16170—1996）中的规定。汽车加速行驶车外噪声限值应符合《汽车加速行驶车外噪声限值及测量方法》（GB 1495—2002）中的规定。

### 7.3 汽车电波污染控制

#### 7.3.1 汽车电波污染及危害

在汽车电气设备中有很多导线和线圈等电器元件，它们具有不同的电容和电感。而任何一个具有电容和电感的闭合回路都会形成振荡。因此，在汽车的电气设备中有很多的振荡回路。当火花放电时，就会产生高频振荡并以电磁波的形式放射到空中，干扰无线电和电视广播等通信设备的天线，从而引起干扰。在汽车的电气设备中，点火系统的干扰最为严重，此外还有发电机、调节器、刮水器以及照明开关等电气设备。

#### 7.3.2 控制电波污染的措施

电波公害虽然没有像排气公害和噪声公害对人们生活环境的影响那么严重，但是它被认为是涉及面广泛的汽车污染，同样引起了人们的普遍重视。控制电波公害主要是限制汽车点火系统产生的电波杂波强度。为此，很多国家对汽车（或汽车发动机）点火系统的电波杂波强度制定了标准。表 7-2 所示为电波干扰允许值，测量规定的频率范围为 30 MHz～1000 MHz。

表 7-2 电波干扰允许值

| 带宽 | 电波干扰允许值 $L$ [dB（μV/m）] | | | 测量方式 |
| --- | --- | --- | --- | --- |
| | 30 MHz～75 MHz | 75 MHz～400 MHz | 400 MHz～1000 MHz | |
| 120 kHz | $L=34$ | $L=34+15.13\lg(f/75)$ | $L=45$ | 准峰值 |
| 120 kHz | $L=54$ | $L=54+15.13\lg(f/75)$ | $L=65$ | 峰值 |
| 1 MHz | $L=72$ | $L=72+15.13\lg(f/75)$ | $L=83$ | 峰值 |

### 📖 学习训练

1. 什么是汽车公害？
2. 汽车公害主要包括哪些方面？
3. 汽车排放的污染物主要有哪些有害成分？对人类及环境有何影响？
4. 汽车排放污染的防治措施有哪些？
5. 汽车噪声的危害有哪些？
6. 控制发动机噪声的措施有哪些？

7. 控制轮胎噪声的措施有哪些?
8. 汽车电波污染及危害有哪些?
9. 控制汽车电波污染的措施有哪些?

## 任务报告

| 任务7：汽车公害控制 |||
|---|---|---|
| 1. 接受任务（10分） || 得分： |
| 请结合本章任务介绍的相关内容，查阅2021款宝马740Li xDrive行政型豪华套装款车型技术参数，讨论汽车在排放、噪声及电波方面的污染特点，分析该车型在控制排放、噪声及电波污染采取的措施，并进行要点记录。 |||
| 2. 信息收集（40分） || 得分： |
|  |||
| 3. 任务解答（50分） || 得分： |
| 汽车排放污染控制 | 污染特点 |  |
|  | 防治措施 |  |
| 汽车噪声污染控制 | 污染特点 |  |
|  | 防治措施 |  |
| 汽车电波污染控制 | 污染特点 |  |
|  | 防治措施 |  |
| 评价 || 任务得分： |

## 任务8

# 汽车安全使用

## 任务 8　汽车安全使用

### 任务导入

随着时代进步，我国道路交通迅速崛起，为经济、社会发展起到了重要的推动作用。《中华人民共和国道路交通安全法》（以下简称《道路交通安全法》）的制定是为了维护道路交通秩序，预防和减少交通事故，保护人身安全，保护公民、法人和其他组织的财产安全及其他合法权益，提高通行效率。

汽车的安全使用与管理是新的社会背景下行业不可或缺的重要组成部分。它对于汽车的正常使用、延长使用寿命、减轻环境污染有着极为关键的作用。汽车的安全使用不仅是汽车管理的根本任务，而且是正确处理汽车使用中人、车、路和环境关系的前提。在遵守道路交通法的前提下，汽车的使用情况、使用寿命和运行安全直接决定了企业的运营投入，是降低运输成本、提升经济效益的重要手段之一。如何确保车辆运行安全和科学管理，是值得深入研究和实践的重大课题，其核心目标在于，在实现经济效益的同时，进一步推动社会效益最大化。

请结合以上材料，明确汽车安全使用的重要意义，深入分析道路安全规定的内涵和汽车及各系统运行安全技术条件和实践要求。

### 知识目标

（1）了解道路交通事故的原因和预防措施有哪些。
（2）熟悉并掌握汽车运行安全技术条件。
（3）熟悉并掌握汽车安全行驶条件与日常维护，以及了解在高速公路上如何安全行驶。

### 能力目标

（1）能够正确分析道路交通事故的成因及各相关要素的影响。
（2）能够正确提出预防道路交通事故的有效措施。
（3）能够根据汽车的安全技术条件，对实际发生的道路交通事故进行准确分析并给予客观评价。

### 素质目标

（1）进行爱国主义教育，厚植爱国情怀。
（2）培养学生安全操作、敬畏生命的安全意识。

## 8.1　道路交通事故的危害及预防

### 8.1.1　道路交通事故

**1. 发生道路交通事故的原因**

交通事故是在特定的交通环境下，由于人、车、路、环境诸多要素配合失调而发生的。为了预防和减少交通事故的发生，需要全面考虑人、车、路和环境这四个方面的因素，找出其中的问题并采取相应的措施进行改进。

(1) 人为原因。

人既是交通事故的制造者，又是交通事故的受害者。同时，人是交通安全中的一个能动因素，所以人是交通安全的主体。人对交通事故形成的影响，主要表现在以下几个方面：

① 自身的生理、心理状态不符合交通安全的要求。

② 自身违法过街、违法操作、违法装载、违法行驶等。

③ 对他人的交通动态及道路变化、气候变化、车况变化观察不细致或应对措施不恰当等。

人为责任事故的发生，其原因是多方面的。其中有的是驾驶员思想麻痹大意、违法驾驶或操作失误等造成的；有的是因行人、非机动车驾驶者不遵守《道路交通安全法》造成的。从机动车驾驶方面来分析，驾驶员责任事故的发生，主要是在行车过程中的反应判断、风险分析和操作执行三个环节上出现了错误。

(2) 车辆原因。

由于车辆技术状况不良引起的交通事故比例并不大，但这类事故一旦发生，其后果一般都比较严重。这类事故的起因通常是车辆的某种性能失效（如制动失效、转向失效）和车辆装载超限、超宽、超载及货物未固定等问题所致。另外，车辆在长时间运行过程中对各种机件反复交变作用，当这种作用力超过机件自身耐受限度时，车辆也会突然发生故障而酿成交通事故。除此之外，由于一些单位维修管理制度不完善、执行不到位或车辆检验方法落后，致使一些车辆常常因带"病"行驶而肇事，这也是车辆本身因素引发事故的重要原因。

(3) 道路与环境的原因。

道路与环境作为构成道路交通的基本要素，它们对交通安全的影响至关重要。在某些情况下，它们可能成为导致交通事故发生的主要原因。

① 道路。道路线形几何要素的不合理以及各种不良的线形组合，往往是导致交通事故发生的主要原因。路面状况不良（如潮湿、覆雪、结冰等），使车轮与路面之间的附着系数下降，因而会影响汽车行驶的稳定性和制动性能。

此外，不同类型的道路，由于车道宽度、车道数、公路路肩、中央分隔带等设置的不同，对交通安全的影响也不同。

② 环境。交通流量的大小直接影响着驾驶员的心理紧张程度，同时也影响着交通事故的发生率。在交通流量大的情况下，车辆相互干扰、互成障碍，常导致交通事故发生；而在交通流量小的情况下，驾驶员往往因高速行驶而导致交通事故。

2. 道路交通事故的构成要素

道路交通事故的形成，必须具备以下六个要素：

① 车辆。车辆（包括各类机动车与非机动车）是构成交通事故的必要前提条件，即事故当事方中必须至少有一方使用车辆。若不存在车辆参与，则不构成法律意义上的交通事故。例如，行人之间在行走过程中发生的意外受伤或致死事件，均不属于道路交通事故范畴。

② 在道路上。即事故需发生在公路、城市街道、胡同（巷），以及公共广场、公共停车场等供社会车辆与行人通行的公共区域。而厂矿、企业、机关、学校、住宅区内不具备

公共通行属性的内部道路，则不在此范畴内。

③ 在通行过程中。即车辆处于行驶状态或正常停放的过程中发生交通事故。例如，停车后进行货物装卸时发生的伤亡事故，因脱离通行行为范畴，不属于交通事故；而停车后发生溜车引发的事故，若地点在公路上则属于交通事故，若在非公共通行的货场内则不纳入交通事故范畴。此外，停在路边的车辆或坐在路边的人员被过往车辆碰撞并造成伤亡的，因涉及车辆通行行为，同样属于交通事故。

④ 发生事态。即出现与道路交通相关的具体现象，包括碰撞、碾压、刮擦、翻车、坠落、失火等直接由交通行为引发的事态。若未发生此类交通事态，则不构成交通事故。例如，正常行驶的客车上乘车人因自身疾病突发导致的死亡事件，因未涉及碰撞、翻车等交通相关事态，不属于交通事故范畴。

⑤ 事故成因是"人为因素"。即事故的发生并非由人无法抗拒的自然原因导致，如地震、台风、洪水、泥石流、雪崩等自然灾害引发的事故均不属此列。此外，行人自杀等非交通行为本身引发的、人难以干预的极端情况，也不属于道路交通事故范畴。

⑥ 事故需造成符合标准的后果。即在前述五个要素满足的基础上，还需出现人员伤亡、牲畜伤亡，或车辆、物资损失，且后果需达到交通管理部门规定的标准。若未造成任何后果，或后果未达到法定标准，则不构成道路交通事故。

### 8.1.2 道路交通事故的危害及预防

近年来，由于我国汽车保有量的持续快速增长，公路建设速度与汽车产业的发展出现明显脱节，高等级公路里程占比偏低，交通设施配置不够完善，导致交通拥堵、人车混行等问题日益突出。在城市中，交通拥堵情况更为严峻，交通事故发生率呈逐年上升趋势。

由于道路交通事故具有随机性、突发性、社会性和危害面广的特点，一旦发生，不仅会在经济上造成巨大损失，而且会给驾驶员、受害者及其家属在精神上造成难以磨灭的痛苦。

道路交通事故是在人、车、路、交通环境等诸多因素共同影响下形成的一类复杂交通事件。因此，解决交通安全问题，必须把人、车和环境作为一个有机整体来系统对待和处理，从谋求这一有机整体的动态平衡出发，来规划、协调并解决其中各组成部分的结构、性能和行为等问题。针对交通安全治理与交通事故预防，可从以下几方面入手：

1. 改善道路交通环境，提升汽车安全性能及结构

(1) 兴建有完善安全设施的新型公路，改建或扩建现有道路，增设各种安全防护设施。

(2) 改进车辆结构性能，防止因车辆设计或制造上的缺陷而导致事故。一旦发生事故，车辆应具有能有效减轻乘员伤害程度的结构措施。

(3) 加强车辆安全性能的检验及维护工作。认真做好出车前、行驶中和收车后的维护工作，发现异常或故障应及时排除，坚决不开带故障的车辆。

2. 提高人员素质，提升管理水平

(1) 完善《道路交通安全法》及其实施条例，以法规刚性约束规范交通行为，维护正常秩序。

(2) 建立全国统一交通管理指挥机构，健全管理体制，实现统筹规划与高效协调。

(3) 加强对驾驶员的培训与动态管理，常态化开展交通安全教育，普及安全知识。

(4) 引入科学管理方法，提升管理人员专业素质，推动交通管理技术现代化升级。

## 8.2 机动车运行安全技术条件

《机动车运行安全技术条件》（GB 7258—2017）于 2018 年 1 月 1 日正式实施。该标准明确规定了机动车整车及主要总成、安全防护装置等涉及运行安全的基本技术要求，以及消防车、救护车、工程救险车、警车及残疾人专用汽车的附加要求。其适用范围涵盖我国道路上行驶的所有机动车，但不适用于有轨电车及非道路用途的轮式专用机械车。该标准不仅是我国机动车国家安全技术标准的核心组成部分，也是机动车注册登记检验、在用机动车检验、机动车查验等安全管理工作及事故车检验的最基础的技术依据，同时还是机动车新车定型强制性检验、出厂检验和进口机动车检验的重要技术准则之一。该标准的实施对保障机动车安全运行、降低道路交通事故发生率、提升运输综合效益具有重要作用。

该标准由以下部分组成：范围；规范性引用文件；术语和定义；整车；发动机和驱动电机；转向系；制动系；照明、信号装置和其他电气设备；行驶系；传动系；车身；安全防护装置；消防车、救护车、工程救险车和警车的附加要求；残疾人专用汽车的附加要求；标准实施的过渡期要求。

### 8.2.1 整车运行安全技术条件

**1. 车辆标志**

在车辆查验时，车辆管理部门需检查并登记车辆的商标或厂标、型号标记、发动机额定功率、车辆总质量、核定载质量、发动机型号、整车型号和出厂编号等。对于在用车辆，应核对车辆标牌、发动机型号、整车型号和出厂编号是否与原始登记的信息一致。

（1）商标或厂标。商标或厂标应在车身前部外表面的易见部位上，且至少装置一个能永久保持的商标或厂标。

（2）车辆标牌。产品标牌应固定在一个显著的、不受更换部件影响且能永久保持的位置，其具体位置应在产品使用说明书中指明。"永久保持"是指商标或厂标、标牌必须采用铆接、焊接或其他不可逆的固定方式安装在车辆上。

（3）发动机型号。发动机型号应清晰打印（或铸出）在气缸体显著位置。

（4）整车型号和出厂编号。整车型号和出厂编号应打印在车架（对无车架的车辆为车身主要承载且不可拆卸的构件）显著且便于拓印的位置，排列顺序为整车型号在前，出厂编号在后，并且在出厂编号的两端应清晰标注起止标记。

为了识别某一辆车，由车辆制造厂为该车辆指定的一组字母及数字组合就是车辆识别代号，它应该能永久固定，内容应清晰可辨且易于拓印。车辆识别代号是制造厂为了识别而给一辆车指定的一组代码，共 17 位字码。

车辆识别代号由三部分组成，如图 8-1 所示。第一部分为世界制造厂识别代号（WMI），由三位字符组成，它必须经过申请、批准和备案后方能使用。第二部分为车辆说明部分（VDS），由六位字符组成，通过它能识别车辆的一般特性。第三部分为车辆指示部分（VIS），由八位字符组成，其中第一位字符为年份代码。年份代码的规定如表 8-1 所示。

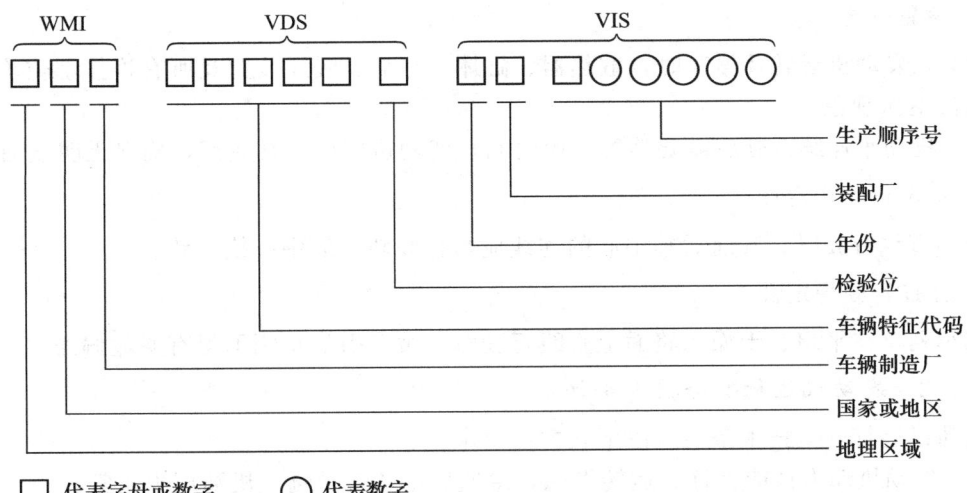

图 8-1 车辆识别代号

表 8-1 年份代码的规定

| 年份 | 代码 | 年份 | 代码 | 年份 | 代码 | 年份 | 代码 |
|---|---|---|---|---|---|---|---|
| 1991 | M | 2001 | 1 | 2011 | B | 2021 | M |
| 1992 | N | 2002 | 2 | 2012 | C | 2022 | N |
| 1993 | P | 2003 | 3 | 2013 | D | 2023 | P |
| 1994 | R | 2004 | 4 | 2014 | E | 2024 | R |
| 1995 | S | 2005 | 5 | 2015 | F | 2025 | S |
| 1996 | T | 2006 | 6 | 2016 | G | 2026 | T |
| 1997 | V | 2007 | 7 | 2017 | H | 2027 | V |
| 1998 | W | 2008 | 8 | 2018 | J | 2028 | W |
| 1999 | X | 2009 | 9 | 2019 | K | 2029 | X |
| 2000 | Y | 2010 | A | 2020 | L | 2030 | Y |

注：车辆代码中仅能采用下列阿拉伯数字和大写英文字母（其中字母 I、O、Q 不能使用）。

数字——0 1 2 3 4 5 6 7 8 9。

字母——A B C D E F G H J K L M N P R S T U V W X Y Z。

2. 侧倾稳定角

根据《机动车运行安全技术条件》国家标准第 1 号修改单规定，除消防车、特型机动车、两轮普通摩托车和轻便摩托车外的其他机动车，在空载、静态状态下，向左侧和右侧倾斜的侧倾稳定角应大于或等于以下数值：

(1) 三轮机动车（包括三轮汽车和三轮摩托车，但不包括前轮距小于或等于 460 mm 的正三轮摩托车）：25°。

(2) 其他总质量为整备质量的 1.2 倍以下的机动车：28°。

(3) 总质量大于或等于整备质量的 1.2 倍的专项作业车和轮式专用机械车、前轮距小于或等于 460 mm 的正三轮摩托车：32°。

**3. 渗漏检查**

（1）在发动机运转及停车时，散热器、缸体、缸盖、暖风装置及所有连接部位均不得有明显渗漏水现象。

（2）机动车连续行驶后需要静置一段时间，驾驶员应检查其底部，确保无明显油迹。

**4. 单车行驶稳定性**

车辆直线行驶时，其前后轴中心的连线应与行驶轨迹的中心线一致。

**5. 拖挂行驶稳定性**

汽车列车在平坦、干燥的路面上直线行驶时，被牵引的车辆不得有明显偏摆。

### 8.2.2 发动机运行安全技术条件

发动机运行安全技术条件有以下几方面要求：

（1）发动机动力性能良好，运转平稳，怠速稳定，无异响，机油压力正常。

（2）发动机应有良好的启动性能。汽车发动机应能由驾驶员在座位上启动。

（3）发动机不得有"回火""放炮"现象。

（4）柴油机停机装置必须灵活有效。

（5）发动机点火、燃料供给、润滑、冷却和排气等系统的机件应齐全，性能良好。

### 8.2.3 底盘相关系统运行安全技术条件

**1. 转向系统运行安全技术条件**

转向系统运行安全技术条件有以下几方面要求：

（1）转向盘应转动灵活、操纵轻便、无阻滞现象。车轮在转向过程中，不得与其他部件有干涉现象。

（2）转向轮转向后应有自动回正能力，以使机动车具有稳定的直线行驶能力。

（3）转向盘的最大自由转动量，应符合从中间位置向左或向右的转角为：最大设计车速大于或等于 100 km/h 的机动车不得大于 15°。

（4）汽车（三轮汽车除外）应具有适度的不足转向特性。

（5）在平坦、硬实、干燥和清洁的道路上行驶时不得跑偏，其转向盘不得有摆振、路感不灵或其他异常现象。

（6）在平坦、硬实、干燥和清洁的水泥或沥青路面上，以 10 km/h 的速度在 5 s 之内沿螺旋线从直线行驶过渡到直径为 25 m 的圆周行驶，施加于转向盘外缘的最大切向力不得大于 245 N。

（7）当机动车转向轴最大设计轴荷大于 4000 kg 时，应采用转向助力装置。装有转向助力装置的机动车，行驶时其转向助力功能不允许出现时有时无的现象，当转向助力装置失效时，仍应具有用转向盘控制机动车的能力。装有电动转向助力装置的汽车，行驶时应保证转向助力装置的电能供应。

（8）转向节及臂、转向横直拉杆及球销应无裂纹和损伤，并且球销不得松旷。维修时，横、直拉杆不得拼焊。

**2. 制动系统运行安全技术条件**

制动系统运行安全技术条件有以下几方面要求：

(1) 机动车应具有完好的行车制动系统、应急制动系统以及驻车制动装置（两轮、三轮摩托车和轻便摩托车除外），并且行车制动的控制装置与驻车制动的控制装置应相互独立。

(2) 制动踏板的自由行程应符合规定标准。

(3) 液压行车制动系统在达到规定的制动效能时，踏板行程（包括空行程）不得超过踏板全行程的3/4；装有自动调整间隙装置的车辆制动器的踏板行程不得超过踏板全行程的4/5，且座位数小于或等于9的载客汽车该行程不得超过120 mm，其他类型的车辆不得超过150 mm。

(4) 液压制动系统不得因制动液对制动管路的腐蚀或由于发动机及其他热源影响，形成气阻而损坏行车制动系统的功能。

(5) 应急制动时，必须在行车制动系统有一处管路失效的情况下，能在规定的距离内将车辆停住。应急制动应是可控制的，其布置应使驾驶员容易操作，驾驶员在座位上至少用一只手握住转向盘的情况下，就可以实现制动。它的控制装置可以与行车制动的控制装置结合，也可以与驻车制动的控制装置结合。

(6) 驻车制动应能使机动车即使在没有驾驶员的情况下，也能停在上、下坡道上，驾驶员必须在座位上就可以实现驻车制动。驻车制动时，驾驶员施加于操纵装置上的力的情况为：手操纵时，乘用车应小于或等于400 N，其他机动车应小于或等于600 N；脚操纵时，乘用车应小于或等于500 N，其他机动车应小于或等于700 N。

(7) 驻车制动操纵装置必须有一定的储备行程，一般应在操纵装置全行程的2/3以内达到规定的制动性能；装有自动调节装置时，允许在全行程的3/4以内达到规定的制动效能；对于棘轮式制动操纵装置，要求来回拉动驻车操纵杆三次以内即可获得规定的驻车制动效能。

(8) 弹簧储能制动装置可通过手动方式或利用通用工具来解除驻车制动状态。

(9) 在机动车运行过程中，不应有自行制动现象。当挂车与牵引车意外脱离后，挂车应能自行制动，且牵引车的制动仍然有效。

(10) 采用液压制动系统的机动车，当制动踏板压力最大时，保持1 min，踏板不得有缓慢向底板移动的现象。

(11) 汽车（三轮汽车除外）、摩托车及轻便摩托车、挂车（总质量不大于750 kg的挂车除外）的所有车轮应装备制动器。其中，所有专用校车和危险货物运输车及车长大于9 m的其他客车，它们的前轮应装备盘式制动器。

(12) 在规定的初速度下，急踩制动时的平均减速度和制动稳定性应符合规定要求。单车制动协调时间应不大于0.6 s，汽车列车制动协调时间应不大于0.8 s。

(13) 在空载状态下，驻车制动装置应能保证车辆在坡度为20%（总质量为整备质量1.2倍以下的机动车为15%）、轮胎与路面间的附着系数不小于0.7的坡道上正、反两个方向保持不动，其时间不少于2 min。

(14) 在试验台上测出的制动力应符合规定要求。在制动力增长全过程中，左右轮制动力差与该轴左右轮中制动力大者之比，对前轴不得大于20%，对后轴不得大于24%。制动协调时间单车不应大于0.6 s，列车不应大于0.8 s；各轮的阻滞力均不得大于该轴轴荷的5%。驻车制动力的总和应不小于该车在测试状态下整车质量的20%（对于总质量为整备质量 1.2 倍以上的机动车，此值为 15%）。

（15）汽车制动完全释放时间（从松开制动踏板到制动消除所需要的时间）不应大于 0.80 s。

3. 照明、信号装置和其他电气设备运行安全条件

照明、信号装置和其他电气设备运行安全技术条件有以下几方面要求：

（1）机动车的灯具应安装牢靠、完好有效，不允许因机动车振动而松脱、损坏、失去作用或改变光照方向；所有灯光的开关应安装牢固、开关自如，不允许因机动车振动而自行开关。开关的位置应便于驾驶员操纵，除转向信号灯、危险警告信号及消防车、救护车、工程救险车和警车安装使用的标志灯具外，其他外部灯具不允许闪烁。

（2）车辆的外部照明和信号装置的数量、位置、光色、最小几何可见角度等，应符合有关规定。

（3）机动车必须装置后反射器。挂车及车长大于或等于 6 m 的机动车应安装侧反射器和侧标志灯。反射器应与机动车牢固连接，且应能保证夜间在其正后方 150 m 处，用汽车前照灯照射时，在照射位置就能确认其反射光。

（4）全挂车应在挂车前部的左右各装一只红色标志灯，其高度应比全挂车的前栏板高出 300～400 mm，距车厢外侧应小于 150 mm。

（5）机动车（手扶拖拉机运输机组除外）的前位灯、后位灯、示廓灯（若安装）、侧标志灯（若安装）、挂车标志灯（若安装）、牌照灯和仪表灯应能同时启闭，当前照灯关闭且发动机熄火时仍应能点亮。汽车和挂车的电路连接应保证前位灯、后位灯、示廓灯（若安装）、侧标志灯（若安装）和牌照灯只能同时打开或关闭，但当前位灯、后位灯、侧标志灯作为驻车灯使用（复合或混合）时，则上述情况不适用。

（6）机动车的前、后转向信号灯、危险报警闪光灯及制动灯白天在距其 100 m 处可见；侧转向信号灯白天在距其 30 m 处可见；前、后位灯、示廓灯和挂车标志灯夜间好天气在距其 300 m 处可见；后牌照灯夜间好天气在距其 20 m 处能看清牌照号码。制动灯应明显大于后位灯。

（7）前照灯光束照射位置与发光强度应符合规定要求。

（8）远近光变换装置的工作应良好、可靠。

（9）空载高度为 3.0 m 以上的机动车均应安装示廓灯。

（10）仪表灯点亮时，应能照清楚仪表板上所有的仪表并不会产生眩目。

（11）危险报警闪光灯和转向信号灯的频率为（1.5±0.5）Hz，启动时间应不大于 1.5 s。

（12）机动车（手扶拖拉机运输机组除外）应设置具有连续发声功能的喇叭，其工作应可靠。机动车喇叭声级在距车前 2 m、离地高 1.2 m 处测量时，其值对发动机最大净功率在 7 kW 以下的摩托车及轻便摩托车为 80～112 dB（A），对其他机动车为 90～115 dB（A）。

（13）发电机技术性能应良好，蓄电池应能保持标称电压，电器导线应具有阻燃性能。所有电器导线均应捆扎成束、布置整齐、固定卡紧、接头牢固并有绝缘套，在导线穿越孔洞时应装设绝缘套管。

（14）车长大于 6 m 的客车应设置电源总开关，个别未经过电源总开关的线路（如危险警告信号线路）应设置保险装置。

#### 4. 行驶系统运行安全技术条件

行驶系统运行安全技术条件有以下几方面要求：

（1）轮胎外部尺寸、形状应符合规定要求。其中，乘用车、摩托车及轻便摩托车和挂车轮胎胎冠上花纹深度不允许小于 1.6 mm；其他机动车转向轮的胎冠花纹深度不允许小于 3.2 mm，其余轮胎胎冠花纹深度不允许小于 1.6 mm。轮胎胎面不允许因局部磨损而暴露出轮胎帘布层；轮胎不允许有影响使用的缺损、异常磨损和变形；轮胎的胎面和胎壁上不允许有长度超过 25 mm 或深度足以暴露出轮胎帘布层的破裂和割伤。

（2）轮胎负荷不应超过该轮胎的额定负荷，充气压力应符合该轮胎承受负荷的规定压力。

（3）总质量小于或等于 4.5 t 的汽车，其车轮总成的横向摆动量和径向跳动量不得大于 5 mm，其他车辆不得大于 8 mm。

（4）轮胎螺母和半轴螺母应完整齐全，并应按规定力矩紧固。

（5）悬架系统各球关节的密封件不允许有切口或裂纹，稳定杆应连接可靠，结构件不允许有变形或残损；钢板弹簧不允许有裂纹和断片现象，同一轴上的弹簧形式和规格应相同，其弹簧形式和规格应符合产品使用说明书中的规定；中心螺栓和 U 形螺栓应紧固、无裂纹且不允许焊接；钢板弹簧卡箍不允许焊接或残损。

（6）减振器应齐全有效，减振器不允许有明显的漏油现象。

（7）车架不得有变形、锈蚀和裂纹，螺栓和铆钉不得有缺少或松动等现象。

（8）前桥和后桥不得出现变形和裂纹。

（9）车桥与悬架之间的各种拉杆和导杆不得有变形，各接头、衬套不得有松旷和移位等现象。

#### 5. 传动系统运行安全技术条件

传动系统运行安全技术条件有以下几方面要求：

（1）离合器应接合平稳、分离彻底，工作时不得有异响、抖动和不正常打滑等现象。离合器踏板自由行程应符合整车技术条件的有关规定。

（2）换挡时齿轮应啮合灵便，互锁、自锁和倒挡锁装置应有效，不允许有乱挡和自行跳挡等现象；运行中应无异响；换挡杆及其传动杆件不应与其他部件干涉。变速器、分动器、驱动桥工作应正常且无异响。

（3）传动轴在运转时不允许发生振抖和异响，中间轴承和万向节不允许有裂纹和松旷等现象。发动机前置后驱动的客车的传动轴在车厢底板的下面沿纵向布置时，应有防止传动轴滑动连接（花键或其他类似装置）脱落或断裂等故障而引起危险的防护装置。

（4）驱动桥壳、桥管不允许出现变形和裂纹，驱动桥工作应正常且不允许有异响等现象。

### 8.2.4 车身运行安全技术条件

车身运行安全技术条件有以下几方面要求：

（1）车身和驾驶室在车架上应安装牢固，并坚固耐用，覆盖件应无开裂和锈蚀。车身内、外部不应有任何可致人受伤的尖锐凸起物。

（2）汽车驾驶室和乘客舱所用的内饰材料应采用阻燃材料。

(3) 车门和车窗应启闭轻便，不允许有自行开启现象，门锁应牢固可靠。门窗应密封良好，无漏水现象。门窗玻璃应采用安全玻璃，且不允许张贴镜面反光遮阳膜。

(4) 装有电动门窗的机动车，其控制装置应确保车窗玻璃在上升过程中能在任意位置可靠停住或遇障碍可自动下降。

#### 8.2.5 其他的安全技术条件

(1) 汽车安全带应可靠有效，安装位置应合理，固定点应有足够的强度。

(2) 机动车（挂车除外）应在左右至少各设置一面后视镜。汽车后视镜的性能和安装要求应符合规定，外后视镜的安装位置和角度应保证驾驶员能看清车身左右外侧、车后 50 m 以内的交通情况。

(3) 车长不小于 6 m 的客车，如果车身右侧仅有一个供乘客上下的车门时，则应设置安全门或安全窗；长途客车和旅游客车应设置车顶安全出口；卧铺客车的卧铺布置为上下双层时，侧窗布置应为上下双排。使用安全门时应保证不用其他器具即可将其向外推开。

(4) 燃料箱及燃料管路应坚固并固定牢靠，不会因振动和冲击而出现损坏或漏油现象。

(5) 消防车、救护车、工程救险车和警车的车身颜色、标志灯应符合规定要求。其他车辆未经批准，不允许设置警报器和标志灯。

(6) 汽车排气污染物排放应符合国家排放标准。

## 8.3 汽车安全行驶与日常维护

汽车安全运行的关键是安全驾驶，一辆技术性能完好的汽车能否充分发挥其应有的作用，顺利完成运输任务，驾驶员是重要因素。汽车驾驶是一项涉及人、车及行驶环境（如道路、气候、交通条件等）的系统控制问题。在现代化的交通系统中，驾驶员要在保证一定速度的前提下安全合理地使用汽车，就必须具备一定的安全行车知识，诸如交通规则、交通心理学常识、汽车的行驶原理、安全性能、维护与检测诊断常识、事故原因及预防等。驾驶员只有具备上述条件，才能保证在复杂的交通环境中，正确理解和自觉遵守各项交通法规。而且对应不同的运行条件，驾驶员要正确地选择正确的驾驶方法，准确把握汽车动态，及时发现并排除各种行车故障。此外，驾驶员要定期对汽车进行维护，以保持其良好的技术状况，从而达到安全运行的目的。

#### 8.3.1 汽车安全行驶

汽车行驶过程中，所处的运行条件和交通环境总是经常变化的。安全行驶的核心内容是，通过驾驶员对得到有效维护的、技术状况良好的汽车进行正确操纵，使汽车适应这些变化，并有效地发挥其速度性能而不发生任何事故，圆满完成运输任务。

不管运行条件如何变化，驾驶过程的构成环节都是一样的。驾驶员只有掌握驾驶操作要点，才能真正实现安全行车。

1. 车辆起步

上车前，先检查汽车前后和车下是否有人或障碍物，并观察周围环境和将要行驶方向的交通状况。在此基础上，启动发动机，检查发动机的运转情况，观察各仪表指示状况。待确认各仪表指示都正常后，关好车门、系好安全带、挂上适当挡，并通过后视镜察看后方有无来车等情况，然后鸣笛、放松驻车制动、缓抬离合器踏板、适当踩下加速踏板，徐徐起步。对于手动变速器的车辆，空车可用二挡、重车用一挡起步；对于自动变速器的车辆，一般选 D 挡起步。

如果在上坡道上起步，应一只手握转向盘，另一只手握紧驻车制动，一只脚适当踩下加速踏板，另一只脚缓抬离合器踏板，待离合器大部分已经接合时，立即放松驻车制动，使车辆徐徐起步。如果在冰雪、泥泞的道路上起步，离合器踏板要抬得更缓。如果驱动轮打滑空转，则应垫沙土等或清除轮下冰雪、泥泞。如果从慢车道上起步，要打开左转向信号灯，以引起后方车辆和行人注意。

2. 合理选择车速

在运距确定以后，汽车行驶速度越快，运行时间就越短，运输效率就高。但加快车辆行驶速度的前提是必须确保交通安全，所以应避免盲目开快车。

车速的快慢是相对而言的，车速过快与安全行车的根本区别，不在于车速的快慢，而在于当时车速是否危及行车安全。例如，一辆小轿车以 50 km/h 的速度行驶在道路宽阔、空闲、视线良好的路段，这个车速就不算快；而当这辆小轿车以 40 km/h 的速度行驶在弯道、交叉路口及冰雪道路上时，这个车速就过快。因为会危及行车安全。因此，安全车速是驾驶员根据道路状况、交通环境，掌握适当车速，在保证安全的前提下合理调节。

3. 车辆间的安全间距

车辆在行驶过程中和同车道内同向行驶的前车应保持一个适当的距离，在会车或超车过程中也要留出一定的侧向间距，这段距离就是车辆间的安全间距。如果这个间距过小，则易引发碰撞；如果间距过大，则会降低道路通行效率。在城市道路中，车辆间的间距过大，易引发其他车辆穿插或行人横穿，导致交通拥堵或事故。因此，车辆间的安全间距需根据车速、路况动态调整。

同方向行驶的前后车之间的安全间距实际主要取决于制动距离，而制动距离又和行驶速度有关，同时也和后车驾驶员采取制动措施的时间和方法有关。另外，前后两车的制动减速度也有差异。因此，合适的车辆间的安全间距由后车速度、制动减速度和驾驶员的反应时间确定。

4. 会车和超车

车辆在行驶中，随时可能与对向来车交会，或在允许超车的路段超越同向行驶的车辆。在会车和超车时，首先应注意保持足够的侧向安全间距，同时需准确判断并合理选择会车、超车的地点、路段和距离。通常情况下，车速越快，侧向安全间距应留得越大，若拖带挂车，这一间距需进一步加大。

超车多在高速行驶中进行，且过程中超越车需占用中线或并线行驶，因此极易发生事故。超车时，最重要的是驾驶员需在超车前根据本车车速、加速性能及被超车辆车速，准确判断所需时间与距离，尤其要仔细观察拟超车路段的交通情况，如前方数百米内是否有对向来车、被超车辆路线内是否有障碍物等。驾驶员必须做到，前后情况不明不超车，前方不让行不超车，可能影响对向来车行驶不超车。同时应注意，准备超车时勿与被超车辆跟车过近，以防万一；超车过程中保持足够安全间距；超越路边停放的机动车时，需减速鸣喇叭，警惕其突然开门或起步驶入车道；若为公共汽车停靠站，还需防范车前突然跑出横穿道路的行人。

**5. 车辆掉头和倒车时的安全**

驾驶员因掉头和倒车操作不慎，与其他车辆、障碍物或行人发生碰撞、挤擦的事故时有发生。尤其是大车或重车，因后箱板较高或后视窗被货物遮挡，难以观察车后情况，更易发生事故。因此，驾驶员在掉头和倒车时必须谨慎驾驶：操作前应尽量选择道路宽阔、交通情况简单的地段；提前观察周围环境，选定进退路线和目标；若看不清后方情况，需有人在车下指挥；倒车时车速要慢，同时留意前轮位置，遵循"慢行车、快转向、多进少退"的原则。

**6. 安全滑行**

滑行是车辆驾驶中常用的一种具有预见性的提前减速操作方式。当车辆接近停车地点或交叉路口时，利用滑行提前减速，可避免紧急制动，减轻机件磨损。正确、合理的滑行通过自然减速替代制动，能达到预防事故、减少制动消耗、降低磨损及节油的效果；若运用不当，则会增加磨损与燃料消耗，甚至引发事故。滑行需在发动机不熄火、制动有效的条件下进行。在泥泞、积雪、结冰路面，陡坡、窄路、急转弯、傍山险路等路段，以及视线不良、装载危险品或超限（超高、超长、超宽）物品时，严禁滑行，以防意外。

### 8.3.2 车辆日常维护与安全

汽车的安全运行不仅受运行条件、交通环境及驾驶员因素影响，还与车辆技术状况密切相关，良好的车辆技术状况是安全行驶的基本保障。车辆技术状况与道路条件、使用强度、运行材料等因素相关，但更取决于日常维护的质量。

车辆行驶一定里程后，零部件必然出现松旷和磨损等现象，导致技术状况下降，不仅动力性和经济性降低，安全性也会随之下降；转向系统和制动系统的密封元件因老化可能出现油气渗漏，制动蹄摩擦片磨损会使制动间隙增大，进而导致转向或制动失灵；轮胎过度磨损或气压、温度过高，易在行驶中爆裂，造成车辆突然跑偏甚至引发交通事故。车辆日常维护对确保行驶安全、延长使用寿命、降低运行消耗意义重大。

为保证汽车技术状况良好及行驶安全，驾驶员必须做好"三检"，即行车前、行车中、收车后检视车辆安全机构及各部件连接的紧固情况；保持"四清"，即保持机油滤清器、空气滤清器、燃油滤清器和蓄电池表面清洁；防止"四漏"，即防止漏油、漏水、漏气和漏电，以此保持车容整洁、车况良好。下面详细介绍"三检"的具体内容。

行车前检查内容包括：检查车灯及转向信号灯工作是否可靠；检查制动装置工况（含制动器、制动液液位及制动尾灯）是否良好；检查燃油量是否充足；检查后视镜位置是否合适；检查前照灯、后尾灯、制动灯及车窗玻璃是否清洁；检查轮胎气压与状况是否正常；检查发动机润滑液面是否符合要求；检查刮水器、风窗玻璃清洗液液位及工况是否符合要求；检查车辆外露部位螺栓螺母是否齐全；启动发动机后，检查其运转是否正常、有无异响，以及各仪表、警告指示灯工作是否正常。

行车中停车检查内容包括：检查发动机及底盘工作是否正常；检查各仪表工作是否有效可靠；检查转向器、驻车制动器及离合器工况是否正常可靠；检查轮胎气压，清除胎纹夹杂异物；检查有无漏水、漏油、漏气现象；巡视全车外部，检查是否存在异常情况。

收车后检查与操作内容包括：检查发动机运转状态，听有无漏气声；检查并补充燃油、机油、冷却水；按规定检查润滑点并加注润滑油（脂）；将机油滤器手柄扭转 3～4 转；用手触摸制动鼓，查看是否发热或过烫；检查轮胎气压是否充足；若气温在 0 ℃ 以下且冷却系统无防冻液，需放净冷却液；严寒地区应将蓄电池移入暖室；关闭所有开关和按钮；检查并配齐随车工具及附件；清洁车辆外部，打扫驾驶室和车厢；检查总泵制动液液位是否符合规定；最后按下各车门开关按钮，拔下点火开关钥匙并关闭车门，关门后需再拉一下确认是否锁好。

做好日常维护是保障行车安全最基本、最重要的工作，要求驾驶员具备一定的专业知识，维护作业时操作规范、内容标准，确保人身安全。总之，车辆日常维护需及时发现问题、迅速排除故障，正确补充润滑油及其他运行材料，且应着重关注安全方面的检查与维护。

## 8.4 高速公路的安全行驶

### 8.4.1 汽车在高速公路的行车特点

高速公路改变了人们的生活观念与质量。随着人民生活水平提升，汽车已进入千家万户，对高速公路的依存度和影响力也日益提高。但就我国目前高速公路现状而言，不少驾驶员，尤其是新手，对高速公路的构成、行车特点及行驶要求了解不足。

1. 高速公路的构成

高速公路仅允许车辆从规定出入口进出，不设平面交叉口，其组成包括车道、中央分隔带及交叉口的立交桥等。互通式立交桥处设有出入口坡道，部分还配备变速车道。此外，高速公路上还设有服务区、停车场、绿化带、护栏、信号标志、可变情报板、求救电话等设施。

2. 高速公路的行车特点

（1）机动车进入高速公路行驶时，最低车速不得低于 60 km/h；最高车速小型客车不得超过 120 km/h，大型客车、货运汽车不得超过 100 km/h，摩托车不得超过 80 km/h。当限速标志与上述规定不一致时，以标志为准。同一车道后车与前车需保持足够间距：当车速 100 km/h 时，间距不小于 100 m；当车速 70 km/h 时，间距不小于 70 m。遇雾、雨、雪、沙尘、冰雹等低能见度气象条件时，应降低车速并保持安全距离。

（2）中间设置分隔带。

（3）交叉路口采用立体交叉。

（4）全部或局部控制出入以降低干扰。

### 8.4.2 汽车在高速公路的行驶要求

1. 在收费口处的行驶要求

据统计，高速公路收费口附近是低速碰撞事故多发区域。虽然事故后果较轻，但可能影响后续行车安全。驶入/驶离收费口时应遵循以下要求：

（1）当由一般道路驶入时，遵守限速规定。

（2）提前准备缴费，减少延误。

（3）关注收费口交通公告板的路况及天气信息。

(4) 根据信号灯及车流提前选择通行口。

(5) 禁止临时变道、超车或插队。

(6) 缴费时对正窗口停稳，办结后迅速驶离。

(7) 前排乘员系好安全带。

(8) 按指示方向行驶。

2. 入口匝道的行驶要求

有些高速公路的收费口是直接与主干道相连的，有的收费口是通过匝道与主干道相连的。在通过有入口匝道的地方时，应遵守限速标志。因为有些入口的匝道被设计成回旋曲线，这种线型的匝道越接近干道，曲率半径越小，如图 8-2 所示。如果在匝道上车速太快，当接近干道时（如图 8-2 中的 B 点所示），就会感到转弯困难，甚至有驶出路外的危险。这时若采取制动措施有可能导致翻车事故。因此，应在图 8-2 中的 A 点适当降低车速，到达 B 点后再开始逐渐加速。

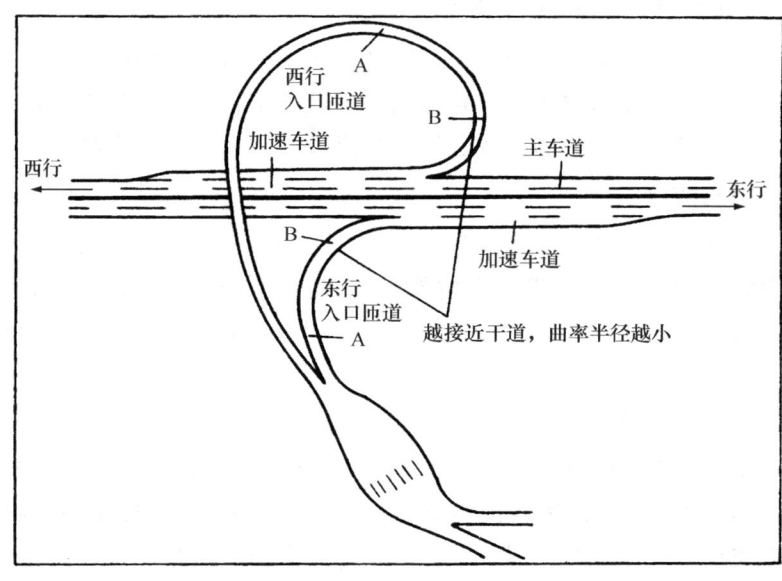

图 8-2　高速公路入口匝道

3. 由加速车道进入主车道的行驶要求

从入口匝道驶入主车道时，不可直接切入，需在加速车道加速至接近最低限速时，再汇入主车道。由加速车道进入主车道的行驶过程如图 8-3 所示。

4. 主车道的行驶要求

(1) 在主车道内行驶，且稍靠右侧。

(2) 弯道行驶时不得跨越车道线。

(3) 上坡路段，低速车辆应在爬坡车道内行驶。

(4) 下长坡时，应使用发动机制动控制车速。

(5) 在途经高速公路入口时，注意加速车道汇入的车辆。

(6) 禁止向车外抛掷烟头、空瓶等杂物。

(7) 避免疲劳驾驶。

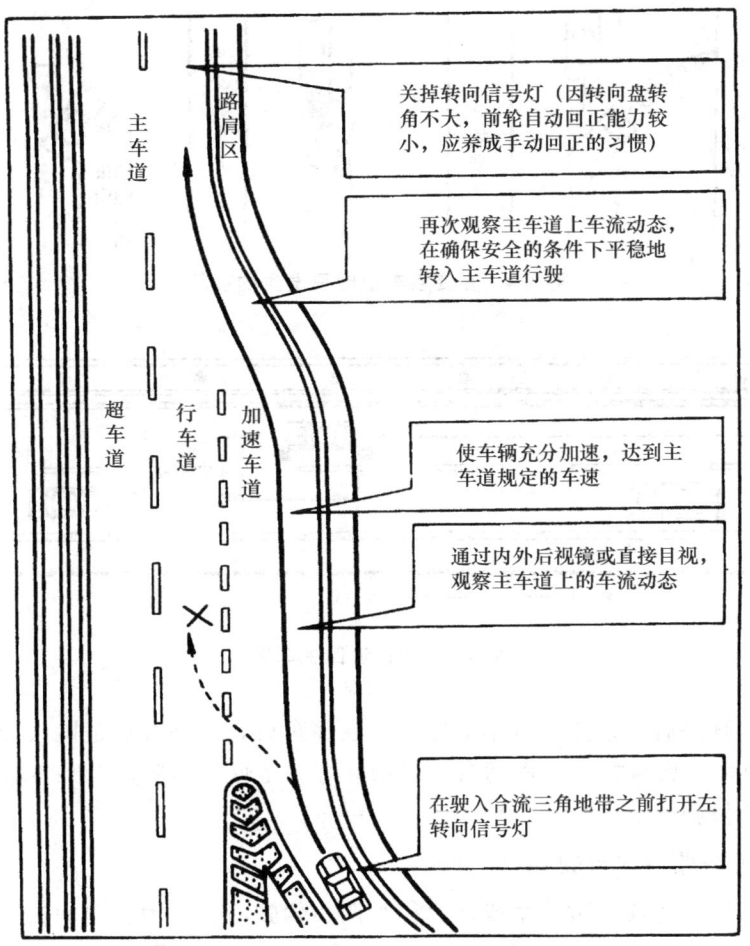

图 8-3　由加速车道进入主车道的行驶方法

（8）严格遵守限速规定。

（9）保持足够的安全车距，建议参考车速表数值。

5．安全超车的行驶要求

由于高速公路设有专用超车道，且无对向来车干扰，安全超车条件优越。但高速公路车速高，超车仍存在风险。统计数据显示，超车过程中与主车道车辆接触事故占 2%～3%，故非必要不超车。超车时需精准判断、果断操作，并注意以下事项：

（1）转入超车道前，开启左转向灯不少于 3 s，确认安全后平稳转向，避免急打转向盘。在变换车道时易发生的事故如图 8-4 所示。

（2）在超车道上行驶时，其车速不得超过最高限速。

（3）谨慎返回主车道。超越被超车辆 50 m 后，保持车速，开启右转向灯不少于 3 s，再驶回主车道（如图 8-5 所示）。返回时转向操作应平缓，避免急打转向盘。

6．紧急停车的行驶要求

在高速公路行驶中，若车辆故障需紧急停车，应提前开启右转向灯驶离行车道，停于

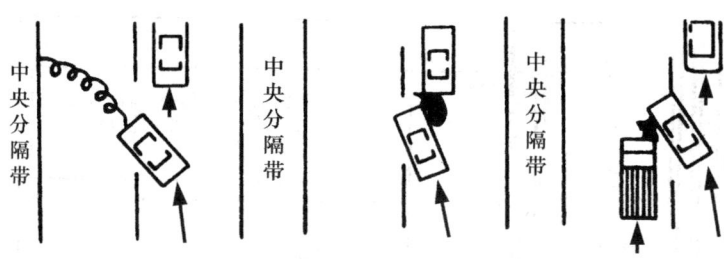

图 8-4 在变换车道时易发生的事故

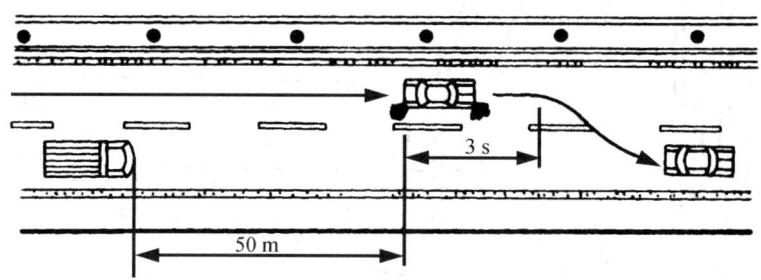

图 8-5 谨慎返回主车道

紧急停车带或右侧路肩。禁止在行车道停车。在停车后，立即开启危险报警闪光灯，车后 150 m 处设置故障车警告标志，夜间需开启示廓灯和尾灯。驾驶员及乘客应转移至路肩或紧急停车带，并报警。

7. 驶离高速公路后的行驶要求

驶出收费站后，建议短暂停车或低速行驶调整驾驶心态。因长时间在高速上行驶易产生速度错觉，可能导致在普通道路上超速。在进入普通道路后，应以车速表为准控制车速。若驾驶员未完全消除高速公路的驾驶习惯，可能因不适应普通道路变化引发事故，务必高度重视。

8. 道路交通法规高速公路的行驶要求

（1）高速公路应当标明车道的行驶速度，最高车速不得超过 120 km/h，最低车速不得低于 60 km/h。在高速公路上行驶的小型载客汽车最高车速不得超过 120 km/h，其他机动车不得超过 100 km/h，摩托车不得超过 80 km/h。同方向有 2 条车道的，左侧车道的最低车速为 100 km/h；同方向有 3 条以上车道的，最左侧车道的最低车速为 110 km/h，中间车道的最低车速为 90 km/h。道路限速标志标明的车速与上述车道行驶车速的规定不一致的，按照道路限速标志标明的车速行驶。

（2）机动车从匝道驶入高速公路，应当开启左转向灯，在不妨碍已在高速公路内的机动车正常行驶的情况下驶入车道。机动车驶离高速公路时，应当开启右转向灯，驶入减速车道，降低车速后驶离。

（3）机动车在高速公路上行驶，车速超过 100 km/h 时，应当与同车道的前车保持 100 m 以上的距离；车速低于 100 km/h 时，与同车道的前车距离可以适当缩短，但最小距离不得少于 50 m。

(4) 机动车在高速公路上行驶，遇有雾、雨、雪、沙尘、冰雹等低能见度气象条件时，应当遵守下列规定：

① 能见度小于 200 m 时，开启雾灯、近光灯、示廓灯和前后位灯，车速不得超过 60 km/h，与同车道前车保持 100 m 以上的距离。

② 能见度小于 100 m 时，开启雾灯、近光灯、示廓灯、前后位灯和危险报警闪光灯，车速不得超过 40 km/h，与同车道前车保持 50 m 以上的距离。

③ 能见度小于 50 m 时，开启雾灯、近光灯、示廓灯、前后位灯和危险报警闪光灯，车速不得超过 20 km/h，并从最近的出口尽快驶离高速公路。

遇有前款规定情形时，高速公路管理部门应当通过显示屏等方式发布速度限制、保持车距等提示信息。

(5) 机动车在高速公路上行驶，不得有下列行为：

① 倒车、逆行、穿越中央分隔带掉头或者在车道内停车。

② 在匝道、加速车道或者减速车道上超车。

③ 骑、轧车行道分界线或者在路肩上行驶。

④ 非紧急情况时在应急车道行驶或者停车。

(6) 在高速公路上行驶的载货汽车车厢不得载人，两轮摩托车在高速公路行驶时不得载人。

(7) 机动车通过施工作业路段时，应当注意警示标志，减速行驶。

(8) 对于高速公路、城市快速路的道路交通安全管理工作，省、自治区、直辖市人民政府公安机关交通管理部门可以指定设区的市人民政府公安机关交通管理部门或者相当于同级的公安机关交通管理部门承担。

## 学习训练

1. 叙述交通事故的定义。
2. 构成交通事故的要素有哪些？引发交通事故的原因有哪些？
3. 《机动车运行安全技术条件》由哪几部分组成？
4. 叙述车辆识别代码的组成。
5. 简述发动机的运行安全技术条件的主要内容。
6. 简述转向系统的运行安全技术条件的主要内容。
7. 简述行驶系统的运行安全技术条件的主要内容。
8. 简述传动系统的运行安全技术条件的主要内容。
9. 简述制动系统的运行安全技术条件的主要内容。
10. 汽车安全行驶包括哪几方面内容？
11. 简述汽车在高速公路的行车特点。
12. 简述在高速公路上安全超车的行驶要求。
13. 简述在高速公路上紧急停车的行驶要求。

## 任务报告

| 任务 8：汽车安全使用 |||
|---|---|---|
| 1. 接受任务（10 分） | 得分： ||
| 上网查找关于交通事故的案例，并用自己的语言进行案例描述和案例分析。 |||
| 2. 信息收集（40 分） | 得分： ||
| 事故发生时间 |  ||
| 事故发生地点 |  ||
| 是否有人员伤亡 |  ||
| 事故处理经过 |  ||
| 3. 任务解答（50 分） | 得分： ||
| 事故类型 |  ||
| 事故发生成因 |  ||
| 事故处理方式 |  ||
| 事故处理依据 |  ||
| 事故反思 |  ||
| 评价 | 任务得分： ||

# 任务9
# 车辆基础管理

### 任务导入

车辆技术管理是指对运输车辆实行择优选配、正确使用、定期检测、强制维护、视情修理、合理改造、适时更新和报废的全过程综合性管理。车辆技术管理的根本目的,就是为交通、运输和生产提供安全、优质、高效、低耗、及时、舒适的运输力,保障车辆运行安全,确保车辆使用的良性循环,使运输车辆获得最佳的经济效益和社会效益。车辆技术管理应依靠科技进步,采取现代化管理方法,建立车辆质量监控体系,推广检测诊断和计算机应用等先进技术,提高车辆管理水平和技术水平。

### 知识目标

(1) 熟悉车辆技术管理的目的、任务及基本原则。
(2) 熟悉车辆技术档案管理内容和基本要求。
(3) 掌握车辆技术状况分级与评定。
(4) 掌握车辆报废的条件及报废车辆的处理。

### 能力目标

(1) 通过学习能够理解并说明车辆技术管理的任务与基本原则。
(2) 通过学习能够进行车辆技术档案的管理。
(3) 通过学习能够确定车辆的更新时机并能说出车辆改装、改造的有关规定。
(4) 通过学习能够说明车辆报废的条件并能正确进行报废车辆处理。

### 素质目标

通过学习引导学生坚定理想信念,树立技术强国理念。强化职业道德和职业素养,提升服务社会能力。

## 9.1 车辆技术管理概述

车辆技术管理是指对运输车辆实行择优选配、正确使用、定期检测、强制维护、视情修理、合理改造、适时更新和报废的全过程综合性管理。

车辆技术管理的根本目的是,为交通运输生产提供安全、优质、高效、低耗、及时、舒适的运输能力,保证车辆运行安全,确保车辆使用的良性循环,使运输车辆获得最佳的经济效益和社会效益。车辆技术管理应依靠科技进步,采取现代化管理方法,建立车辆质量监控体系,推广检测诊断和计算机应用等先进技术,提高车辆管理水平和技术水平。

### 9.1.1 车辆技术管理的任务

车辆技术管理的基本任务如下:

(1) 制定车辆技术管理的制度并贯彻有关技术标准、规范、工艺和操作规程。

(2) 采取有效的技术措施,提高车辆的使用效率,保证车辆经常处于良好的技术状况。

(3) 依靠科技进步,采用现代化管理方法,总结交流、推广先进经验,大力节约运行维修材料消耗,保证达到各项技术经济定额指标的要求,降低运输与生产成本。

(4) 积极采用新技术、新工艺、新材料、新设备（包括检测设备），加强科学研究和技术革新。

(5) 建立和健全车辆技术档案制度，保证技术档案的记录及时、准确、完整。

(6) 加强从业人员安全、法治教育和专业技术培训，提高队伍素质，确保行车安全，搞好环境保护。

### 9.1.2 车辆技术管理的基本原则

车辆技术管理的基本原则是：预防为主、技术与经济相结合的原则。车辆技术管理坚持预防为主，技术与经济相结合，专业管理与群众管理相结合，对运输设备择优选配、正确使用、定期检测、强制维护、视情修理、合理改造、适时更新与报废，努力提高车辆的管理水平和保持其良好的技术状况。

(1) 预防为主。预防为主是车辆技术管理的基本原则。只有做好事前的预防性工作，才能使车辆经常保持良好的技术状况，降低运行消耗，尽量减少故障率，保证运输安全，充分发挥车辆的效能，延长其使用寿命。它要求技术管理部门在考察技术管理工作的同时，要分析经济效益，即与财务部门和经营管理部门密切合作，在保持车辆技术状况的前提下，制定规章制度，提出实施方案，使技术与经济有机结合起来，从而提高经济效益。

(2) 择优选配。择优选配是指车辆在购置前应考虑运输市场的具体情况和营运条件，合理确定不同车型的配置比例，满足实际使用需要。购置车辆时，要综合评估车辆的适应性、可靠性、经济性及维修方便性等因素，优选性能优越、质量达标、性价比合理的车辆。择优选配车辆的过程是实现技术与经济相结合的关键环节，既能为运输单位创造竞争优势，也为提升车辆运输效率奠定基础。

(3) 正确使用。正确使用是指严格按照车辆性能、结构和运行条件，执行操作规程。车辆使用方式直接影响其技术状况、效能、运行消耗及安全生产。使用过程中必须避免超载、违规操作，落实强制维护制度。为遏制车辆使用中的短期行为，运输企业应将正确使用纳入安全生产管理体系。

(4) 定期检测。定期检测是指运用现代化检测技术，周期性判断车辆技术状况。具体包括：对所有营运车辆按类型、使用强度等制定检测周期，实施综合性能检测；将检测结果作为维护作业项目调整依据，动态掌握技术状况变化趋势。定期检测制度是构建车辆质量监控体系的核心措施，对保障技术状况、预防事故、控制维修成本具有关键作用。

(5) 强制维护。强制维护是指在预防维护框架下，依据规定里程或时间周期实施的法定维护。执行时应结合状态检测结果，动态调整维护项目，实现故障隐患早发现、早消除，防止车辆非正常损耗。

(6) 视情修理。视情修理是指车辆经检测诊断和技术鉴定后，科学确定修理方案。该模式既可防止因延误修理导致的技术状况恶化，又可避免过度修理造成的资源浪费。实施视情修理需以定期检测为基础，其技术支撑来源于检测诊断技术。视情修理体现技术经济性原则，代表现代维修技术发展方向。

(7) 合理改造、适时更新和报废。车辆的合理改造、适时更新和报废是优化运输装备质量与经济效益的重要手段。车辆改装改造前需开展技术经济论证，确保技术可靠性与经济可行性；对在用车辆遵循经济效益、社会效益、环境效益相统一原则，适时进行技术升级或更新换代；对技术落后、高耗能、高维护成本车辆，继续使用将导致经济与安全风险，应依法强制报废。

### 9.1.3 车辆技术管理的职责范围

交通运输部归口管理全国汽车运输业车辆技术管理工作；各省、自治区、直辖市交通运输主管部门归口管理本地区相关工作；各运输企业负责本单位车辆技术管理。按照分级管理原则，明确各级机构职责，强化履职监督机制。

1. 交通运输部的主要职责

（1）贯彻执行国家车辆技术管理方针政策及规章制度。
（2）制定全国运输车辆技术管理政策法规。
（3）统筹全国行业监管工作，实施监督检查与协调服务。
（4）组织推广先进管理经验与现代技术应用。

2. 省级交通运输主管部门的主要职责

（1）贯彻上级车辆技术管理政策法规，推进属地化实施。
（2）制定本地区实施细则，建立定额管理体系，完善监督检查机制，重大事项及时上报。
（3）编制区域发展规划，强化行业指导与服务。
（4）开展安全法治教育与职业技能培训，提升管理人员、技术人员、驾驶员专业素质。
（5）推广爱车节油技术，组织环保竞赛与技术咨询服务。

3. 地（市）交通运输局车辆技术管理的主要职责

（1）贯彻执行上级车辆技术管理方针政策及规章制度，落实属地监管责任。
（2）组织本辖区机动车维修从业人员技术培训与考核，联合人力资源社会保障部门开展职业技能等级认定。
（3）推广应用车辆使用、维护、检测领域四新技术（新技术、新工艺、新材料、新设备）及现代化管理方法，提供技术咨询与服务支持。
（4）行使辖区车辆技术管理行政监督权，统筹检测机构业务指导与质量监管。

4. 县级交通运输局主要职责

（1）严格落实上级车辆技术管理政策法规，推进基层实施。
（2）履行辖区车辆维修、改装、检测活动的行政监管职责，提供技术指导与协调服务。
（3）推广车辆四新技术应用，构建技术咨询服务体系。
（4）实施运输车辆技术状况抽检制度，开展维修改装质量技术鉴定。

5. 运输单位的主要职责

（1）严格执行交通运输管理部门颁布的车辆技术管理规范性文件。
（2）制定本单位车辆技术管理制度体系，明确管理目标与考核指标，建立闭环落实机制。
（3）大中型运输单位应建立技术负责人管理制度，小型运输单位须指定分管领导，配置专职技术管理人员。

(4) 健全车辆技术管理岗位责任制，界定权责边界，保障队伍稳定性与专业性。
(5) 统筹运输生产与技术管理协同关系，确保车辆技术状况达标。
(6) 规范使用车辆技术改造专项资金及大修基金。
(7) 推进新技术应用与管理创新。
(8) 组织安全法治专项教育与岗位技能培训，提升全员职业素质。
(9) 开展爱车节油劳动竞赛，总结推广节能降耗先进经验。

## 9.2 车辆技术档案的管理

车辆技术档案是指车辆从注册登记至报废的全生命周期中，记录车辆基本信息、主要技术参数、运行数据、主要零部件更换记录、维护和修理记录及交通事故处理文件的法定技术文件。该技术档案具有掌握车辆性能演变、分析维保规律、支撑维修决策、优化配件储备的技术价值，并为评估运输企业技术管理水平、改进汽车制造工艺提供数据支撑。

### 9.2.1 车辆技术档案的建立

运输企业及个人必须按"一车一档"原则建立车辆技术档案，记载内容应当及时、完整、准确，禁止篡改。档案格式由省级交通运输主管部门统一制定，实现内容与格式标准化。车辆技术档案作为营运证核发与审验的法定依据，交通运输主管部门应当监督指导档案建立工作，对不符合建档要求的车辆不得核发营运证。

车辆技术档案通常由运输企业车辆管理部门建立，指定车辆技术管理员负责填报与保管。实施总成互换维修的，须建立总成编码管理制度，总成档案随装车信息归入车辆技术档案。当车辆进行检测、维修、技术改型时，必须同步更新档案记录。当车辆所有权转移时，需要完整移交档案；报废车辆档案在经技术负责人签章确认后，移交档案管理机构永久保存。

### 9.2.2 车辆技术档案的内容

车辆技术档案内容由省级交通运输主管部门结合地域特征与行业需求制定。车辆技术档案内容主要包括：车辆基本信息、机动车检验检测报告、道路运输达标车辆核查记录表、客车类型等级审验、车辆维护和修理、车辆主要零部件更换、车辆变更、运行数据、对车辆造成损伤的交通事故等记录。车辆技术档案部分内容如表 9-1 所示。

表 9-1 车辆技术档案部分内容

| 项目 | 主要内容 |
| --- | --- |
| 车辆基本信息 | 机动车登记证书、行驶证、道路运输证信息及车辆技术参数 |
| 运行数据记录 | 行驶里程、运输周转量、燃料消耗量、轮胎更换周期、机件故障等情况 |
| 主要零部件更换记录 | 发动机、变速器、制动系统、转向系统等总成更换信息 |
| 维护和修理记录 | 技术等级评定报告、二级维护竣工单、维修工单及故障处理方案 |
| 交通事故处理记录 | 事故责任认定书、损失评估报告、修复方案及安全整改措施 |

### 9.2.3 车辆技术档案的管理

车辆技术档案一般由车管技术员负责填写和管理，企业技术管理部门应定期进行检查。对车辆技术档案管理的要求有以下几方面：

（1）记载应做到"及时、完整、准确"。"及时"是指档案中规定的内容要按时记载，不得拖延；"完整"是指按规定内容和项目要求一项不漏地记载齐全，不留空白；"准确"是指实事求是地记录，确保真实可靠。

（2）专人负责，职责分明。车队的车管技术员是车辆技术档案的具体负责人，负责填写、执行和保管，并负全责。

（3）车辆技术档案随车移交，车辆报废后应上交交通运输主管部门。

## 9.3　车辆技术状况分级与评定

汽车从投入使用开始，随着行驶里程的增加和使用条件的变化，其技术状况将逐渐恶化，具体表现为动力性下降、经济性变差、可靠性降低和排放污染加剧等。因此需研究技术状况变化规律及原因，以合理组织技术维护。

### 9.3.1　车辆技术状况变化及影响因素

**1. 车辆技术状况变化对运用性能的影响**

车辆的运用性能主要包括动力性、经济性、使用方便性、行驶安全性及可靠性。随着行驶里程的增加，技术状况恶化将导致实际运用性能下降。

车辆运输运用性能下降导致其运输生产率下降，运输成本增加。使用技术状况不良的车辆，经济效益显著降低；同时，加剧对环境的污染，并因可靠性下降甚至引发交通事故。

汽车各项运用性能随使用时间（行驶里程）增加而下降，汽车使用时间越长，实际运用性能的下降程度越显著。因此，在估计汽车性能时，必须充分考虑汽车的使用时间。在用汽车的实际性能，是由汽车总的使用时间或总行驶里程确定的平均质量指标。汽车的初始性能取决于汽车产品的制造质量；汽车的实际运用性能取决于汽车的结构、制造工艺、可靠性、使用条件与运输工作情况等多方面因素。从汽车运用方面来看，可以通过汽车合理运用来提高汽车的实际运用性能。这需要依靠具有专业技术资质的人员和车辆技术管理组织等手段来保证汽车的工作能力。在运用过程中，按使用时间（或行驶里程）定期测量、记录汽车运用性能的变化情况，这是技术管理的一项基础工作。

此外，还有汽车可靠性问题。可靠性这项性能指标适用于对任何产品的评价。对于汽车来说，它是指在用汽车在设计使用年限内，其运用性能达到规定指标范围的概率。汽车可靠性评价指标可根据国家标准、行业技术规范并结合实际经验来制定。汽车可靠性，一般是在规定的使用条件下，汽车运用性能变化的程度来进行定性和定量评价的。因此，汽车的可靠性不仅与设计制造有关，还与使用维护有关。

**2. 车辆技术状况变化原因**

（1）车辆技术状况变化的典型特征。

随着行驶里程的增加，汽车的技术状况将逐渐恶化，致使汽车的动力性、经济性和可靠性下降。汽车上述性能的变化相应地会有不同的典型外在特征，主要有以下几个方面：

① 汽车最高行驶速度降低。

② 加速时间和加速距离增加。

③ 最大爬坡能力下降。

④ 牵引能力下降，以至于最终不能拖挂。
⑤ 燃料与润滑油消耗量增加。
⑥ 制动迟缓、失灵。
⑦ 转向沉重、摆振。
⑧ 行驶中出现振抖、摇摆或异常声响。
⑨ 排烟增多或有异常气味。
⑩ 运行中因技术故障而停歇的时间增多。

(2) 汽车技术状况变化的原因。
① 磨损。配合件的配合表面之间相互摩擦所导致的零件损耗。
② 腐蚀。因化学或电化学反应所导致的零件损耗。
③ 穴蚀。长期工作在流动的介质环境下，由于高频振动和冲击而使零件产生的空泡腐蚀。
④ 疲劳。长期在交变载荷作用下而使零件产生的损耗。
⑤ 变形。在外载荷、振动、冲击、温度、残余内应力等作用下，而使零件产生的形状及位置关系的变化。
⑥ 老化。橡胶及塑料等非金属零件和电气元器件因长时间工作而出现理化性质变化，甚至功能失效。

使用中偶然事故等因素也会造成零件损伤。上述原因致使零件原有的尺寸、几何形状及表面状态发生改变，破坏零件间的配合特性和正确位置，从而引起汽车技术状况恶化。

3. 影响车辆技术状况的因素

汽车零件的磨损和老化是技术状况变化的主要原因，影响因素包括结构因素和使用因素。使用因素涵盖运行条件、燃料与润滑材料品质、合理运用程度等。

(1) 汽车结构。

汽车结构设计与制造工艺的合理性及材料选择适宜性，是提高技术性能和使用寿命的关键。如果存在设计缺陷或工艺不当，则使用中会因固有故障隐患导致重复性故障。

(2) 运行条件。

① 气候条件。汽车各总成存在最佳热工况区，如发动机最佳热工况冷却水温为 70~90 ℃。发动机在最佳热工况运行时零件磨损最小，环境温度每变动 1 ℃，缸体水套温度变化 0.09~0.25 ℃。汽车故障率与环境温度呈相关性，在特定温度区间故障率最低，温度偏离该区间将导致汽车故障率上升。

在低温条件下，润滑油的黏度显著增大，流动性显著下降。发动机启动时，润滑油到达润滑表面的时间显著延长，加剧机件磨损。低温条件下，燃料雾化性能差，以液滴状态进入气缸，冲刷缸壁润滑油膜，导致气缸磨损加剧。试验表明，在 −15 ℃ 启动发动机，润滑油需 2 min 到达主轴承；在 5 ℃ 启动并走热一次，气缸磨损相当于行驶 30~40 km；在 −18 ℃ 启动并走热一次，磨损相当于行驶 200~250 km。

非金属元件在低温时，易出现硬化、脆化、开裂，弹性下降或结构强度降低。

在高温条件下，发动机散热性能变差，导致润滑油黏度大幅降低，机油压力减小，氧化变质速率加快，加剧机件磨损；高温易引发爆燃，加剧发动机磨损；高温还使燃料供给系统产生气阻，导致启动困难和工作可靠性下降；高温还会导致轮胎胶料软化、胎压升高，增加爆裂风险。

② 道路条件的影响。道路条件是影响汽车技术状况的关键因素。道路质量决定车辆运行工况（如速度范围、发动机转速范围、装载量、操作频次等），进而影响总成和零件的磨损进程。

在恶劣道路行驶时，汽车总成寿命显著降低。发动机长期高负荷工况下气缸磨损量可达正常工况的 1.5～2 倍，大修间隔里程可能缩短 20%～40%。崎岖路面的瞬时垂直加速度峰值超过 20 m/s$^2$，导致底盘冲击损伤。非铺装路面燃料消耗量较标准测试值增加 20%～50%，轮胎磨损速率提高 1～2 倍。频繁换挡与制动，会使传动部件寿命缩短 30%～40%。钢板弹簧在非铺装路面寿命可能降至铺装路面的 10%～20%。

③ 交通环境影响。复杂城市交通环境显著影响车辆运行效率。货运车辆城市高峰时段平均车速较郊区下降 40%～60%。发动机曲轴转速波动幅度增加 30%～40%，换挡频次达郊区工况 2～3 倍，制动能耗占比提升至郊区工况 5～8 倍。此类工况显著加速车辆技术状况恶化。

(3) 燃料和润滑油料品质的影响。

① 汽油品质的影响。汽油的馏分温度、辛烷值和含硫量直接影响汽车使用性能。

A. 馏分温度。90% 馏分温度和终馏点是反映汽油中重质馏分含量的指标，且二者与发动机燃料消耗率及磨损速度密切相关。温度值越高，汽油中不易挥发、雾化的重质馏分就越多。重质馏分以油滴形式进入气缸，冲刷缸壁油膜，窜入曲轴箱并稀释润滑油，进而加剧零件磨损。

B. 辛烷值。辛烷值反映汽油的抗爆燃能力。若选用不当，汽油会产生爆燃。爆燃产生的高压冲击波会破坏气缸润滑油膜，导致润滑恶化；同时，高温气体还会引发发动机过热。长期爆燃会造成连杆变形、气门烧蚀，加剧活塞与气缸的磨损，甚至导致轴瓦合金脱落。

C. 含硫量。燃料中的硫燃烧后生成二氧化硫，与冷凝水反应生成亚硫酸，进而造成发动机腐蚀磨损。含硫量每增加 0.1%，磨损量便会同比上升 3.8%～5.2%。

② 柴油品质的影响。柴油中重质馏分过多，会导致燃烧不完全并形成炭粒，使气缸磨损增加。同时，重质馏分易堵塞喷油器喷孔，从而影响发动机正常工作。

柴油的十六烷值影响发动机工作平稳性：过低会导致工作粗暴，延长着火滞后期，并增加热负荷；过高则会使低温流动性变差，进而导致冷启动困难。

柴油的黏度需适宜：黏度过大会导致燃烧不完全，使积炭和黑烟增多；黏度过小则会降低润滑作用，造成磨损增加。

当柴油含硫量由 0.1% 增至 0.5% 时，气缸和活塞环的磨损量会增加 20%～25%。

③ 润滑油品质的影响。对汽车技术状况影响较大的润滑油性能指标，是其黏度和氧化安定性。

A. 黏度。润滑油的黏度应和发动机转速、磨损状况及气候条件相适应。如果黏度大，润滑油流动困难，特别是低温时，会使发动机启动困难。而且启动时润滑油到达零件工作表面所需的时间长，润滑条件变坏，会加剧发动机的磨损。如果黏度小，润滑油的流动性好，但油压比较低，造成供油不足，使零件工作表面容易出现边界摩擦或半干摩擦，同样会加剧发动机的磨损。

B. 润滑性。润滑油的润滑性好，说明润滑油吸附金属表面的能力强，对减缓配合件在边界摩擦或半干摩擦状态下的磨损起着重要作用。

C. 氧化安定性。如果润滑油的氧化安定性差，在使用过程中，润滑油在氧和热的作用下就会形成糊状物、胶状沉积物或积炭。糊状物或胶状物导热性能不良，黏附在活塞环上会降低其活动性，甚至引起活塞环卡死，使气缸刮伤。当沉积物严重时，会影响润滑油在油道、油管以及机油滤清器的通过能力，破坏润滑系统的正常工作。积炭也是热的不良导体，且硬度较高。当燃烧室和活塞顶覆盖了积炭后，发动机的散热性就会变差，容易产生爆燃，加速零件的磨损。

（4）汽车的合理运用程度。

使用条件对汽车技术状况的影响主要表现在驾驶技术、载质量和速度的合理利用方面。实践表明，车辆使用寿命的长短和技术状况的好坏，与使用情况有着密切的关系。

① 驾驶操作的影响。驾驶操作直接影响零件的使用寿命。一名技术素质良好的驾驶员在驾驶过程中，经常采用诸如冷摇慢转、预热升温、轻踏缓抬、均匀中速、平稳行驶、及时换挡、正确滑行、控制温度等一系列正确合理的操作方法，并能根据道路情况正确地选择行驶路线和车速，使车辆经常处于较有利的工作状态，从而使车辆技术性能良好，延长使用寿命。

另外，现代汽车采用了大量的新技术，对使用条件的要求更加苛刻。如装有电动转子式汽油泵的汽车，油箱内的燃油严禁用尽，以防烧坏汽油泵；装有氧传感器的汽车绝不能使用含铅汽油；转向系统和制动系统带有液力和真空助力装置的汽车，在高速运行中不能熄火滑行等。因此，驾驶员不但要有高超的驾驶技术，还要有较全面的技术素质，能正确、合理地检查、调整、维护车辆，否则，车辆的技术状况就难以得到保障。

② 装载情况。车辆合理运用的重要方面是正确选择装载量。装载量应按制造厂规定的额定载质量要求控制，严禁超载。超载时各总成处于超负荷工况，导致发动机工作不稳定、单位里程发动机转速增高、冷却及润滑系统温度过高，加剧发动机磨损。汽车拖载总质量对主要总成磨损的影响如图9-1所示。部分中吨位汽车超载10%时，虽短期性能影响不明显，但长期运行危害严重。动力性能优越的车辆应按制造厂的规定实施拖挂运输，遵循拖挂作业规范，实现运输成本最小化。

③ 行驶速度。行驶速度对发动机磨损影响显著。当载质量恒定时，行驶速度对发动机磨损的影响如图9-2所示。高速行驶时发动机高转速运转，活塞平均速度增加，气缸磨损加剧；制动频次增加及紧急制动，导致制动器磨损增大。低速行驶时润滑条件恶化，同样加剧发动机磨损。

（5）汽车维修质量对技术状况的影响。

汽车维修质量对于合理使用汽车，延长汽车使用寿命和保持原有使用性能有着至关重要的作用。维修质量是影响汽车技术状况的重要因素。

汽车维修质量的好坏，主要取决于以下几方面的因素：

① 维修人员的技术素质。现代汽车结构日益复杂，新装置、新技术、新工艺应用日渐增多，现代汽车已成为集机械、液压、电子、自动控制及传感技术于一体的综合性技术产品。一方面，汽车维修工作的技术含量显著提升，相关技术标准日趋严格；另一方面，汽车可靠性提升使故障率降低，同一维修作业的重复性减少，维修人员在故障诊断经验上

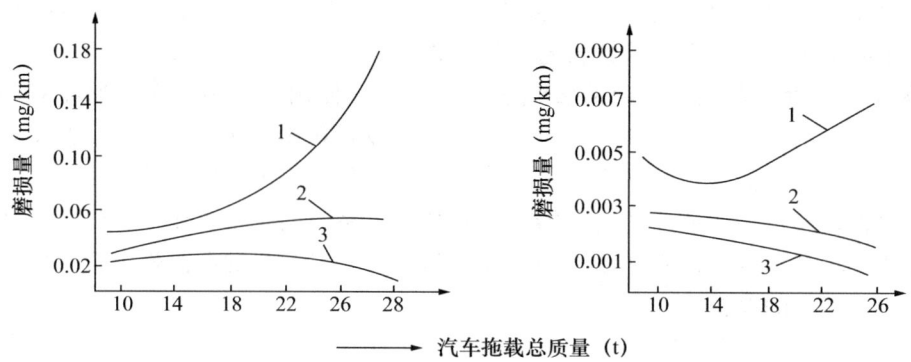

**图 9-1　汽车拖载总质量对主要总成磨损的影响**
1—发动机磨损量；2—变速器的磨损量；3—主减速器的磨损量

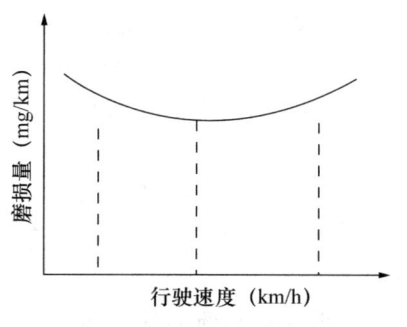

**图 9-2　行驶速度对发动机磨损的影响**

存在积累不足的问题。因此，这就要求维修人员必须具备高技术素质和严谨作风。

② 先进的设备。汽车维修作业需依靠设备与人力协同完成。准确分析故障、确定维修方案、修复损伤零件，均需专用设备支持。

③ 配件的质量。当前汽车配件市场活跃但质量参差不齐，冒牌配件质量差、可靠性低。现代维修中旧件修复装车比例下降至15%以下，新件更换比例上升，配件质量至关重要。

为规范市场秩序，主流车企全面实施自营或授权代理售后服务体系，有效遏制假冒配件对维修质量的负面影响。

### 9.3.2　车辆技术状况变化规律

车辆技术状况变化规律是指汽车技术状况与行驶里程或行驶时间的关系。

车辆技术状况变化规律按发生的过程，可分成两大类：一类是变化过程具有确定的形式，即具有必然的变化规律，其变化过程可以用一个（或 $n$ 个）确定的时间（$t$）函数来描述；另一类是变化过程没有确定的变化形式，对其变化过程独立地重复进行多次观察所得的结果是不相同的，呈现出不确定性，但大量重复观察的结果又具有统计规律。前者称为车辆技术状况随行程的变化过程，后者称为车辆技术状况随机变化过程。

**1. 车辆技术状况随行程变化过程**

车辆大部分零件的技术状况变化都有一定的规律。零件的技术状况随运行里程的延续而变化，即属于随行程的变化过程。这类变化过程的特点是：初始状况随行程依次单调地变化至极限状况。因此，在原则上通过及时的维修措施，可以防止发生故障，同时，由于技术状况变化的单调性又为预测故障的发生提供了可能。汽车零件磨损、间隙的变化、冷却系统和润滑系统中沉淀物积聚、机油消耗率及机油中的机械杂质含量等，均是按照这个规律变化的。

## 2. 车辆技术状况的随机变化过程

车辆技术状况随机变化过程受车辆使用条件、驾驶员的操作水平、机件材质的不均匀性、隐蔽缺陷等随机因素的影响，没有确定的变化形式，技术状况参数的变化率和变化特性没有必然的变化规律。机件进入故障状况的行程是一个随机变量，与故障前的状况无关。

由于车辆技术状况的随机变化过程，不可避免地会引起定期的诊断、检验和维修作业超前或滞后进行。只有掌握车辆技术状况随机变化的规律，才能精确制订车辆检测、诊断和维修作业的周期，确定作业工作量及备件的需要量，提高维修效益，延长车辆的使用寿命。

### 9.3.3 车辆技术状况分级与评定

#### 1. 车辆技术状况等级划分

车辆经过一段时间的使用以后，技术状况将发生变化，变化的程度随行驶里程、运行条件、使用强度、维修质量的不同而各有差异。为了及时掌握汽车的状况，采用相应技术措施，合理地组织安排运输能力，正确地编制车辆维修计划，各运输企业应定期对其车辆性能进行综合评定、核定其技术状况，并根据国家有关标准将车辆技术状况划分等级，以便于车辆的合理运用和科学管理。

运行车辆技术状况等级按下列条件划分：

（1）一级（完好车）。

新车行驶到第一次定额大修间隔里程的 2/3 和第二次定额大修间隔里程的 2/3 以前，车辆各主要总成的基础件和主要零部件紧固可靠，技术性能良好；发动机运转稳定，无异响，动力性能良好，燃料消耗不超过定额指标，废气排放和噪声符合国家标准；各项装备齐全、完好，在运行中无任何保留条件。

概括起来，一级车的标准有三条。

① 车辆技术性能良好，各项主要技术指标符合定额要求。

② 车辆行驶里程必须是在其相应定额大修间隔里程的 2/3 以内。如第一次大修间隔里程定额为 18 万千米，第二次大修间隔里程定额为 12 万千米，则处于第一次大修间隔里程 12 万千米以内，第二次大修间隔里程 8 万千米以内的车辆才可作为一级车。

③ 车辆状况良好，能随时行驶参加运输生产。

同时符合上述三项条件的车辆核为一级车，只要有一项达不到要求的不能核为一级车。从这个规定可看出，一级车不仅受车辆的技术状况和性能的定性指标制约，还受到车辆行驶里程即新旧程度定量指标制约。因为新车或第一次大修后的汽车，在行驶里程超过相应定额大修间隔里程的 2/3 后，其技术状况和性能必然随里程增加而下降，虽下降程度未低于上述规定的技术性能要求，也不能列入一级车。

（2）二级（基本完好车）。

车辆主要技术性能和状况或行驶里程低于完好车的要求，但符合《机动车运行安全技术条件》的规定，能随时参加运输。

（3）三级（需修车）。

送大修前最后一次二级维护后的车辆和正在大修或待更新尚在行驶的车辆。

符合下列条件之一者，列为三级车。

① 凡技术状况和性能较差，不再计划做二级维护作业，即将送大修，但仍在行驶的车辆。
② 正在大修的车辆。
③ 技术状况和性能变差，预计近期更新，但仍在行驶的车辆。

（4）四级（停驶车）。

预计在短期内不能修复或无修复价值的车辆列为四级车。四级车的含义是指已不能行驶，短期内不能修复或无修复价值，但又尚未报废的车辆。

2. 车辆技术状况等级的评定标准

车辆技术状况是随着行驶里程和大修次数的增加而逐渐变差的。为了及时掌握车况，合理组织运输生产，有计划地安排与组织维修工作，降低运输消耗，防止发生有损国家利益的短期行为，不断提高装备的整体技术状况，各省、自治区、直辖市交通管理部门应制定车辆技术状况评定制度，并负责车辆技术状况等级评定的组织和管理，运输企业应按国家有关规定做好车辆技术状况等级的评定工作。

车辆技术状况等级的评定，至少每半年进行一次。评定的内容主要是汽车的动力性、燃料经济性、制动性、转向操纵性、前照灯、喇叭、噪声、废气排放、汽车防雨密封性、整车外观等。

## 9.4 车辆停驶、封存与租赁

车辆停驶、封存和租赁是车辆技术管理的一项经常性工作，也是关系到保护好运力、避免运力浪费的一项重要的工作。

### 9.4.1 车辆停驶

凡部分总成的部件严重损坏，在较长时间内配件无法解决又不符合报废条件的车辆，或车型老旧无配件供应但尚有改造价值的车辆，由车辆使用管理单位作出技术鉴定，按车型、数量、停驶原因和日期上报主管部门批准停驶。

经批准停驶的车辆，应指定专人负责妥善保管，并积极创造条件修复，以恢复运力。车辆在停驶期间，应选择适当地点集中停放且与完好车分开，原车机件不得拆借或丢失。停驶车辆的车辆牌照，行驶证必须由市车管所收回保存；停驶每次限三个月内，超过三个月必须报市车管所审批。

停驶车辆在恢复行驶前，应进行一次维护作业，经车辆安全性检测合格后，复驶车辆必须向车管部门领取《复驶证明》，到车管所取回行驶证及车辆牌照后，才能参加营运。

### 9.4.2 车辆封存

凡技术状况良好，因运力过剩、驾驶员不足、燃料短缺等非技术性原因需要较长时间（半年以上）停驶的车辆，按规定办理审批手续并报上级主管部门备案后可作封存处理。封存期间不进行效率指标考核，但一定要作好停驶技术处理，妥善保管，定期做必要的维护，保持车况良好。启封使用时，要进行一次认真的维护作业，经检查合格后方可参与运行。

营运车辆的停驶与封存情况，应记录在车辆技术档案和维修卡上，停驶、封存车的维修卡，要交回公路运管部门，否则不予办理有关手续。

### 9.4.3 车辆租赁

随着改革开放形势的发展，运输单位出现了车辆租赁的情况。加强租赁车辆的管理，对保持其良好技术状况具有重要作用。车辆租赁期限一般不宜过短，以一个大修周期为宜。在车辆租赁期间，应按规定填写车辆技术档案，认真执行强制维护、视情修理制度，保持车况良好。租赁车辆的技术档案、技术经济指标完成情况和技术状况等级情况（包括租赁期满后的车况要求）等考核内容，由出租和承租双方同时记录和考核，应在签定租赁协议时予以明确。

## 9.5 车辆的改装与改造

车辆的改装与改造是提高运输装备技术素质和取得良好经济效益的重要手段。符合"技术上可靠、经济上合理"原则的车辆改装与改造，将对充分发挥车辆效率，改善车辆技术状况和提高经济效益起到积极的促进作用。

### 9.5.1 车辆改装

车辆改装是指为适应运输的需要，经过设计、计算、试验，将原车型改制成其他用途车辆的过程。例如经过设计、计算、试验后，将在用货车改制成罐式车、箱式车或其他专用车。车辆改装必须满足两个条件：一是必须改变原车型的用途，二是必须经设计计算、试验后进行改造。

车辆改装有两种基本类型：一是厂家的改装，使用的是经国家鉴定合格的零配件，对原车重新设计并改装；二是消费者自己或委托车辆改装公司在已购买车辆（主要是轿车和越野汽车等）的基础上，做一些外形、内饰和性能的改装。

车辆改装的目的是适应运输需要，提高运输效率，降低运行消耗。在改装封闭式或半封闭式车厢时，应根据有关文件先经当地车管所同意，再定点改装。

### 9.5.2 车辆改造

车辆改造是指为改善车辆性能或延长其使用寿命，经过设计、计算和试验，改变原车辆的零部件或总成的过程。例如经过设计、计算和试验，对已行驶多年的二手车、进口车，由于配件不能供应或经济性差，可改变其个别总成、主要零件等来延长使用寿命，或将原车辆的发动机换装成其他型号的发动机，或换装高压缩比的气缸盖等零件，提高其动力性，以增加车辆的载质量，改善性能等。车辆改造必须满足两个条件：一是必须改变车辆的部分结构，以达到改善其技术性能或技术状况的目的；二是必须有设计、计算和试验等程序。

车辆改造的主要目的是延长车辆使用寿命，或用先进的技术取代旧技术，使车辆经过改造后性能和经济效益提高，消耗下降。

车辆改装和改造必须事前进行技术经济论证，只有在通过对改装和改造方案的定性、定量分析，说明其技术上是可行的，经济上是合理之后，才能进行车辆改装和改造。

对营业性质的运输车辆提出改装和改造的单位，应将改装、改造方案及数量报交通运输管理部门审批。交通运输管理部门应对运输市场是否需要，改装或改造的数量是否合适，设计方案在技术上是否可靠及经济上是否合理，受理车辆改装或改造的单位在技术上是否具备相应的条件等内容进行审查。审查合格批准后，运输企业方能进行改装或改造。对于一般性技术改进，运输企业可自行决定。

改装和主要总成改造后的车辆，必须经一定的道路里程试验或综合性能测试，检验实际效果，发现存在的问题，然后加以改进，最后由主管部门组织专家进行技术鉴定，认定车辆达到设计目标并满足使用要求，方能成批生产或出厂。车辆改装或改造完工后，应到车辆监管部门办理车辆变更手续。

非营运车辆的改装、改造，只需报交通运输管理部门及公安交通管理部门备案即可。

改装或改造车辆应有计划、有步骤地进行。改装后的车辆车型应尽可能向运输单位原有车型靠拢，一般不应增加车型和车辆自重。对更换车辆总成的，需提供合法的总成来历凭证，发动机和车架（车身）不得同时更换，更换时要回收原发动机或车身，更换的间隔时间不得少于一年。车辆改造不可过多地改变原车结构，特别是进口车，在索赔期内不得进行改装或改造。另外，在分析和评价技术改造项目的经济效益时，也要考虑其所带来的社会效益，如对汽车排放污染、噪声方面的改造，可能会增加运输单位的费用，但社会效益好，也要积极进行。车辆改装或改造情况应记录在车辆技术档案中。

## 9.6　车辆的折旧、更新与报废

运输企业为了实现高产、优质、安全、低耗，提高运输服务质量，应采用技术先进、材质优良、性能优越、款式新颖的车辆，同时应加速更新老旧的车辆，进一步提高质量和经济效益。此外，车辆又是运输企业固定资产的一个重要组成部分，提取折旧率的高低及维护费率的大小都会直接影响运输企业的经济效益。因此研究合理的车辆折旧率、车辆更新等，对车辆运输企业具有重要的意义。

### 9.6.1　车辆折旧

车辆折旧的方法一般有两种，一种是以车辆行驶的总里程为依据的折旧法，另一种是以车辆使用年限为依据的折旧法。折旧里程或折旧年限不同，其每年提取的折旧费用也不同。采用不同的车辆折旧方法不仅对运输企业的经济效益有不同程度的影响，而且关系到企业的发展后劲。

车辆折旧基金必须严格按照国家规定提取，专款专用。折旧基金只能用于车辆的更新改造和技术进步，不得挪作他用。国家有关部门规定的车辆折旧里程是提取车辆基本折旧基金的依据，也是车辆报废的依据之一，但不是车辆报废的标准。

### 9.6.2　车辆更新

车辆更新是指用新车辆或高效率、低消耗、性能先进的车辆更换在用车辆的过程。它不仅是运输企业维持再生产和扩大再生产的基本手段之一，也是运输企业降低运行消耗，提高经济效益的重要措施。车辆更新包含四个方面的含义。

第一，用同类型新车辆替换在用车辆，如用同类型新解放或东风汽车替换在用的老解放车或东风汽车等。

第二，用高效率、低消耗、性能先进的车辆或大吨位车辆替换性能差或小吨位的在用车辆。

第三，在用车辆尚未达到报废程度，但性能较差而被替换。

第四，在用车辆已达报废条件而被替换。

1. 车辆更新的原则

车辆更新的原则是提高经济效益和社会效益。原则上讲，车辆应按照经济寿命进行更新，但还要视国情而定，如考虑更新车的来源、更新资金、车辆保有量、折旧率和成本等因素。

车辆更新实际上是对运输企业车辆配置的调整。车辆更新不仅仅是以新换旧和原有车型的重复，更重要的是保持和提高运输企业的生产力，降低运行消耗。至于更新的车辆是原车型还是新车型，要根据市场情况、货（客）源的变化情况及管理人员、驾驶员、维修工的培训、维修设备更换等相关因素的变化情况来决定。车辆更新还应与改装或改造结合起来，使原有车辆具有以前不曾有的高效率、低消耗特性和先进的性能。这样做有时比购置全新车辆更能以低廉成本实现高效、低耗的目标。

运输企业应组织有关人员进行研究和论证，提出车辆更新的最佳使用年限。运输企业可根据运输市场、车辆市场的动态和本单位的车辆构成情况，结合最佳更新年限，编制车辆更新规划和年度计划，并积极组织落实，以保证运输车辆经常处于高效、低耗的良好技术状况。交通运输管理部门要根据具体情况，督促运输企业的车辆及时更新。

2. 我国车辆更新的技术条件

我国规定凡是符合下列条件之一者，应进行更新。

① 燃料消耗高于原生产厂规定20%者。
② 行驶里程达50万千米，经过三次大修者。
③ 大修费达到汽车原值的1/2者。
④ 老旧，无配件来源者。

尽管国家规定的汽车更新时间不完全等于汽车的经济使用寿命，但符合国情，是阻止二手车辆无限期使用的最有效措施。

3. 更新后二手车辆的处理

更新下来的运输车辆，运输企业可根据国家有关规定进行处理，处理后的变价收入需要用于车辆更新、改造，不得挪作他用。如果被更新下来的运输车辆未达到报废条件，可移作他用或转让出售，比如用于使用强度较低的非专业运输车辆或按值论价出售给外单位（或出租给外单位）。如果属于报废车辆的更新，应按报废车辆处理，不得转让或移作他用。

### 9.6.3 车辆报废

车辆经过长期使用后，车型老旧、性能低劣、物料超耗严重且维修费用过高，继续使用会面临不经济、不安全的问题，经济效益亦随之下降。因此，车辆使用后期必然面临报废。车辆报废应严格按照车辆报废的技术条件执行，任何提早报废必然造成运力的浪费，过迟报废则增加运输成本、影响运力更新，同样不符合经济原则。随着车辆保有量的迅速增加，交通安全、环境污染等问题日益突出，世界各国都针对本国情况制定了加强车辆管理、强制车辆报废、促进车辆更新等有关政策。

国家实施车辆强制报废制度，依照国家相关规定，报废车辆是一种特殊的商品，报废车辆所有人应当将报废车辆及时交售给具有合法资格的报废车辆回收拆解企业。任何单位或者个人不得将报废车辆出售、赠予或者以其他方式转让给非报废车辆回收企业的单位或者个人。国家鼓励老旧车辆报废更新，并制定了老旧车辆报废更新补贴资金管理办法，符合有关规定的报废车辆所有人可申请相应的资金补贴。

1. 车辆的报废条件

我国对达到报废标准的车辆实施强制报废。已注册车辆有下列情形之一的应当强制报废,其所有人应当将车辆交售给报废车辆回收拆解企业。由报废车辆回收拆解企业按规定进行登记、拆解、销毁等处理,并将报废车辆登记证书、号牌、行驶证交公安机关交通管理部门注销:

(1) 达到本规定第五条规定使用年限的;
(2) 经修理和调整仍不符合车辆安全技术国家标准对在用车有关要求的;
(3) 经修理和调整或者采用控制技术后,向大气排放污染物或者噪声仍不符合国家标准对在用车有关要求的;
(4) 在检验有效期届满后连续3个车辆检验周期内未取得车辆检验合格标志的。

有关车辆使用年限及行驶里程参考值如表9-2所示。

表9-2 车辆使用年限及行驶里程参考值

| 车辆类型与用途 | | | | 使用年限(年) | 行驶里程参考值(万千米) |
|---|---|---|---|---|---|
| 汽车 | 载客 | 营运 | 出租客运 | | |
| | | | 小、微型 | 8 | 60 |
| | | | 中型 | 10 | 50 |
| | | | 大型 | 12 | 60 |
| | | 租赁 | | 15 | 60 |
| | | 教练 | 小型 | 10 | 50 |
| | | | 中型 | 12 | 50 |
| | | | 大型 | 15 | 60 |
| | | 公交客运 | | 13 | 40 |
| | | 其他 | 小、微型 | 10 | 60 |
| | | | 中型 | 15 | 50 |
| | | | 大型 | 15 | 80 |
| | 非营运 | 专用校车 | | 15 | 40 |
| | | 小、微型客车、大型轿车* | | 无 | 60 |
| | | 中型客车 | | 20 | 50 |
| | | 大型客车 | | 20 | 60 |
| | 载货 | 微型 | | 12 | 50 |
| | | 中、轻型 | | 15 | 60 |
| | | 重型 | | 15 | 70 |
| | | 危险品运输 | | 10 | 40 |
| | | 三轮汽车、装用单缸发动机的低速货车 | | 9 | 无 |
| | | 装用多缸发动机的低速货车 | | 12 | 30 |
| | 专项作业 | 有载货功能 | | 15 | 50 |
| | | 无载货功能 | | 30 | 50 |

续表

| 车辆类型与用途 | | | 使用年限（年） | 行驶里程参考值（万千米） |
|---|---|---|---|---|
| 挂车 | 半挂车 | 集装箱 | 20 | 无 |
| | | 危险品运输 | 10 | 无 |
| | | 其他 | 15 | 无 |
| | 全挂车 | | 10 | 无 |
| 摩托车 | 正三轮 | | 12 | 10 |
| | 其他 | | 13 | 12 |
| 轮式专用机械车 | | | 无 | 50 |

注：1. 标注＊车辆为乘用车。

2. 对小、微型出租客运汽车（纯电动汽车除外）和摩托车，省、自治区、直辖市人民政府有关部门可结合本地实际情况，制定严于上述使用年限的规定，但小、微型出租客运汽车不得低于6年，正三轮摩托车不得低于10年，其他摩托车不得低于11年。

运输企业或个人的运输车辆凡符合上述报废条件时，可提出报废申请，由具备资质的技术鉴定机构鉴定、经交通运输主管部门审批，并报交通运输管理部门备案。

达到报废条件的车辆一律应强制予以报废。需要报废的运输车辆，由主管部门或委托有条件的单位组织技术鉴定，技术鉴定应实事求是，认真执行。

对需要报废而尚未批准的车辆，要妥善保管，严禁拆卸或挪用其任何零件和总成。报废车辆不得转让或移作他用，严禁用报废车辆的总成或零件拼装车辆。凡经批准报废的车辆，要在车辆技术档案上记录报废的原因、批准文号、车辆折旧（净值）等项内容，交通运输管理部门应及时吊销营运证，收回维修卡。

2. 报废车辆的回收及处理

（1）监管体制。

国务院负责报废车辆回收管理的部门主管全国报废车辆回收（含拆解，下同）监督管理工作，国务院公安、生态环境、工业和信息化、交通运输、市场监督管理等部门在各自的职责范围内负责报废车辆回收有关的监督管理工作。

县级以上地方人民政府负责报废车辆回收管理的部门对本行政区域内报废车辆回收活动实施监督管理。县级以上地方人民政府公安、生态环境、工业和信息化、交通运输、市场监督管理等部门在各自的职责范围内对本行政区域内报废车辆回收活动实施有关的监督管理。

（2）报废车辆回收企业。

国家对报废车辆回收企业实行资质认定制度。未经资质认定，任何单位或者个人不得从事报废车辆回收活动。

国家鼓励车辆生产企业从事报废车辆回收活动。车辆生产企业按照国家有关规定承担生产者责任。取得报废车辆回收资质认定，应当具备下列条件：

① 具有企业法人资格；

② 具有符合环境保护等有关法律、法规和强制性标准要求的存储、拆解场地，拆解

设备、设施以及拆解操作规范；

③ 具有与报废车辆拆解活动相适应的专业技术人员。

（3）回收流程。

报废车辆回收企业对回收的报废车辆，应当向机动车所有人出具《报废机动车回收证明》，收回车辆登记证书、号牌、行驶证，并按照国家有关规定及时向公安机关交通管理部门办理注销登记，将注销证明转交机动车所有人。

《报废机动车回收证明》样式由国务院负责报废机动车回收管理的部门规定。任何单位或者个人不得买卖或者伪造、变造《报废机动车回收证明》。

（4）处理流程。

报废车辆回收企业对回收的报废机动车，应当逐车登记机动车的型号、号牌号码、发动机号码、车辆识别代号等信息；发现回收的报废车辆疑似赃物或者用于盗窃、抢劫等犯罪活动的犯罪工具的，应当及时向公安机关报告。

报废车辆回收企业不得拆解、改装、拼装、倒卖疑似赃物或者犯罪工具的机动车或者其发动机、方向机、变速器、前后桥、车架（以下统称"五大总成"）和其他零部件。

## 学习训练

1. 车辆技术管理的基本原则是什么？
2. 车辆技术档案包括哪些主要内容？
3. 简述车辆技术档案的管理要求。
4. 车辆改造与车辆改装有什么区别？
5. 车辆更新的定义及其含义是什么？
6. 我国车辆报废的标准是什么？

## 任务报告

| 任务 9：车辆基础管理 ||
|---|---|
| 1. 接受任务（10 分） | 得分： |
| 根据《中华人民共和国道路运输条例》及《道路货物运输及站场管理规定》和《道路旅客运输及客运站管理规定》等配套规章的要求，道路运输经营者应当建立车辆技术档案。请同学们结合车辆技术档案的建立要求、主要内容等知识点，以小组为单位为黑龙江省某客运有限公司的运输车辆建立技术档案。 ||
| 2. 信息收集（30 分） | 得分： |
|  ||

续表

| 任务 9：车辆基础管理 ||
|---|---|
| 3. 任务解答（60 分） | 得分： |
| 车辆基本情况登记表 | |
| 车辆技术参数表 | |
| 车辆和主要总成部件更换维修登记表 | |
| 车辆等级评定登记表 | |
| 车辆使用记录 | |
| 车辆交通事故登记表 | |
| 评价 | 任务得分： |

# 参考文献

[1] 刘锐. 汽车使用与技术管理 [M]. 北京：人民交通出版社，2001.
[2] 高延龄. 汽车运用工程 [M]. 3版. 北京：人民交通出版社，2004.
[3] 邹小明. 汽车使用与技术管理专门化 [M]. 北京：人民交通出版社，2003.
[4] 周翼翔. 汽车检测与诊断 [M]. 北京：中国农业出版社，2004.
[5] 杨柏青. 汽车使用与技术管理 [M]. 2版. 北京：北京大学出版社，2012.